Funktionsauslagerung
(Outsourcing) bei
Kreditinstituten

Bankrechtstag 2000

BrV 18

Schriftenreihe der Bankrechtlichen Vereinigung

herausgegeben von

Walther Hadding, Mainz
Klaus J. Hopt, Hamburg
Herbert Schimansky, Karlsruhe

Band 18

Walter de Gruyter · Berlin · New York

Funktionsauslagerung (Outsourcing) bei Kreditinstituten

Bankrechtstag 2000

W DE G

2001

Walter de Gruyter · Berlin · New York

♾ Gedruckt auf säurefreiem Papier, das die US-ANSI-Norm über Haltbarkeit erfüllt.

Die Deutsche Bibliothek – CIP-Einheitsaufnahme

Funktionsauslagerung (Outsourcing) bei Kreditinstituten / Bankrechtstag 2000. – Berlin ; New York : de Gruyter, 2001
(Schriftenreihe der Bankrechtlichen Vereinigung ; Bd. 18)
ISBN 3-11-017110-4

Printed in Germany
Druck und buchbinderische Verarbeitung: Werner Hildebrand, Berlin
Umschlaggestaltung: Angela Dobrick, Hamburg

Vorwort

Der Bankrechtstag 2000 in Wien ist von der Bankrechtlichen Vereinigung – wissenschaftliche Gesellschaft für Bankrecht e.V. dem Thema „Funktionsauslagerung (Outsourcing) bei Kreditinstituten“ gewidmet worden. Das durch verstärkten Wettbewerb veranlaßte Bemühen um weitere Rationalisierung und Kostensenkung, aber auch das Streben nach gebotener Konzentration auf die Kerngebiete kreditwirtschaftlicher Betätigung haben die Möglichkeiten einer Funktionsauslagerung in den Vordergrund des Interesses gerückt. Die Frage nach den rechtlichen Rahmenbedingungen einer zulässigen Funktionsauslagerung hat vielfältige Aspekte gesellschaftsrechtlicher, vor allem bankenaufsichtsrechtlicher und nicht zuletzt datenschutzrechtlicher Art. Aus dem Blickwinkel des deutschen Rechts haben sich diesen Problemen im einzelnen die hier veröffentlichten Vorträge von P. O. Mülbert, G. Hofmann, H.-J. Lamberti, M. Deutsch und der einleitende Diskussionsbeitrag von U. Eyles zugewandt. Die Aktualität wurde durch den Umstand erhöht, daß das Bundesaufsichtsamt für das Kreditwesen kurz zuvor den neu gefaßten Entwurf eines Rundschreibens zur Funktionsauslagerung vorgelegt hatte, über den auch mit den anwesenden Vertretern des BAKred erstmals intensiv diskutiert werden konnte. Darüber hinaus besonders ertragreich war die rechtsvergleichende Betrachtung, die allen Teilnehmern durch die Vorträge von F. Sommer für Österreich und H. Dietzi für die Schweiz ermöglicht wurde.

In ausführlichen Berichten über den Bankrechtstag 2000 sind die Stellungnahmen der Vortragenden und der Teilnehmer festgehalten und gewürdigt worden. Hingewiesen sei deshalb auf die Berichte von J. Hennrichs, WM 2000, 1561 ff.; H. Zerwas/M. Hanten, ZBB 2000, 276 ff; S. Kalss, ÖBA 2000, 730 f. und Hafke, Börsenzeitung vom 4.7.2000, Nr. 126, S. 10.

Die Druckvorbereitung dieses Bandes hat dankenswert erneut Frau I. Stahl, Max-Planck-Institut für ausländisches und internationales Privatrecht, Hamburg betreut.

Allen, die zum Erfolg des Bankrechtstags 2000 beigetragen haben, namentlich Herrn O. Lucius, Wien, und – wie stets – Frau W. Preis, sei ein besonderer Dank ausgesprochen.

Mainz, Hamburg, Karlsruhe — Hadding, Hopt, Schimansky
im Januar 2001

Inhaltsverzeichnis

I. Abteilung:
Gesellschafts- und bankenrechtliche Probleme des Outsourcing

Leitung: *Dr. Klaus Kohler*

Chefsyndikus der Deutsche Bank AG, Frankfurt am Main

Funktionsauslagerung bei Kreditinstituten aus gesellschafts- und konzernrechtlicher Sicht – aufsichtsrechtliche Vorgaben und gesellschafts- sowie konzernrechtliche Folgeprobleme –

Professor Dr. Peter O. Mülbert, Johannes Gutenberg-Universität Mainz

I. Einleitung

Die Auslagerung unternehmerischer Funktionen durch Wirtschaftsunternehmen – bekannt unter dem Begriff des Outsourcing – hat international zunehmend an Bedeutung gewonnen. Dieser Wandel in der Organisationsstruktur moderner Volkswirtschaften erfährt in Deutschland eine intensive Begleitung durch das betriebswirtschaftliche Schrifttum.[1] Auf Seiten des Zivilrechts hingegen ist die Beschäftigung mit dem Outsourcing noch nicht weit gediehen. Dieser Befund gilt für die sogenannte Auslagerungsvereinbarung zwischen den Beteiligten – also für das Outsourcing-Agreement zwischen Outsourcer und Insourcer[2] – ebenso wie für die gesellschafts- und konzernrechtlichen Voraussetzungen und Folgen einer Funktionsauslagerung.[3]

In den § 25a Abs. 2 KWG und § 33 Abs. 2 WpHG hat der deutsche Gesetzgeber eine dem öffentlichen Recht zugehörige aufsichtsrechtliche Regelung getroffen, die lediglich für die Funktionsauslagerung durch Finanzinstitute gilt, d.h. für Kredit- und Finanzdienstleistungsinstitute (§ 1 Abs. 1, 1a, § 53 Abs. 1 KWG) bzw. Wertpapierdienstleistungsunternehmen (§ 2 Abs. 4 WpHG). In der Sache normieren die beiden Vorschriften aber auch mögliche Inhalte der Outsourcing-Beziehung: Die Funktionsauslagerung ist nur unter bestimmten Voraussetzungen zulässig; zudem muß die Auslagerungsvereinbarung gewisse Mindestinhalte aufweisen, nämlich u.a. ein

---

1 Monographisch z.B. *Cunningham/Fröschl*, Outsourcing, 1995; *Bruch*, Outsourcing, 1998; *Beer*, Outsourcing unternehmensinterner Dienstleistungen, 1998; ferner die Einzelbeiträge in *Berg/Gräber* (Hrsg.), Outsourcing in der Informationstechnologie, 1995; *Köhler-Frost* (Hrsg.), Outsourcing: Eine Allianz besonderen Typs, 4. Aufl., 2000; *Wißkirchen* (Hrsg.), Outsourcing-Projekte erfolgreich realisieren: Strategie, Konzept, Partnerwahl, 1999. Spezifisch zum Outsourcing bei Kredit- und Finanzdienstleistungsunternehmen z.B. *Hermann/Vollmer* Kreditwesen 1999, 1255 ff., *Kogge* ebenda 1264 ff.

2 Hierzu vor allem *Sommerlad*, in: *Köhler-Frost* (Fn. 1), S. 281, 283 ff., 292 ff.; *Horchler*, Outsourcing, 1996, S. 199 ff.; *Hartstrang/Forster*, in: *Berg/Gräber* (Fn. 1), S. 60 ff.; *Pracht/Riegl*, in: *Wißkirchen* (Fn. 1), S. 245, 256 ff. Keiner dieser Beiträge beschäftigt sich mit der vereinzelt (*Breuninger/Prinz*, in: Deutsches Anwaltsinstitut (Hrsg.), Jahrbuch der Fachanwälte für Steuerrecht 1998/99, 1999, S. 367, 368) angedeuteten Möglichkeit, auch Betriebsführungs- und Managementverträge als Instrumente eines externen oder konzerninternen Outsourcings einzusetzen.

3 Hierzu vorerst vor allem *Stein*, ZGR 1988, 163 ff.; *Hirte*, CR 1992, 193 ff.; ferner *Däubler*, CR 1988, 834, 836 ff.

Weisungsrecht des auslagernden Finanzinstituts und dessen Recht, mit seiner internen Revision den ausgelagerten Bereich beim externen Dienstleister zu prüfen.

Eine Konsequenz dieser öffentlich-rechtlichen Mindestvorgaben für die Outsourcing-Beziehung besteht in einer wechselseitigen Verzahnung von Aufsichtsrecht und Gesellschafts- bzw. Konzernrecht. Besonders klar zeigt sich dies beim Outsourcing auf eine 100%ige Tochtergesellschaft: Aufsichtsrechtlich knüpft an diesen Vorgang die Frage, ob bereits die gesellschaftsrechtlich vermittelten Einflußmöglichkeiten ein Weisungsrecht im Sinne der § 25a Abs. 2 KWG, § 33 Abs. 2 WpHG darstellen. Verneint man dies und verlangt, daß dem ausgliederndem Finanzinstitut in der Outsourcing-Vereinbarung ein eigenständiges Weisungsrecht eingeräumt wird, stellt sich aus konzernrechtlicher Sicht die Frage, ob diese aufsichtsrechtlich geforderte Gestaltung des Outsourcing auch einen konzernrechtlich relevanten Tatbestand darstellt.

Angesichts dieser möglichen Regelungszusammenhänge mag es als vorschneller Optimismus erscheinen, wenn das Outsourcing durch Finanzinstitute unter gesellschafts- und konzernrechtlichen Aspekten allseits als unproblematisch empfunden wird.[4] Die folgenden Überlegungen werden erweisen, ob dieser Optimismus jedenfalls im Ergebnis berechtigt ist. Hierzu erfolgt nach einer knappen Funktionsbestimmung des Outsourcings (II.) zunächst ein Problemaufriß aus Sicht des auslagernden Unternehmens (III.). Sodann wird nach den generellen gesellschafts- und konzernrechtlichen Regelungsvorgaben für das Outsourcing durch Kapitalgesellschaften zu fragen sein (IV.). Da die Anforderungen der § 25a Abs. 2 KWG und § 33 Abs. 2 WpHG lediglich ergänzend und nicht etwa alternativ gelten, betreffen diese Vorgaben auch die Finanzinstitute in der Rechtsform einer AG oder GmbH. Abschließend sind dann die gesellschafts- und konzernrechtlichen Konsequenzen zu behandeln, die ein auslagerndes Finanzinstitut bei Befolgung der aufsichtsrechtlichen Gestaltungsvorgaben zu gewärtigen hat (V.).

---

4 Siehe nur *Eyles*, WM 2000, 1217 f., der für das Outsourcing durch Finanzinstitute weder gesellschafts- noch spezifisch konzernrechtliche Fragen als komplexe Rechtsprobleme benennt.

II. Funktion und rechtliche Konsequenzen

1. Outsourcing als nachträgliche „make or buy"-Entscheidung

Die Funktionsausgliederung ist in rechtstechnischer Hinsicht häufig – aber keineswegs notwendig[5] – mit der Ausgliederung von Vermögensgegenständen auf den Funktionsübernehmer verbunden. Dieses Zusammentreffen darf jedoch nicht den Blick dafür verstellen, daß sich das Outsourcing unter funktionalen Aspekten vom gesellschaftsrechtlichen Ausgliederungsparadigma, d.h. der Ausgliederung eines Geschäftsbereichs, grundlegend unterscheidet.[6] Bei der Ausgliederung eines Geschäftsbereichs, etwa der Übertragung des gesamten Privatkundengeschäfts auf eine 100%ige Tochtergesellschaft oder ein Gemeinschaftsunternehmen, zieht sich das Unternehmen mit seinem bisherigen Leistungsangebot vom Markt zurück. Beim Outsourcing bleibt das Unternehmen hingegen als Anbieter einer eigenen Leistung am Markt präsent. Die Funktionsauslagerung als Reorganisationsmaßnahme betrifft allein die unternehmensinterne Erstellung der am Markt angebotenen Leistung: Das Unternehmen beschafft sich bislang selbst erstellte Bestandteile seiner Leistung nunmehr am Markt. Funktional gesehen liegt im Outsourcing also eine nachträgliche „make or buy"-Entscheidung über die Grenzen der Unternehmung; durch das Outsourcing reduziert das Unternehmen, produktionstechnisch gesprochen, seine Fertigungstiefe. Das gilt unabhängig davon, ob eine Funktionsauslagerung auf einen externen Dienstleister erfolgt, oder ob es sich beim Funktionsübernehmer um eine 100%ige Tochtergesellschaft oder ein Beteiligungsunternehmen des Outsourcers handelt.[7]

---

5 Stellvertretend für viele andere Fälle eines Outsourcings, das keiner Übertragung von Vermögensgegenständen bedarf, sei die Auftragsdatenverarbeitung durch ein bereits bestehendes Rechenzentrum genannt.

6 Im Schrifttum wird dies teilweise verkannt. Exemplarisch *Hübner-Weingarten,* Betrieb 1997, 2593, der die Errichtung einer Führungs-Holding mittels Ausgliederung der operativen Geschäftstätigkeit auf Tochtergesellschaften als Outsourcingvorgang bezeichnet.

7 A.A. *Kunz/Vesper,* DStR 1997, 257, 258, die unter Outsourcing allein die Funktionsauslagerung auf einen externen Dienstleister verstehen.

2. *Rechtliche Konsequenzen*

Mit dieser Funktionsbestimmung des Outsourcing sind rechtliche Konsequenzen in mehrerlei Hinsicht vorgezeichnet.

Für aufsichtsrechtliche Zwecke ist es irrelevant, ob ein Finanzinstitut eine von ihm angebotene Leistung von Anfang an nur teilweise selbst erstellt, oder ob es nachträglich zum partiellen Fremdbezug übergeht. Dieser Befund entspricht der Auffassung des Bundesaufsichtsamts für das Kreditwesen[8] sowie etwa auch der Eidgenössischen Bankenkommission.[9]

Für die zivilrechtliche Bewältigung des Phänomens Outsourcing liegt es nahe, das reiche Schrifttum zur industriellen Zuliefer-Abnehmer-Problematik[10] fruchtbar zu machen. Das gilt insbesondere in gesellschafts- und konzernrechtlicher Hinsicht.[11] Denn ökonomisch-technologische Gegebenheiten sowie eine entsprechende Vertragsgestaltung können sowohl im Zuliefer-Abnehmer-Verhältnis als auch in der Outsourcing-Beziehung dazu führen, daß das leistungsbeziehende Unternehmen den externen Leistungserbringer weitgehend integriert und ihm gegenüber beherrschenden Einfluß gewinnt.

---

8 Bundesaufsichtsamt für das Kreditwesen, Rundschreibenentwurf „Auslagerung von Bereichen auf ein anderes Unternehmen gemäß § 25a Abs. 2 KWG", Stand 14. Juni 2000, Tz. 7; auch abgedruckt in ZBB 2000, 282 ff.

9 Siehe das Rundschreiben der eidgenössischen Bankenkommission: Auslagerung von Geschäftsbereichen, (Outsourcing) vom 26. August 1999, EBK-Mitteilungen 14 (1999), Beilage 2d, Rz. 3 (siehe Anhang S. 173 ff.).

10 Siehe aus jüngster Zeit nur *Wellenhofer-Klein*, Zulieferverträge im Privat- und Wirtschaftsrecht, 1999; *K. W. Lange*, Das Recht der Netzwerke, 1998, S. 95 ff.; *Bernhard-Eckel*, Der Just-in-Time-Vertrag, 1997; *Steckler*, Die rechtlichen Risiken der Just-in-time-Produktion, 1996; *Brüggemeier* (Hrsg.), Rechtsprobleme von Qualitätsmanagementsvereinbarungen und EG-Binnenmarkt, 1998; siehe auch *Rohe*, Netzverträge, 1998, S. 384 ff.

11 Hierzu vorerst insbesondere *Wellenhofer-Klein* (Fn. 10), S. 403 ff.; *K. W. Lange* (Fn. 10), S. 422 ff.; *von Westphalen/Bauer*, Just-in-Time-Lieferungen und Qualitätssicherungsvereinbarungen, 1993, S. 6 ff.; *Saxinger*, Zulieferverträge im deutschen Recht, 1993, S. 82 ff.; offener gegenüber der Anwendung des Konzernrechts *Nagel*, Betrieb 1988, 2291 ff.; *Nagel/Riess/Theiss*, Betrieb 1989, 1505 ff.; *Ensthaler*, NJW 1994, 817, 819; *Bernhard-Eckel* (Fn. 10), S. 105 ff.; ferner *Hirte*, CR 1992, 193, 197 f.; *Martinek*, Moderne Vertragstypen, Bd. 3, 1993, S. 304 ff.; *Schlotke*, in: *Nicklisch* (Hrsg.), Verträge über Computertechnik in Forschung, Verwaltung, Wissenschaft und Technik, 1990, 276, 275.

III. Gesellschafts- und konzernrechtlicher Problemaufriß

Die vorliegend im Mittelpunkt stehende gesellschafts- und konzernrechtliche Problematik des Outsourcing erschöpft sich allerdings nicht in der Frage, inwieweit zwischen den Beteiligten konzernrechtliche Ausgleichs- und Haftungsansprüche bestehen. Auslagernde Unternehmen in der Rechtsform der AG oder GmbH, auf die sich die folgenden Überlegungen konzentrieren, sehen sich vielmehr einem ganzen Bündel an Problemen gegenüber. Sachlogisch-chronologisch ordnend sind insbesondere die folgenden Punkte zu nennen:

- erstens ist nach den Grenzen für die Auslagerung unternehmerischer Funktionen zu fragen (IV.2.). Neben ausdrücklichen Normierungen des Aktien- und GmbH-Gesetzes werden hierbei vor allem die für die Organisationsstruktur von Personenverbänden geltenden Strukturprinzipien zu beachten sein.
- anknüpfend an die Aufgaben der geschäftsführenden Organe sind zweitens inhaltliche Anforderungen an die Gestaltung der Outsourcing-Vereinbarung abzuleiten (IV.3.).
- drittens ist die gesellschaftsinterne Zuständigkeit für Auslagerungsentscheidungen zu klären. Soweit ein Outsourcingvorgang die Ausgliederung von Vermögensgegenständen mitumfaßt, ist das Kompetenzproblem unmittelbar mit der rechtstechnischen Frage verknüpft, ob die Ausgliederung im Wege der Einzelübertragung oder stattdessen mittels einer Gesamtrechtsnachfolge nach dem Umwandlungsgesetz durchgeführt wird. Angesichts dieser Regelungszusammenhänge beschränkt sich der Beitrag darauf, die aus der Funktionsauslagerung selbst resultierenden Fragen der innergesellschaftlichen Zuständigkeitszuweisung zu behandeln (IV.2.c./d.).
- viertens ist das Verhältnis des auslagernden Unternehmens zum Dienstleister konzernrechtlich einzuordnen. Je nach Vorliegen eines konzernrechtlich relevanten Tatbestandes, etwa eines verdeckten Beherrschungsvertrags, ergeben sich für die Outsourcing-Vereinbarung nämlich besondere Wirksamkeitserfordernisse. Diese Problematik ist für Finanzinstitute im Kontext einer konzernrechtlichen Würdigung der § 25a Abs. 2 KWG und § 33 Abs. 2 WpHG näher zu entfalten (V.3.a./b.).
- fünftens ist zu klären, ob bereits die Outsourcing-Vereinbarung als solche oder jedenfalls die Ausübung der darin eingeräumten Weisungs-

und Kontrollrechte zu gesellschafts- oder konzernrechtliche Haftungsfolgen führt (V.3.c.).

IV. Gesellschafts- und konzernrechtliche Anforderungen auf Seiten der auslagernden Kapitalgesellschaft

Im Sinne des vorstehenden Problemkatalogs ist bei der gesellschafts- und konzernrechtlichen Würdigung des Outsourcing zunächst herauszuarbeiten, welche unternehmerischen Funktionen einer Auslagerung überhaupt zugänglich sind, und inwieweit inhaltliche Mindestanforderungen für eine Outsourcing-Vereinbarung bestehen.

1. Grenzen der Funktionsauslagerung unter Rückgriff auf betriebswirtschaftliche Grundsätze ordnungsmäßiger Unternehmensorganisation (GoF)?

Hilfestellung bei der gesellschafts- bzw. konzernrechtlichen Grenzziehung für Outsourcingmaßnahmen könnten zunächst entsprechende Erkenntnisse der betriebswirtschaftliche Organisationstheorie bzw. der Produktionstheorie leisten. Sollten das Outsourcing betreffende Grundsätze ordnungsmäßiger Unternehmensorganisation existieren, wäre sogar eine Normativierung dieser „best practices" in Form von Geschäftsführungspflichten zu erwägen.[12] Doch jedenfalls nach heutigem Stande ist ein solcher Seitenblick kaum ergiebig.[13] Die betriebswirtschaftliche Spezialliteratur zum Outsourcing[14] thematisiert

---

12 Für die betriebswirtschaftlichen Grundregeln ordnungsgemäßer Unternehmensführung jedenfalls i.E. deren Normativierung befürwortend *Schneider*, in: Scholz, GmbHG, Bd. 1, 9. Aufl., Bd. 1, 2000, § 43 Rz. 70 f. Differenzierte Überlegungen zur Methodik der Rezeption betriebswirtschaftlich akzeptierter „best practices" – Handelsbrauch, antezipiertes Sachverständigengutachten, Sachverständigengutachten im konkreten Verfahren – bei *Hommelhoff/Schwab*, in: *von Werder* (Hrsg.), Grundsätze ordnungsmäßiger Unternehmensführung (GoF) für die Unternehmensleitung (GoU), Überwachung (GoÜ) und Abschlußprüfung (GoA), 1996, S. 149 ff. (zfbf-Sonderheft 36).

13 Siehe auch den Befund von *von Werder*, in *Glaser/Schröder/von Werder* (Hrsg.), Organisation im Wandel der Märkte, FS Frese, 1998, S. 479, 480: „der heutige Stand der Organisationsforschung [erlaubt] erst sehr begrenzte Einsichten in die Wirkungsweise organisatorischer Maßnahmen".

14 Nachweise oben in Fn. 1.

weder die Frage, ob bestimmte Kernfunktionen einer Unternehmung einer Auslagerung entzogen sind, noch etwaige Mindeststandards für den Inhalt eines Outsourcing-Agreements. Die Entwicklung von Grundsätzen ordnungsmäßiger Unternehmensführung (GoF), also von Grundsätzen für die Unternehmensleitung (GoU), Überwachung (GoÜ) und Abschlußprüfung (GoA),[15] steht für den Bereich der Führungsgrundsätze noch am Anfang. Erste, noch ziemlich abstrakt formulierte Vorschläge beschränken sich ganz auf die Organisationsstruktur des Vorstands und dessen Tätigwerden, ohne die hier interessierende Organisation der Unternehmung als solcher einzubeziehen.[16] Unergiebig im vorliegenden Kontext sind schließlich Überlegungen zu den nicht-delegierbaren Aufgaben der Letztentscheidungsträger (Zentrale) im Falle diversifizierter Unternehmen.[17] In dieser Untersuchungsperspektive wird die Unternehmung unabhängig von einer etwaigen rechtlichen Binnengliederung als ein Portefeuille aus unmittelbar am Markt agierenden Geschäftsbereichen aufgefaßt, wogegen die Zentralinstanz marktfern als strategische Management-Holding agiert. Folglich nehmen die Zentrale und ein outsourcendes Unternehmen nach obigen Überlegungen zum „make or buy"-Charakter der Outsourcing-Entscheidung (II.1.) durchaus unterschiedliche Funktionen wahr.

Im übrigen dürfte grundsätzliche Skepsis gegenüber den Möglichkeiten der Betriebswirtschaftslehre, gehaltvolle Grundsätze ordnungsmäßiger Unternehmensorganisation zu entwickeln, nicht gänzlich fernliegen. Denn nach einer zentralen Einsicht des sogenannten situativen Ansatzes der Organisationstheorie existieren gar keine universell effizienten Organisationsstrukturen. Vielmehr gilt genau umgekehrt, daß Organisationen ihre Strukturen der jeweiligen Situation anzupassen haben.[18]

---

15 Siehe insbesondere die Beiträge von *von Werder*, *Theisen*, *Rückle* und *Maly* im zfbf-Sonderheft 36 (Fn. 12): seitdem noch *von Werder*, Betrieb 1999, 2221 ff.; *von Werder/Maly/Pohle/Wolff*, Betrieb 1998, 1193 ff. sowie den German Code of Corporate Governance (GCCG) des Berliner Initiativkreises German Code of Corporate Governance (zum download als pdf-Datei unter www.gccg.de).

16 Siehe dazu insbesondere *von Werder*, in: *ders*. (Fn. 12), S. 27 ff.

17 Dazu *Friedrich/Hinterhuber*, in: *Hinterhuber/Friedrich/Matzler/Pechlauer* (Hrsg.), Die Zukunft der diversifizierten Unternehmung, 2000, S. 3, 19 ff.

18 *Kieser*, in: *ders*. (Hrsg.), Organisationstheorien, 3. Aufl., 1999, S. 169.

2. *Originär gesellschafts- und konzernrechtliche Grenzen der Funktionsauslagerung*

Mit vorstehendem Befund des situativen Ansatzes der Organisationstheorie rücken die aus dem Aktien- und GmbH-Recht abzuleitenden Vorgaben für das Outsourcing in den Mittelpunkt. Dabei sind zunächst die Grenzen für die Auslagerung unternehmerischer Teil- und Hilfsfunktionen zu entfalten.

a) Spezielle gesetzliche Bestimmungen

Spezielle gesetzliche Bestimmungen, die die Auslagerung bestimmter unternehmerischer Teil- oder Hilfsfunktionen verwehren würden,[19] sind nicht ersichtlich. Insbesondere stellt § 128 Abs. 2 AktG keine solche Sperre dar. Zwar muß eine Depotbank gleich welcher Rechtsform, die das Stimmrecht aus Kundenaktien auszuüben beabsichtigt, ihren Kunden eigene Abstimmungsvorschläge für die Ausübung des Stimmrechts in der Hauptversammlung unterbreiten (Satz 1), und ein einzelnes Mitglied der Geschäftsleitung zu benennen, welches das pflichtgemäße Verhalten im Zusammenhang mit dem Vollmachtstimmrecht zu überwachen hat (Satz 2 2. Halbsatz). Aber diese Vorschrift besagt nicht etwa, daß der Aufgabenkomplex Vollmachtstimmrecht einer Auslagerung gänzlich entzogen wäre. Zum einen genügt es, wenn das Kreditinstitut von dritter Seite erarbeitete Empfehlungen übernimmt und dem Kunden als eigene Abstimmungsvorschläge unterbreitet, sofern nur diese Empfehlungen im „Interesse des Aktionärs" liegen und damit den materiellen Anforderungen des Abs. 2 Satz 2 1. Halbsatz genügen. Zum anderen bedeutet die Benennung eines zuständigen Geschäftsleitungsmitglieds keine das Prinzip der Gesamtverantwortung des Vorstands durchbrechende Einsetzung eines Stimmrechtsbeauftragten mit alleiniger Zuständigkeit.[20] Nimmt nämlich der Gesamtvorstand – und nicht der Aufsichtsrat

---

19 Von diesen Funktionen zu unterscheiden sind die dem Vorstand gesetzlich zugewiesenen Entscheidungszuständigkeiten bezüglich unternehmerischer Teil- und Hilfsfunktionen (z.B. §§ 91 Abs. 2, 128 Abs. 2 S. 2 AktG). Zu Auslagerungsuntauglichkeit dieser Zuständigkeiten sogleich unter b).

20 *Assmann,* AG 1997, August-Sonderheft, S. 100, 103; *Hüffer*, AktG, 4. Aufl., 1999, § 128 Rz. 9b (jeweils im Anschluß an die Regierungsbegründung zum Entwurf eines Gesetzes zur Kontrolle und Transparenz im Unternehmensbereich (KonTraG), BT-Drucks. 13/9712, S. 18, wonach die Norm insoweit lediglich die Zuständigkeit innerhalb der Geschäftsordnung klarstelle, nicht aber das Prinzip der Gesamtverantwortung des Vorstands berühre).

bzw. die Satzung (siehe § 77 Abs. 2 AktG) – die Zuständigkeitszuweisung an ein Vorstandsmitglied vor, kann er seine Entscheidung jederzeit revidieren und die Zuständigkeit einem anderen Mitglied der Geschäftsleitung übertragen, so daß als notwendiges Korrelat dieser Befugnis die Gesamtverantwortung des Organs Vorstand auch für diesen Bereich fortbestehen muß.

Ebensowenig folgen materielle Auslagerungsschranken daraus, daß nach § 91 Abs. 2 AktG der Vorstand einer AG, und im Ergebnis auch der Geschäftsführer einer GmbH,[21] geeignete Maßnahmen zu treffen hat, um den Fortbestand der Gesellschaft gefährdende Entwicklungen frühzeitig erkennen zu können. Zwar wird diese vieldiskutierte Vorschrift[22] vor allem im betriebswirtschaftlichen Schrifttum als Gebot zur Etablierung eines komplexen Risikomanagementsystems und damit sehr extensiv interpretiert.[23] Doch lassen sich daraus jedenfalls keine organisatorischen Vorgaben in Gestalt einer Art „Mindestorganisationstiefe" ableiten, etwa mit dem Hinweis, daß das Unternehmen bei steigendem Fremdbezug von Leistungen in zunehmendem Umfang unkontrollierbaren Marktrisiken ausgesetzt ist. Denn die vom Vorstand zu treffenden Maßnahmen zur Früherkennung haben sich an den Eigenheiten des konkreten Unternehmens zu orientieren, folgen also dessen Struktur.[24] Nicht dagegen fordert § 91 Abs. 2 AktG, daß die sächliche oder

---

21 So die Regierungsbegründung (Fn. 20), S. 15 unter Verweis auf eine Ausstrahlungswirkung der aktiengesetzlichen Normierung; dazu z.B. *Altmeppen,* ZGR 1999, 291, 300 ff.; *Drygala/Drygala,* ZIP 2000, 297, 300 ff.; *Hommelhoff,* FS Sandrock, 2000, S. 373, 376 ff.

22 Umfangreiche Schrifttumszusammenstellung bei *Seibert,* FS Bezzenberger, 2000, S. 427 Fn. 2; weitere Nachweise bei *Drygala/Drygala,* ZIP 2000, 297, 2998 Fn. 10 f., 15 f.; ferner z.B. BDO Deutsche Warentreuhand Aktiengesellschaft, Auswirkungen des Gesetzes zur Kontrolle und Transparenz im Unternehmensbereich (KonTraG) und des Kapitalaufnahmeerleichterungsgesetzes (KapAEG), 1998, S. 49 ff; *Holst,* Risikomanagement im Lichte des KonTraG (IFBG-Studie), 1998; *Jakob,* WPg 1998, 1043 ff.; *J. Hüffer,* FS Imhoff, 1998, S. 91 ff.; *Scharpf,* Risikomanagement und Überwachungssystem im Treasury – Darstellung der Anforderungen nach dem KonTraG, 1998; *Emmerich,* ZfbF 1999, 1075 ff.

23 Gegenteilig gewichtige Stimmen des juristischen Schrifttums; z.B. *Hüffer* (Fn. 20), § 91 Rz. 9; neuerdings *Seibert,* FS Bezzenberger, 2000, S. 427 ff.; wohl auch *Hommelhoff,* FS Sandrock, 2000, S. 373 f.; nuancierend *Drygala/ Drygala,* ZIP 2000, 297, 299.

24 *Hüffer* (Fn. 20), § 91 Rz. 7 a.E.

personelle Binnenorganisation des Unternehmens sich an der Früherkennung bestandsgefährdender Risiken ausrichtet.[25]

b) Die Pflicht zur eigenverantwortlichen Unternehmensleitung

(1) Die generalklauselartige Vorgabe des § 76 Abs. 1 AktG, daß der Vorstand die Gesellschaft unter eigener Verantwortung zu leiten hat, setzt auch Grenzen für das Outsourcing unternehmerischer Teil- und Hilfsfunktionen. Aus der gesetzlich bestimmten Zuweisung der Leitungsfunktion an den Vorstand als Organ folgt nach allgemeiner Überzeugung, daß jedenfalls dem Gesamtvorstand selbst[26] keine Befugnis zukommt, die Leitung der Gesellschaft und des von ihr getragenen Unternehmens gesellschafts- bzw. unternehmensintern auf nachgeordnete Stellen zu delegieren[27] oder gar einem gesellschaftsexternen Dienstleister zu übertragen.[28] Im einzelnen umfaßt dieser organgebundene Leitungsbereich alle Führungsentscheidungen im Bereich der Unternehmensplanung, Unternehmensorganisation und Unternehmenskontrolle sowie die Besetzung der Führungsstellen;[29] aus normativer Sicht rechnen dazu weiter die dem Vorstand bzw. Aufsichtsrat als Kollegialorgan zugewiesenen Aufgaben, etwa die bereits erwähnte Einrichtung eines Frühwarnsystems gemäß § 91 Abs. 2 AktG[30] und die Entscheidung über Organkredite gemäß den §§ 89, 115 AktG.[31]

Für die GmbH gilt im Grundsatz eine parallele Auslagerungsschranke. Deren Geschäftsführer sind ebenfalls als Leitungsorgan mit der Zuständigkeit für die Unternehmensplanung, -koordinierung und -kontrolle sowie die

25 *Seibert*, FS Bezzenberger, 2000, S. 427, 438.
26 Zur (fehlenden) Möglichkeit abweichender Satzungsgestaltungen unten V.2.c).
27 Siehe nur *Mertens*, in: Kölner Kommentar zum AktG, Bd. 2, 2. Aufl., 1996, § 76 Rz. 43; *Semler*, Die Überwachungsaufgabe des Aufsichtsrats, 2. Aufl., 1996, S. 18 f. (Rz. 23 f.); *Stein*, ZGR 1988, 163, 168.
28 Siehe nur KK/*Mertens* (Fn. 27), § 76 Rz. 43 (bzgl. Entscheidungsdelegation auf externe Unternehmensberatung).
29 Z.B. KK/*Mertens* (Fn. 27), § 76 Rz. 5; *Hüffer* (Fn. 20), § 76 Rz. 8; *Semler* (Fn. 27), S. 10 (Rz. 11); *Stein*, ZGR 1988, 163, 168.
30 Allein die Letztentscheidung über Einführung und Ausgestaltung des von § 91 Abs. 2 AktG geforderten Frühwarnsystems ist dem Outsourcing nicht zugänglich, wohl aber, das sei mit Blick auf die Ausführungen soeben unter a) klargestellt, das tatsächliche Betreiben des Frühwarnsystems.
31 *Hüffer* (Fn. 20), § 76 Rn. 8; *Schießl*, ZGR 1992, 64, 67 f.

Besetzung der Führungsstellen tätig;[32] ausgenommen sind die Fälle einer primären Gesellschafterzuständigkeit – vor allem Bestellung von Prokuristen und qualifizierten Handlungsbevollmächtigten (§ 46 Nr. 7 GmbHG), ungewöhnliche Geschäfte,[33] Festlegung der Unternehmenspolitik[34] – sowie die Konstellationen, in denen die den Geschäftsführern übergeordnete Gesellschafterversammlung eine Führungsentscheidung ad hoc an sich zieht. Überdies können die Gesellschafter in der Satzung – nicht aber durch einfachen Gesellschafterbeschluß[35] – abweichende Regelungen für die Leitungszuständigkeit treffen und diese in bislang nicht gänzlich geklärtem Umfange auf einen Beirat[36] und mit Einschränkungen auch auf nachgeordnete Unternehmensmitarbeiter[37] oder sonstige Dritte[38] übertragen. Fehlt eine abweichende Satzungsregelung, dürfen die Geschäftsführer ihre Entscheidungsbefugnis

32 Ausdrücklich *Lutter/Hommelhoff*, GmbHG, 15. Aufl., 2000, § 37 Rz. 4.

33 Zum Maßstab der Ungewöhnlichkeit in diesem Kontext siehe mit Unterschieden im einzelnen z.B. *Zöllner*, in: Baumbach/Hueck, GmbHG, 16. Aufl., 1996, § 37 Rz. 6e i.V.m. § 49 Rz. 13; *Mertens*, in Hachenburg, GmbHG, Bd. 2, 8. Aufl., 1997, § 37 Rz. 10 f.; *Lutter/Hommelhoff* (Fn. 32), § 37 Rz. 11, § 49 Rz. 11; Scholz/*Schneider* (Fn. 12), § 37 Rz. 15; sehr weitgehend z.B. *Koppensteiner*, in: Rowedder, GmbHG, 3. Aufl., 1997, § 37 Rz. 10 f. u. Roth/*Altmeppen*, GmbHG, 3. Aufl., 1997, § 37 Rz. 19 a.E.: Anlehnung an Maßstab der Außergewöhnlichkeit i.S.d. der §§ 116 Abs. 2, 164 S. 2 HGB.

34 Str.; eine primäre Gesellschafterzuständigkeit befürwortend etwa *Goette* DStR 1998, 938, 942; Roth/*Altmeppen* (Fn. 33), § 37 Rz. 19; a.A. mit dem gewichtigen Hinweis, daß sich der Bereich der Unternehmenspolitik nicht hinreichend rechtssicher konturieren lasse, Baumbach/Hueck/*Zöllner* (Fn. 33), § 37 Rz. 6g; ihm folgend Hachenburg/*Mertens* (Fn. 33), § 37 Rz. 11; ferner *Rowedder/Koppensteiner* (Fn. 33), § 37 Rz. 8; widersprüchlich BGH WM 1992, 731 f. und *Lutter/Hommelhoff* (Fn. 32), § 37 Rz. 8: primäre Zuständigkeit der Gesellschafter, bei deren (ausdrücklicher oder tatsächlicher) Nichtwahrnehmung „jeder Geschäftsführer so handeln [muß], wie er es nach seiner eigenen pflichtgemäßen Überzeugung für richtig und zweckmäßig" hält (BGH ebenda 732); unergiebig BGH WM 1991, 635, 637: Maßnahmen als Ausdruck einer in der Zuständigkeit der Gesellschafter liegenden Reorientierung der Unternehmenspolitik waren als „Maßnahmen, die den Rahmen des bisherigen Geschäftsbetriebs sprengen" (BGH ebenda) ohnehin bereits gemäß § 49 Abs. 2 GmbHG (soeben Fn. 33) vorlagepflichtig.

35 *Lutter/Hommelhoff* (Fn. 32), § 37 Rz. 14.

36 Siehe dazu mit im einzelnen unterschiedlichen Positionen *Lutter/Hommelhoff* (Fn. 32), § 37 Rz. 12 ff., § 52 Rz. 69 f.; Roth/*Altmeppen* (Fn. 33), § 52 Rz. 43; enger Baumbach/Hueck/*Zöllner* (Fn. 33), § 37 Rz. 9, § 46 Rz. 63.

37 Dazu nur *Lutter/Hommelhoff* (Fn. 32), § 37 Rz. 12.

38 *Lutter/Hommelhoff* (Fn. 32), § 37 Rz. 15.

für die in ihre primäre Zuständigkeit fallenden Führungsentscheidungen – vorbehaltlich eines anderweitigen Gesellschafterbeschlusses – weder intern delegieren[39] noch externen Dienstleistern übertragen.

Im Umkehrschluß folgt aus diesen Ausführungen, daß sowohl bei einer AG als auch einer GmbH im Prinzip alle Maßnahmen der Geschäftsführung einer Auslagerung auf einen unternehmens- bzw. konzernexternen Dienstleister zugänglich sind, die keine originäre Führungsentscheidungen darstellen oder kraft gesetzlicher Zuweisung zum geschäftsführungsorgangebundenen Leitungsbereich gehören. Auslagerungsfähig sind damit zum einen, und dies ist mit Blick auf die Diskussion zu § 25a Abs. 2 KWG um einen auslagerungsresistenten Kernbereich[40] zu betonen, insbesondere auch Entscheidungen, die die Risikoposition der Gesellschaft unmittelbar verändern, also die Entscheidung über den Abschluß von Rechtsgeschäften mit den Geschäftspartnern der Gesellschaft. Zum anderen lassen sich selbst Vorbereitungshandlungen im Bereich unternehmerischer Führungsentscheidungen insoweit auslagern, als der Vorstand diese Tätigkeiten auch unternehmensintern delegieren dürfte. Daher ist beispielsweise auch die Auslagerung der gesamten EDV auf einen externen Dienstleister zulässig, sofern nur dem Vorstand die Aufgabenstellung gegenüber dem Funktionsübernehmer und die Entscheidungsfreiheit bezüglich der Umsetzung EDV-gestützter Entscheidungsvorschläge vorbehalten bleibt.[41]

(2) Die bisherigen, dem Outsourcing zuträglichen Überlegungen galten der Aufgabenübertragung auf unternehmens- bzw. konzernexterne Dienstleister. Zu erwägen bleibt für gruppeninterne Auslagerungsmaßnahmen nachgeordneter Konzernunternehmen jedoch, daß die §§ 311-317 AktG als Regelung des faktischen Aktienkonzerns hierfür engere Grenzen ziehen. Die Frage betrifft sowohl das Outsourcing einer abhängigen Aktiengesellschaft auf die Muttergesellschaft als auch die Auslagerung auf gleichstufige oder nachgeordnete Konzerngesellschaften

39 *Lutter/Hommelhoff* (Fn. 32), § 37 Rz. 4.

40 Befürwortend das Bundesaufsichtsamt für das Kreditwesen (Fn. 8), Tz. 15 ff. (unter Verweis darauf, daß § 25a Abs. 1 KWG für ein Institut zwingend bestimmte Mindestanforderungen an eine ordnungsgemäße Organisation stellt); *Zerwas/Hanten* WM 1998, 1110, 1112 f.; krit. dazu *Eyles* WM 2000, 1217, 1225 ff.; *Baums/Steck*, WM 1998, 2261, 2264 f.

41 LG Darmstadt AG 1987, 218, 220.

Als Ausgangspunkt ist zunächst festzuhalten, daß auch die faktisch abhängige bzw. konzernierte Gesellschaft vom Vorstand im Sinne des § 76 Abs. 1 AktG eigenverantwortlich zu leiten ist,[42] und daß die soeben umrissenen Beschränkungen für das Outsourcing daher auch für sie Gültigkeit haben. Zu weitergehenden Einschränkungen gelangt *Stein*[43] in einer zweistufigen, von der Ebene des herrschenden Unternehmens zur Ebene der abhängigen Gesellschaft überwechselnden Ableitung: Außer Streit stehe, daß das herrschende Unternehmen die abhängige Gesellschaft nur in den Grenzen der §§ 311, 317 AktG zu nachteiligen Maßnahmen veranlassen dürfe. Seinerseits habe der Vorstand der abhängigen Gesellschaft deren wirtschaftliche Unabhängigkeit und Integrität zu wahren. Folglich dürfe er solche Organisationsakte auch nicht autonom ins Werk setzen, deren Veranlassung seitens des herrschenden Unternehmens nicht durch die §§ 311, 317 AktG gedeckt wäre. Kurz: der Vorstand der abhängigen Gesellschaft müsse durch entsprechende organisationsgestaltende Maßnahmen präventiv darauf hinwirken, daß die Unabhängigkeit und wirtschaftliche Integrität der Gesellschaft erhalten bleiben.

Das konzerninterne Outsourcing unterläge kraft dieses Präventionspostulats in zweierlei Hinsicht besonderen Restriktionen. Erstens darf nämlich ein herrschendes Unternehmen die abhängige Gesellschaft nicht zu einer Maßnahme veranlassen, deren Nachteilhaftigkeit sich in der ex ante-Perspektive weder in Geld noch anhand anderer Maßstäbe (z.B. Bekanntheitsgrad etc.) quantifizieren läßt, und deren Nachteile daher ex ante nicht einmal einer Art Naturalausgleich zugänglich sind.[44] Hierzu gehören je nach Lage des Falles sogenannte strukturverändernde Maßnahmen,[45] etwa die

---

42 Umstritten ist lediglich die vorliegend nicht weiter zu vertiefende Frage, ob und inwieweit die §§ 311, 317 AktG modifizierend auf den Pflichtenstandard des § 76 Abs. 1 AktG einwirken. Dazu ausführlich *Mülbert*, Aktiengesellschaft, Unternehmensgruppe und Kapitalmarkt, 2. Aufl., 1996, S. 283 ff.

43 Zum folgenden näher *Stein*, ZGR 1988, 163, 186 ff.

44 Z.B. *Koppensteiner*, in: Kölner Kommentar zum AktG, 1. Lieferung, 2. Aufl., 1987, § 311 Rz. 48 i.V.m. 86 ff.; Emmerich/*Habersack*, Aktienkonzernrecht, 1998, § 311 Rz. 3 i.V.m. 42; *Krieger*, in: Münchener Handbuch des Gesellschaftsrechts, Bd. 4, Aktiengesellschaft, 2. Aufl., 1999, § 69 Rz. 62 i.V.m. 76.

45 Bei derartigen Maßnahmen leistet die vertragliche Zusage von Wiederaufbauhilfen bzw. von nicht quantifizierbaren Vorteilen, etwa zum Wiederaufbau der Vertriebsorganisation, nicht stets einen zureichenden Nachteilsausgleich. Denn für eine umfassende Nachteilsermittlung müßte auch festgestellt werden, wie

vollständige Aufgabe eigener Vertriebsaktivitäten zugunsten des Vertriebs über andere Konzerngesellschaften.[46] Zum zweiten darf das herrschende Unternehmen keine Maßnahmen veranlassen, die das auf die Kompensation einzelner schädigender Eingriffe ausgerichtete Ausgleichssystem der §§ 311, 317 AktG für die Zukunft funktionsunfähig machen würden;[47] als Anwendungsfall dieser Schranke wird im Schrifttum auf die Übertragung der gesamten EDV auf eine andere Konzerngesellschaft verwiesen.[48]

Zu überprüfen ist damit die Tragfähigkeit der These, daß der Vorstand der abhängigen Gesellschaft deren Unabhängigkeit und Integrität auch präventiv zu wahren hat. Zu deren Gunsten spricht sicherlich die Gefahr einer Umgehung der §§ 311, 317 AktG. Die über die Anwendbarkeit dieser Vorschriften bestimmende Frage, ob der Vorstand der konzernierten Gesellschaft eine Outsourcingmaßnahme ausschließlich als eigenverantwortliche Entscheidung veranlaßt, oder ob ein möglicherweise nirgendwo dokumentierter „Wink von oben" mitursächlich wurde, wird er sich in manchen Fällen wohl nicht einmal selbst beantworten können. Auf der anderen Seite mutet es befremdlich an, daß der Vorstand der abhängigen Gesellschaft weiterreichenden Handlungsrestriktionen unterliegen soll als derjenige einer rechtlich unabhängigen Gesellschaft in sonst gleicher Lage. Das harmoniert zum einen kaum mit der aus § 317 Abs. 2 AktG abzuleitenden generellen Überzeugung, daß für die Feststellung des Vorliegens eines Nachteils im Sinne der §§ 311, 317 AktG darauf abzustellen ist, ob der Vorstand einer rechtlich unabhängigen Gesellschaft unter Beachtung des Pflichtenstandards aus § 93 Abs. 1 AktG vergleichbar entschieden hätte.[49] Zum anderen will das Aus-

---

sich die Gesellschaft ohne den nachteiligen Eingriff in ihre Unternehmensorganisation entwickeln würde. Sehr zurückhaltend zur Möglichkeit des Nachteilsausgleichs mittels nicht quantifizierbarer Vorteile daher *Hommelhoff*, Die Konzernleitungspflicht, 1982, S. 127 ff.; *Zöllner*, FS Kropff, 1997, S. 333, 345; auch Emmerich/*Habersack* (Fn. 44), § 311 Rz. 42 a.E.; großzügiger KK/*Koppensteiner* (Fn. 44), § 311 Rz. 88; MünchHdbAG/*Krieger* (Fn. 44), § 69 Rz. 76; *Baums/Steck*, WM 1998, 2261, 2262 f.

46 Z.B. die Aufgabe des eigenen Vertriebsapparats einer konzernabhängigen Bausparkasse; dazu *Baums/Steck*, WM 1998, 2261, 2262 f.

47 *Hommelhoff* (Fn. 45), S. 137 ff.; *Mülbert* (Fn. 42), S. 491 f.; *Stein*, ZGR 1988, 163, 186.

48 *Stein*, ZGR 1988, 163, 182.

49 Siehe nur KK/*Koppensteiner* (Fn. 44), § 311 Rz. 22; *Hüffer* (Fn. 20), § 311 Rz. 27, 34; Emmerich/*Habersack* (Fn. 44), § 311 Rz. 26; MünchHdbAG/*Krieger* (Fn. 44), § 69 Rz. 68.

gleichssystem der §§ 311, 317 AktG lediglich verhindern, daß die abhängige Gesellschaft im wirtschaftlichen Ergebnis schlechter steht als eine rechtlich unabhängige Gesellschaft in ansonsten gleicher Lage.[50] Genau dieser Effekt könnte aber eintreten, würde man dem Vorstand einer abhängigen Gesellschaft weitergehende Einschränkungen bei der Gestaltung der Unternehmensorganisation auferlegen.

Insgesamt führen diese Überlegungen damit zu folgendem Fazit: Der Vorstand einer abhängigen Gesellschaft unterliegt beim konzerninternen Outsourcing keine strengeren Zulässigkeitsanforderungen als beim Outsourcing auf externe Dienstleister. Bei der Entscheidung über die Vornahme der Outsourcingmaßnahme muß er im Rahmen seines breiten Leitungsermessens jedoch auch die spezifischen Gefährdungspotentiale konzerninterner Funktionsübertragungen angemessen berücksichtigen. Dies gilt in besonderem Maße für Vorgänge wie die Auslagerung der gesamten EDV, die zur Folge haben können, daß manche nachteiligen Einwirkungen des herrschenden Unternehmens zukünftig gar nicht mehr zu erkennen sind.

c) Der Unternehmensgegenstand

Grenzen für Oursourcing-Maßnahmen können im Einzelfall weiter aus dem sowohl für die AG als auch die GmbH zwingend in der Satzung anzugebenden Unternehmensgegenstand (§ 23 Abs. 3 Nr. 2 AktG, § 3 Abs. 1 Nr. 2 GmbHG) folgen.

Dies kommt zunächst dann in Betracht, wenn die Satzung den Gegenstand detailliert festlegt, etwa in Form der Vorgabe bestimmter Produktionsmethoden (z.B. handwerkliche Erzeugung) oder Vertriebswege (z.B. Internetbuchhandel),[51] und die Outsourcingmaßnahme gerade diesen Bereich betrifft, etwa die Auslagerung der Fertigung. Allerdings sollte bei solchen Vorgängen eine einen qualifizierten Gesellschafterbeschluß erfordernde (faktische) Satzungsänderung nur bei Outsourcingmaßnahmen auf externe Dienstleister angenommen werden, nicht jedoch beim konzerninternen Outsourcing; das herrschende Konzernunternehmen verwirklicht seinen

---

50 Siehe nur *Hüffer* (Fn. 20), § 311 Rz. 1; KK/*Koppensteiner* (Fn. 44), Vorb. § 311 Rz. 4; näher *Mülbert* (Fn. 42), S. 274 ff. m.w.N. in Fn. 523 ff.

51 Zur – teilweise bestrittenen – aktienrechtlichen Zulässigkeit derart detaillierter unternehmensgegenständlicher Satzungsvorgaben siehe *Röhricht*, in: GroßkommentarAktG, 4. Aufl., 7. Lieferung, 1997, § 23 Rz. 84 ff.

Unternehmensgegenstand auch über die Tätigkeit in einer Tochtergesellschaft, wenn und soweit dies unter seiner Leitung erfolgt oder es zumindest jederzeit die einheitliche Leitung ausüben kann.[52]

Ohne eine detaillierte unternehmensgegenständliche Festlegung der Unternehmenstätigkeit und -struktur bedürfen auch konzernexterne Outsourcingmaßnahmen allenfalls in Ausnahmefällen eines satzungsändernden Gesellschaftervotums. Daß eine Funktionsauslagerung auf externe Dritte den Unternehmensgegenstand in seiner historisch gewachsenen Prägung verändert, kommt überhaupt nur beim Outsourcing der für ein vollintegriertes Unternehmen elementaren Funktionen, insbesondere Produktion und Vertrieb, auf einen externen Dienstleister in Betracht.

d) Die Verbandssouveränität (Autonomie) der Gesellschaft

(1) Die ultimative und zugleich am schwersten zu konkretisierende Schranke für Auslagerungsmaßnahmen besteht in der Verbandssouveränität einer Gesellschaft mit gesetzestypischem Verbandszweck. Allerdings enthält weder das AktG noch das GmbHG eine explizite Festschreibung des Autonomiegedankens. Doch steht für die mit gesetzestypischem Verbandszweck konstituierten Kapitalgesellschaften (AG/GmbH) außer Streit, daß es sich dabei um eigenbestimmte Wirtschaftseinheiten handelt, die allein kraft ihres vom Geschäftsführungsorgan bzw. der Gesellschafterversammlung organschaftlich gebildeten Willens tätig werden.[53] Für die AG läßt sich dies aus dem Zusammenspiel des Grundsatzes der Satzungsstrenge (§ 23 Abs. 5 AktG) mit den materiellen Konzernrechtsnormen zum Beherrschungsvertrag

52 Vgl. *Mülbert* (Fn. 42), S. 378 f., 381 f. zum insoweit parallel gelagerten Problem der konzerninternen Ausgliederung eines Geschäftsbereichs auf eine Tochtergesellschaft; gegenteilig für diesen Vorgang die h.M., siehe z.B. MünchHdbAG/*Krieger* (Fn. 44), § 69 Rz. 4; *Wahlers*, Konzernbildungskontrolle durch die Hauptversammlung der Obergesellschaft, 1995, S. 139 ff.; *Liebscher*, Konzernbildungskontrolle, 1995, S. 66 ff.; weitere N. für beide Positionen bei *Mülbert* ebenda S. 376 Fn. 69 f.

53 *Wiedemann*, FS Schilling, 1973, S. 105, 111 ff.; *K. Schmidt*, Gesellschaftsrecht, 3. Aufl., 1997, § 5 I 3 b (S. 89 f.), § 17 I 1 a (S. 493 f.); *Herfs*, Einwirkungen Dritter auf den Willensbildungsprozeß der GmbH, 1994, S. 53 ff.; spezifisch für die AG siehe nur KK/*Koppensteiner* (Fn. 44), Vorb. § 291 Rz. 68; *Mülbert* (Fn. 42), S. 157; *Eberth*, Die Aktiengesellschaft mit atypischer Zwecksetzung, 2000, S. 31; für die GmbH siehe nur BGH WM 1992, 524, 526.

(§ 308 AktG) und zur Eingliederung (§ 323 Abs. 1 AktG) herleiten,[54] und mittelbar auch aus der expliziten Normierung der eigenverantwortlichen Leitungstätigkeit des Vorstands in § 76 Abs. 1 AktG erschließen.[55]

(2) Outsourcingmaßnahmen können die Verbandsautonomie faktisch erheblich beeinträchtigen. Die – einen gerichtlich ausgetragenen aufsichtsratsinternen Konflikt auslösende – konzerninterne Auslagerung der gesamten Datenverarbeitung der Adam Opel AG auf die EDS GmbH[56] veranlaßte *Stein*, jedenfalls für das Outsourcing der gesamten EDV zusätzliche Schranken zu erwägen.[57] Ausgangspunkt ihrer Überlegungen ist die These, daß das Outsourcing unternehmerischer Funktionen den Vorstand in seiner Planungs-, Koordinations- und Kontrolltätigkeit nicht stärker beeinträchtigen dürfe als dies bei einer innerbetrieblichen Delegation der Fall sei. Bei der vollständigen Auslagerung der EDV sei die Wahrung dieses Postulats besonders unter zwei Aspekten problematisch. Erstens verliere die Gesellschaft alle Kontrollmöglichkeiten, wenn sie selbst keine Spezialisten mehr vorhält, und zweitens drohe sie in technologische Abhängigkeit vom externen Datenverarbeiter zu geraten. Erstere Gefahr falle allerdings nicht so stark ins Gewicht, weil der externe Funktionsübernehmer in aller Regel im eigenen wirtschaftlichen Interesse bestrebt sein werde, einen optimalen Service zu bieten. Hingegen müsse man unter letzterem Aspekt „durchaus seine Zweifel haben, ob der Vorstand jedenfalls bei Unternehmen einer bestimmten Größenordnung die EDV ... auf einen unabhängigen Dritten ohne funktionswidrige Einbuße an Autonomie und damit zulässigerweise übertragen" könne.[58]

Die damit thematisierte Problematik ist offenkundig nicht auf die Datenverarbeitung beschränkt. Man denke nur an das Outsourcing des Risikomanagements auf der Basis eines vom externen Dienstleister entwickelten komplexen Risikosteuerungssystems, oder daran, daß als Funktionsüber-

54 Näher dazu *Mülbert*, ZHR 163 (1999), 1, 25 f.

55 Näher dazu *Mülbert* (Fn. 42), S. 284 f.

56 LG Darmstadt AG 1987, 218. Die höherinstanzlichen Entscheidungen (OLG Frankfurt WM 1988, 330; BGHZ 106, 54 = WM 1989, 98) befaßten sich allein mit dem rein prozessualen Aspekt der (fehlenden) Klagebefugnis einzelner Aufsichtsratsmitglieder für eine auf das Fehlen eines wirksamen Aufsichtsratsbeschlusses gestützte Unterlassungsklage gegen den Vorstand.

57 Zum folgenden näher *Stein*, ZGR 1988, 163, 171 ff.

58 *Stein*, ZGR 1988, 163, 174 f.

nehmer zwei Dienstleister in Betracht kommen, deren technisch-organisatorischen Konzepte für die Wahrnehmung der ausgelagerten Funktion inkompatibel sind. Faktischen Autonomieeinbußen aufgrund von Kontrollverlusten und Systemabhängigkeit begegnet man im übrigen gleichermaßen, wenn sich ein Unternehmen von vornherein zum Fremdbezug der fraglichen unternehmerischen Teil- oder Hilfsfunktion entschließt. Und selbstredend ist dieses Abhängigkeitsrisiko kein spezifisches Problem des Finanzsektors, sondern stellt sich ebenso in anderen Wirtschaftsbereichen. Wer als Automobilproduzent seine Fertigungstiefe und zugleich den Kreis seiner Zulieferer drastisch reduziert, gerät zwangsläufig in erhöhte Abhängigkeit von seinen verbleibenden Systemlieferanten.

(3) Damit läßt sich nun auch das zentrale Rechtsproblem derartiger Vorgänge präzise benennen. Es geht nicht, das ist zu betonen, um rechtliche Eingriffe in die Verbandssouveränität, und damit nicht um die Frage, ob und gegebenenfalls inwieweit die Gesellschafter über die Autonomie satzungsförmig disponieren dürfen.[59] Anders gewendet handelt es sich nicht darum, aus der Verbandssouveränität generelle Grenzen für Outsourcingmaßnahmen abzuleiten, die für die Gesellschaft selbst und alle ihre Organe gelten. Vielmehr liegt das Problem auf der Ebene der innergesellschaftlichen Kompetenzverteilung. Festzulegen ist, inwieweit das Geschäftsführungsorgan durch seine eigenverantwortlichen Entscheidungen die Gesellschaft in wirtschaftliche Abhängigkeiten verstricken darf. Dieses Zuständigkeitsproblem beschränkt sich nicht auf die GmbH. In besonderer Schärfe stellt es sich vielmehr für die AG.

Das GmbHG kennt keine ausdrückliche Kompetenzabgrenzung zwischen Geschäftsführung und Gesellschaftern. Gleichwohl ist für das GmbH-Recht im Grundsatz anerkannt, daß die Entscheidung über ungewöhnliche Geschäftsführungsmaßnahmen in die Zuständigkeit der Gesellschafter fällt, deren Zustimmung die Geschäftsführer nach § 49 Abs. 1 GmbHG gegebenenfalls sogar einholen müssen; das Rechtsanwendungsproblem liegt beim Maßstab der Ungewöhnlichkeit.[60] Eine ungewöhnliche und damit von den Gesellschaftern zu billigende Funktionsauslagerung dürfte jedenfalls dann vorliegen, wenn die Gesellschaft sich den daraus resultierenden wirtschaft-

---

59 Dazu unten V.2.b).

60 Siehe schon oben in Fn. 33.

lich-technologischen Bindungen faktisch nicht mehr ohne weiteres entziehen kann, bzw. wenn die zukünftige Lösung von diesen Bindungen einen nicht ganz unerheblichen finanziellen Aufwand erfordern würde.[61]

Aktienrechtlich besteht nach § 119 Abs. 1 AktG eine Zuständigkeit der Hauptversammlung nur „in den im Gesetz und in der Satzung ausdrücklich bestimmten Fällen". Gleichwohl hat der BGH eine ungeschriebene Hauptversammlungskompetenz im Holzmüller-Urteil für den Fall bejaht, daß konzernbildende Geschäftsführungsmaßnahmen des Vorstands „tief in die Mitgliedsrechte der Aktionäre und deren im Anteilseigentum verkörpertes Vermögensinteresse eingreifen".[62] In jüngerer Zeit hat das Schrifttum zunehmend auch für andere als Konzernbildungsvorgänge eine sogenannte Holzmüller-Kompetenz diskutiert,[63] und dabei auch die Auslagerung der gesamten EDV als zustimmungspflichtigen Vorgang erwogen.[64]

Vor diesem Hintergrund ist zur kompetentiellen Behandlung von Outsourcingmaßnahmen zunächst zu bedenken, daß eine geschriebene Hauptversammlungszuständigkeit bereits aufgrund der Rechtstechnik des Übertragungsakts (Gesamtrechtsnachfolge gemäß § 123 Abs. 3 UmwG) oder wegen der Berührung des Unternehmensgegenstands bestehen kann,[65] und daß jedenfalls bei gruppeninternen Vermögensübertragungen auch eine Holzmüller-Kompetenz gegeben sein kann.[66] Im übrigen jedoch ist schon im Grundsätzlichen zu bezweifeln, daß eine nicht bereits nach diesen Kriterien mitwirkungspflichtige Outsourcingmaßnahme unter dem Aspekt eines faktischen Souveränitätsverlusts in die ungeschriebene Hauptversammlungskompetenz fallen kann. Denn ungeschriebene Hauptversammlungszuständigkeiten lassen sich methodisch nur in Analogie zu geschriebenen Kompetenznormen gewinnen, nicht aber dadurch, daß die ins freie Ermessen gestellte Einberufungsbefugnis des Vorstands aus § 119 Abs. 2 AktG unter der Voraussetzung eines „tiefen Eingriffs" in Mitgliedsrechte zur Einberufungs-

61 Siehe auch *Hirte*, CR 1992, 193, 195.
62 BGHZ 83, 122, 131 = WM 1982, 388.
63 Zusammenstellung der diskutierten Geschäftsführungsmaßnahmen – z.B. Listing und Delisting – bei *Mülbert*, in: GroßkommentarAktG, 14. Lieferung, 2000, § 119 Rz. 30 m.w.N.
64 So wohl *Hirte*, CR 1992, 193, 194, 195.
65 Soeben unter c).
66 Dazu ausführlich *Mülbert* (Fn. 42), S. 420 ff.; siehe ferner Emmerich/*Habersack* (Fn. 44), Vor § 311 Rz. 13 ff.

pflicht umgestaltet wird.[67] Geschriebene Hauptversammlungskompetenzen als Analogiegrundlage für den Fall, daß eine Outsourcingmaßnahme einen faktischen Autonomieverlust bewirkt, sind jedoch nicht ersichtlich. Insbesondere begründet selbst die Auslagerung der gesamten EDV m.E. keine Holzmüller-Kompetenz.

Allerdings bedeutet dies noch keinen Freibrief für den Vorstand, alle mit Autonomieeinbußen verbundenen Outsourcingmaßnahmen auch durchführen zu dürfen. Ebensowenig besteht freilich ein Rechtssatz des Inhalts, daß das Outsourcing die Gesellschaft in ihrer Autonomie überhaupt nicht beeinträchtigen dürfe. Vielmehr hat der Vorstand bei seiner Entscheidung im Rahmen seines breiten Leitungsermessens die wirtschaftlichen Vorteile aus der Outsourcingmaßnahme mit den Nachteilen abzuwägen, die langfristig als Folge einer Autonomieeinbuße drohen. Hierfür wird er unter anderem zu bedenken haben, wie sich auslagerndes Unternehmen und Funktionsübernehmer die aus der langfristigen Kooperation fließenden Erträge teilen. Outsourcingmaßnahmen, die den künftigen wirtschaftlich-technologischen Handlungsspielraum des auslagernden Unternehmens beeinträchtigen, begegnen daher keinen Bedenken, wenn auch das auslagernde Unternehmen angemessen profitiert, etwa wenn sich der Dienstleister erst aufgrund der Langfristigkeit der Bindung in der Lage sieht, auf die Anforderungen des Outsourcers zugeschnittene spezifische Investitionen zu tätigen. Nach diesen Kriterien kann dann auch die Auslagerung der gesamten EDV oder, unter dem Stichwort elektronischer Marktplatz, das Outsourcing des Internet-Vertriebs zulässig sein.

3. *Inhaltliche Ausgestaltung der Outsourcing-Vereinbarung*

Für den Inhalt einer Outsourcing-Vereinbarung können gesellschaftsrechtliche Aspekte in mehrfacher Hinsicht bedeutsam werden. Diese sind hier nicht im einzelnen zu entfalten. Vielmehr beschränken sich die folgenden Ausführungen auf zwei Punkte: muß mittels der Vertragsgestaltung sichergestellt werden, daß die vom Funktionsübernehmer erbrachte Leistung mindestens den im eigenen Unternehmen erreichbaren Standard erreicht?

67 Dazu zuletzt GroßkommAktG/*Mülbert* (Fn. 63), § 119 Rz. 21 ff.

muß der Vertrag reversibel sein und dafür sorgen, daß sich die Outsourcingmaßnahme effektiv rückgängig machen läßt?

Für die Auslagerung der gesamten EDV hat *Stein* beide Fragen bejaht.[68] Auch wenn man ihr darin folgt, daß die Qualität der Entscheidungsvorbereitung des Vorstands unter einer Outsourcingmaßnahme nicht leiden darf, ist ihre weitere Forderung nach der jederzeitigen rechtlichen und faktischen Reversibilität des Outsourcing bereits für den Sonderfall der EDV nicht unproblematisch. Erst recht vermag dieses doppelte „Ja" für die Auslagerung anderer Funktionen nicht zu überzeugen: Die Festlegung des vom Funktionsübernehmer einzuhaltenden Qualitätsstandards ist in ganz weitgezogenen Grenzen eine rein geschäftspolitische Entscheidung der Geschäftsführung des auslagernden Unternehmen; das gilt umso mehr, als das Leitungsermessen des Vorstands in eben diesen Grenzen auch eine Absenkung der eigenen unternehmensinternen Leistungsstandards decken würde. Bei der rechtlichen und faktischen Reversibilität des Outsourcing geht es gesellschaftsrechtlich nicht um ein Erfordernis der Vertragsgestaltung, sondern um eine innergesellschaftliche Zuständigkeitsfrage. Kann der Funktionsübernehmer bzw. dessen Geschäftsführung durch eine entsprechende Vertragsgestaltung sicherstellen, daß sich die Funktionsauslagerung rechtliche und faktisch rückgängigmachen läßt, fehlt es bereits an einer wirtschaftlich bedingten Beeinträchtigung der Verbandssouveränität. Gelingt keine derart vorsorgende Vertragsgestaltung, bedarf die Geschäftsführung nach Maßgabe der soeben unter d) dargelegten Regeln gegebenenfalls der Zustimmung ihrer Gesellschafter bzw. Aktionäre zum Vertrag.

V. Besonderheiten beim Outsourcing durch ein Finanzinstitut (§ 25a Abs. 2 KWG, § 33 Abs. 2 WpHG)

1. Zur Auslegung der § 25a Abs. 2 KWG und § 33 Abs. 2 WpHG

Die § 25a Abs. 2 KWG und § 33 Abs. 2 WpHG statuieren, wie schon einleitend bemerkt, bestimmte aufsichtsrechtliche Mindestanforderungen an den Inhalt der Outsourcing-Vereinbarung. Vorliegend von zentralem Interesse ist die Vorgabe des jeweiligen Satzes 2, wonach sich das outsourcende Finanzinstitut in dem Outsourcing-Agreement „insbesondere die erforderlichen

---

68 *Stein*, ZGR 1988, 163, 171.

Weisungsbefugnisse vertraglich zu sichern" hat. Der Gesetzeswortlaut läßt einen entscheidenden Bezugspunkt dieses Weisungsrechts freilich offen, nämlich dessen Adressat. Mögliche Adressaten sind erstens der Funktionsübernehmer als Rechtsträger, zweitens das geschäftsführende Organ dieses Rechtsträgers, und drittens die Mitarbeiter des Funktionsübernehmers. Aus gesellschaftsrechtlicher Sicht, soviel sei vorweggenommen, stehen damit jeweils fundamental unterschiedliche Lösungen in Frage.

Erste Interpretationen dieser Gesetzesformulierung gingen dahin, daß als Adressatin dieses Weisungsrechts allein die Geschäftsführung des externen Dienstleisters in Betracht komme, nicht jedoch dessen einzelne Mitarbeiter.[69] Diese Auslegung korrespondiert mit der Position des Bundesaufsichtsamts für das Kreditwesen in den Vorentwürfen seines Rundschreibens zu § 25a Abs. 2 KWG. Noch in der Version mit Stand vom 9. November 1999 hieß es insoweit: „Grundsätzlich muß es sich um ein effektives, unmittelbares Weisungsrecht gegenüber der Geschäftsleitung des Serviceunternehmens handeln". Demgegenüber begnügt sich der aktuelle Entwurf, den das Bundesaufsichtsamt den Spitzenverbänden der Kreditwirtschaft zur Stellungnahme zugeleitet hat, mit der bloßen Wiederholung des interpretationsbedürftigen Gesetzestextes. Dort heißt es unter Teilziffer 28 schlicht: „Das Institut hat sich ... Weisungs- und Kontrollrechte vom Auslagerungsunternehmen vertraglich einräumen zu lassen".

Sinn und Zweck der § 25a Abs. 2 KWG und § 33 Abs. 2 WpHG legen in der Tat ein direktes Weisungsrecht gegenüber dem Geschäftsführungsorgan des Funktionsübernehmers nahe. Konzeptionell gehen diese Vorschriften von einem vollintegrierten Finanzinstitut aus und verlangen, daß das auslagernde Unternehmen die einem selbständigen Rechtsträger übertragenen unternehmerischen Teil- und Hilfsfunktionen so beherrscht, als würden diese Funktionen vom outsourcenden Finanzinstitut selbst erbracht. Anders gewendet muß das Finanzinstitut den ausgelagerten Bereich jedenfalls dann wie eine rechtlich unselbständige Betriebsabteilung führen können, wenn der Funktionsübernehmer auf dem Gebiet der ausgelagerten Funktion defizitäre Leistungen erbringt. Läge eine Betriebsabteilung vor, stünde dem auslagernden Finanzinstitut aufgrund des arbeitsvertraglichen Direktionsrechts aber ein direkter Weisungszugriff gegenüber den verantwortlichen Mitarbeiter

---

69 *Zerwas/Hanten*, WM 1998, 1110, 1114 f.; siehe auch *Eyles*, WM 2000, 1217, 1231.

offen. Bei einem bloßen Weisungsrecht gegenüber dem Funktionsübernehmer handelt es sich in der Sache darum, daß das outsourcende Finanzinstitut die Erfüllung einer Hauptleistungspflicht des Funktionsübernehmers durchzusetzen sucht.

2. *Vertragliches Weisungsrecht gegenüber dem Geschäftsführungsorgan*

e) Verbandssouveränität und eigenverantwortliche Leitung der Gesellschaft als Funktion des Geschäftsführungsorgans

Nach gesellschaftsrechtlichen Strukturprinzipien kann es ein unmittelbares vertragliches Weisungsrecht gegenüber dem Geschäftsführungsorgan[70] des Funktionsübernehmers allenfalls in engen Grenzen geben. Ist eine Gesellschaft unter Vereinbarung des gesetzestypischen Verbandszwecks als rechtlich souveräner bzw. autonomer Verband konstituiert,[71] entscheiden – vorbehaltlich einer vorrangigen Leitungsentscheidung anderer Gesellschaftsorgane – der Vorstand bzw. die Geschäftsführer in eigener Verantwortung, mit welchen Aktivitäten die Gesellschaft ihren Verbandszweck verfolgt. Dieses in § 76 Abs. 1 AktG für die Leitungsaufgabe des Vorstands explizit statuierte Prinzip der Eigenverantwortlichkeit[72] folgt aus der Aufgabenstellung eines Organs; dieses entscheidet innerhalb seines Zuständigkeitsbereichs für die ihrerseits nicht handlungsfähige Gesellschaft darüber, wie die Gesellschaft ihren Verbandszweck verfolgt. Handelt es sich um eine rechtlich souveräne bzw. autonome Gesellschaft, ergäbe sich daher ein unüberbrückbarer Widerspruch mit ihrem gesetzestypischen Verbandszweck, könnte ein gesellschaftsexterner Dritter dem geschäftsführenden Organ Weisungen hinsichtlich der Gesellschaftstätigkeit erteilen.

---

70 Ein vertragliches Weisungsrecht gegenüber einzelnen Mitgliedern des Geschäftsführungsorgans als Personen kommt nicht in Betracht. Das Prinzip der Gesamtverantwortung für die Organtätigkeit duldet keine Durchbrechung, wie für die AG schon aus § 23 Abs. 5 AktG folgt. Zur Lage beim Beherrschungsvertrag im besonderen siehe unten Fn. 75.

71 Dazu schon IV.2.d).

72 Dazu schon IV.2.b).

f) Die Gestaltungsmöglichkeiten zur Begründung eines Weisungsrechts

Ein unmittelbares Weisungsrecht gegenüber dem Geschäftsführungsorgan läßt sich angesichts der skizzierten verbandsrechtlichen Ausgangslage in gesellschaftsrechtskompatibler Form in zweierlei Formen realisieren.[73]

Die materiell verbandsrechtliche Gestaltungsvariante besteht in der satzungsförmigen Einräumung eines organschaftlichen Weisungsrechts des Berechtigten gegenüber dem Geschäftsführungsorgan. Rechtstechnisch handelt es sich bei einer solchen Satzungsbestimmung darum, ein zusätzliches Organ zu kreiieren und den Weisungsberechtigten als dessen einziges (Organ)mitglied zu berufen. Diese vor allem im GmbH-Recht für ein Weisungsrecht von Nichtgesellschaftern befürwortete Lösung[74] wahrt das zum Kernbereich verbandsrechtlichen Denkens gehörende Strukturprinzip, daß die Tätigkeit einer rechtlich souveränen bzw. autonomen Gesellschaft allein durch die in eigener Verantwortung getroffenen Entscheidungen ihrer Organe gesteuert wird.

Demgegenüber knüpft die formal verbandsrechtliche Gestaltungsvariante daran an, daß die verbandliche Autonomie als Bestandteil des Verbandszwecks im Grundsatz privatautonomer Satzungsgestaltung offensteht. Indem die Gesellschafter die Souveränität als Verbandszweck durch einen sozusagen dienenden Zweck ersetzen, beseitigen sie zugleich das fundamentale Hindernis dafür, einem Dritten trotz dessen fehlender Eigenschaft als Organ (mitglied) ein vertragliches Weisungsrecht gegenüber dem Geschäftsführungsorgan einzuräumen. Mit der Normierung des Beherrschungsvertrags in § 291 Abs. 1 Satz 1 AktG, der auf der Basis eines qualifizierten Hauptversammlungsbeschlusses (§ 293 Abs. 1 AktG) ein vertragliches Weisungsrecht gegenüber dem Vorstand als Organ[75] gewährt (§ 308 AktG), hat der

---

73 Vgl. zum folgenden *K. Schmidt* (Fn. 53), § 5 I 3 c (S. 92).

74 Z.B. Hachenburg/*Mertens* (Fn. 33), § 37 Rz. 17; Rowedder/*Koppensteiner* (Fn. 33), § 37 Rz. 20; *Lutter/Hommelhoff* (Fn. 32), § 37 Rz. 15, 20; *Fleck*, ZGR 1988, 104, 132 f.; *Herfs* (Fn. 53), S. 137, 141; vgl. auch *Teubner*, ZGR 1986, 565, 567 ff., 571 ff.; ablehnend Scholz/*Schneider* (Fn. 12), § 37 Rz. 34 (Einräumung mitgliedschaftlicher Weisungsrechte an Dritte ohne besondere konzernrechtliche Schutzbestimmungen widerspricht als auf Dauer angelegte Fremdbestimmung der Konzeption des Gesellschaftsrechts); krit. auch *Ulmer*, FS Werner, 1984, S. 911, 923 unter Hinweis auf die Gefahr einer uferlosen Ausweitung des Organbegriffs.

75 Nicht gegenüber einzelnen Vorstandsmitgliedern (a.A. *Emmerich*/Habersack (Fn. 44), § 308 RdNr. 13), wie der klare Wortlaut des § 308 Abs. 2 S. 1 AktG

Gesetzgeber diese formal verbandsrechtliche Gestaltungsmöglichkeit im Grundsatz anerkannt, und damit zugleich bestätigt, daß selbst im Aktienrecht die Verbandssouveränität keinen zwingenden Satz des objektiven Rechts darstellt. Demgemäß steht für das GmbH-Recht spätestens seit dem Supermarkt-Beschluß des BGH[76] völlig außer Streit, daß sich eine GmbH vertraglich konzernieren läßt, und auch im Personengesellschaftskonzernrecht billigt die h.M. nunmehr im Grundsatz die beherrschungsvertragliche Konzernierung von OHG und KG.[77]

Über diese konzernrechtlichen Gestaltungen hinausgehende Möglichkeiten der Gesellschafter, über die Verbandssouveränität privatautonom zu disponieren und ein Weisungsrecht auch Personen einzuräumen, denen keine Organ(mitglieds)eigenschaft zukommt, bestehen nicht. Im Aktienrecht verwehrt dies § 23 Abs. 5 AktG; außerhalb des materiellen Aktienkonzernrechts fehlt es hierfür an einer gesetzlichen Gestattung. Im GmbH-Recht unterliegt die Satzungsgestaltung zwar keinen derart weitreichenden Schranken. Doch die Verbandssouveränität, darüber ist man sich für die Einräumung eines Weisungsrechts an Nichtgesellschafter einig, verbietet die Begründung eines satzungsförmigen Weisungsrechts ohne organschaftliche Qualität.[78] Erst

---

belegt. Materiell rechtfertigt sich diese Einschränkung aus dem Prinzip der Gesamtverantwortung des Organs (Fn. 70). Die Nichtbefolgung rechtswidriger Weisungen muß Sache des gesamten Vorstands bleiben.

76 BGHZ 105, 324 = WM 1988, 1819.

77 *Ulmer*, in: Staub, HGB, 12. Lieferung, 4. Aufl., Anh. § 105 Rz. 16, 68; ausführlich jetzt *Mülbert*, in: Münchener Kommentar zum HGB, Bd. 3, Konzernrecht der Personengesellschaften, 2000, Rz. 165 ff.; ferner *Raiser*, ZGR 1980, 558, 663; *Schießl*, Die beherrschte Personengesellschaft, 1985, S. 49 ff.; *Emmerich/Sonnenschein*, Konzernrecht, 6. Aufl., 1997, § 27 III 1 b (S. 440); *Emmerich*, in: Heymanns, HGB, Bd. 2, 2. Aufl., 1996, Anh. § 105 RdNr. 20; *Liebscher* (Fn. 52), S. 29; *Bitter*, Konzernrechtliche Durchgriffshaftung bei Personengesellschaften, 2000, S. 374 ff., 379 ff.; siehe auch *Huber*, ZHR 152 (1988), 1, 22 f. (für die GmbH & Co. KG); ohne jede Einschränkung *Kleindiek*, Strukturvielfalt im Personengesellschafts-Konzern, 1991, S. 110-251; *Bälz*, AG 1992, 277, 288; a.A. *Schneider*, ZGR 1975, 253, 269 ff.; *ders.*, ZGR 1980, 511, 518 ff.; *ders.*, BB 1980, 1057, 1062; *Löffler*, Die abhängige Personengesellschaft, 1988, S. 28 ff.; *Emmerich*, FS Stimpel, 1985, S. 743, 755; *Huber*, ZHR 152 (1988), 1, 22 (für die gesetzestypische Personengesellschaft); mit einer Ausnahme für Personengesellschaften, an denen allein juristische Personen beteiligt sind, auch *Flume*, Die Personengesellschaft, 1977, § 14 X (S. 255); tendenziell auch BayObLG NJW 1993, 1804, 1805.

78 Darin stimmen alle in Fn. 74 Genannten überein.

recht unterliegen Personengesellschaftsverträge dieser zutreffend in der Verbandsautonomie verorteten Schranke privatautonomer Satzungsgestaltung.

g) Bewertung aus Sicht eines auslagernden Finanzinstituts

Aus Sicht eines auslagernden Finanzinstituts dürften die beiden zulässigen Gestaltungsvarianten – satzungsmäßige Einräumung eines organschaftlichen Weisungsrecht und Abschluß eines Beherrschungsvertrags – wohl vor allem beim Outsourcing auf konzernzugehörige Beteiligungsunternehmen in Betracht kommen. Denn beide Formen eines gesellschaftsrechtlichen Weisungsrechts des Finanzinstituts bedürfen zu ihrer Begründung durchweg eines qualifizierten Hauptversammlungs- bzw. Gesellschafterbeschlusses auf Seiten des weisungsunterworfenen Funktionsübernehmers. Das ist selbstverständlich bei der gesellschaftsvertraglichen bzw. satzungsförmigen Etablierung eines besonderen weisungsberechtigten Organs, gilt aber auch für die Begründung durch einen Beherrschungsvertrag (s. § 293 Abs. 1 Satz 1 AktG). Die Gesellschafterzustimmung zum Beherrschungsvertrag erfordert bei GmbH und Personenhandelsgesellschaften (OHG/KG) sogar Einstimmigkeit.[79] Bei der AG reicht zwar eine qualifizierte Mehrheit, doch stehen im Gegenzug den außenstehenden Gesellschaftern zwingend die Ausgleichs- und Abfindungsansprüche der §§ 304, 305 AktG zur Seite.

Neben den Beschlußerfordernissen bestehen noch Restriktionen. Das gilt zunächst für die Einräumung eines organschaftlichen Weisungsrechts in der Satzung des Funktionsübernehmers. Für die AG ist diese Möglichkeit durch den sogenannten Grundsatz der Satzungsstrenge prinzipiell verschlossen. § 23 Abs. 5 AktG erlaubt Abweichungen vom Gesetz nur, soweit gesetzlich

---

79 Für die GmbH das Einstimmigkeitserfordernis befürwortend z.B. Scholz/*Emmerich* (Fn. 12), Anh. Konzernrecht Rz. 155; Baumbach/Hueck/*Zöllner* (Fn. 33), GmbH-KonzernR, Rz. 39; Roth/*Altmeppen* (Fn. 33), Anh. § 13 Rz. 36; im praktischen Ergebnis ganz ähnlich – 3/4-Mehrheit für wirksamen Beschluß ausreichend, daneben (ggfs. nachträglich) individuelle Zustimmung aller Gesellschafter erforderlich – z.B. *Ulmer*, in: Hachenburg, GmbHG, Bd. 3, 8. Aufl., 1997, § 53 Rz. 143, 145 i.V.m. Anh. § 77 Rz. 199; *Priester*, in: Scholz, GmbHG, Bd. 2, 8. Aufl., 1995, § 53 Rz. 171; a.A. – lediglich 3/4-Mehrheit – z.B. *Lutter/Hommelhoff* (Fn. 32), Anh. § 13 Rz. 64; Rowedder/*Koppensteiner* (Fn. 33), Anh. § 52 Rz. 43. Für Personengesellschaften Einstimmigkeit verlangend etwa Staub/*Ulmer* (Rz. 77), Anh. § 105 Rz. 60; *K. Schmidt* (Fn. 77), § 43 III 4 a (S. 1293); *Emmerich/Sonnenschein* (Fn. 77), § 27 II 1 a (S. 437); MünchKommHGB/*Mülbert* (Fn. 77), Rz. 258.

vorgesehen, und der die Eigenverantwortlichkeit der Leitungstätigkeit des Vorstands statuierende § 76 Abs. 1 AktG läßt keine Abweichung im genannten Sinne zu. Bei Personengesellschaften läßt sich zwar ein organschaftliches Weisungsrecht gegenüber den Geschäftsführern gesellschaftsvertraglich begründen. Doch da die h.M. den Grundsatz der Selbstorganschaft über die organschaftliche Außenvertretung hinaus auch auf die gesellschaftsinterne Willensbildung durch die Geschäftsführer erstreckt, beschränkt sich der Kreis möglicher Weisungsberechtigter auf die Gesellschafter selbst, etwa den Kommanditisten einer KG.[80] Lediglich das GmbH-Recht erlaubt die satzungsmäßige Verankerung eines organschaftlichen Weisungsrechts praktisch ohne Einschränkung, also auch an dritte Nichtgesellschafter.[81]

Demgegenüber bietet der Beherrschungsvertrag als Gestaltungsalternative zwar den Vorteil, daß dieser Vertrag von einer AG bzw. GmbH sowohl mit Gesellschaftern als auch mit Nichtgesellschaftern abgeschlossen werden kann.[82] Lediglich für Personengesellschaften macht die h.M. insoweit eine Einschränkung dahingehend, daß sich ein solcher Vertrag allein mit Gesellschaftern[83] bzw., im Falle der GmbH & Co. KG, mit jedenfalls mittelbar in den Gesellschafterkreis einbezogenen Personen[84] schließen läßt. Dafür wiegen ansonsten bestehende, für alle Gesellschaften gleichermaßen geltende Restriktionen schwer: Konzerninterne Auslagerungen nach oben auf ein herrschendes Unternehmen sind nicht möglich, denn ein herrschendes Unternehmen kann sich nicht seinerseits dem von ihm abhängigen Unternehmen beherrschungsvertraglich unterwerfen. Außerdem kann ein Funktionsübernehmer auf beherrschungsvertraglicher Basis allenfalls unter ganz engen Voraussetzungen für mehrere Finanzinstitute tätig werden. Nach ganz h.M. ist es nämlich grundsätzlich nicht möglich, parallele Beherrschungsverträge mit mehreren Herrschaftssubjekten abzuschließen; eine Ausnahme kommt allenfalls in Betracht, wenn die mehreren Parteien ihre Herrschafts-

80 Siehe nur Staub/*Ulmer* (Fn. 77), § 109 Rz. 35.

81 Siehe den Text bei Fn. 74 m.w.N.

82 Siehe nur OLG Nürnberg AG 1996, 228, 229; KK/*Koppensteiner* (Fn. 44), § 291 Rz. 79; *Hüffer* (Fn. 20), § 291 Rz. 36.

83 *Löffler* (Fn. 77), S. 28 ff.; *Jäger*, DStR 1997, 1813, 1814; wohl auch *Huber*, ZHR 152 (1988), 1, 22 für die gesetzestypische Personengesellschaft; a.A. *Schießl* (Fn. 77), S. 48 f.; *Bälz*, AG 1992, 277, 288; *Kleindiek* (Fn. 77), S. 103.

84 Staub/*Ulmer* (Fn. 77), Anh. § 105 RdNr. 16, 69.

ausübung untereinander koordinieren.[85] Schließlich gerät auch die Funktionsauslagerung auf einen ausländischen Funktionsübernehmer zum Problem. Denn der Beherrschungsvertrag zur vertraglichen Konzernierung einer ausländischen Gesellschaft ist nur wirksam, soweit deren ausländisches Gesellschaftsstatut[86] einen solchen Vertrag überhaupt zuläßt, und die Beteiligten die nach dem maßgeblichen ausländischen Recht geltenden Anforderungen auch erfüllen.

Mit diesen Hinweisen zur gesellschafts- und konzernrechtlichen Problematik eines direkten Weisungsrechts gegenüber dem Geschäftsleitungsorgan muß es vorliegend bewenden. Angesichts der skizzierten Schwierigkeiten liegt der Wunsch nahe, daß der aktuelle Entwurf des Rundschreibens des Bundesaufsichtsamts als Verzicht auf das Erfordernis eines direkten Weisungsrechts zu verstehen ist. Aber die letztverbindliche Gesetzesinterpretation ist den Gerichten vorbehalten, und nach dem telos, dies sei wiederholt, spricht einiges zugunsten der Notwendigkeit eines direkten Weisungsrechts.

3. Wirksamkeits- und Haftungsfragen einer schuldrechtlichen Outsourcing-Vereinbarung

Läßt man gleichwohl ein Weisungsrecht gegenüber der Gesellschaft auf der Basis eines schuldrechtlichen Vertrags genügen, etwa im Rahmen eines Geschäftsbesorgungsvertrags, bleiben immer noch eine Reihe gesellschafts- und konzernrechtlicher Wirksamkeits- und Haftungsfragen.

a) Vorliegen eines verdeckten Beherrschungsvertrags?

Die Ergänzung einer Outsourcing-Vereinbarung um ein Weisungsrecht und das Recht, den ausgelagerten Bereich in die Innenrevision des Outsourcers einzubeziehen, erlaubt jedenfalls in Krisensituationen eine weitgehende

---

85 LG Frankfurt Betrieb 1990, 624; KK/*Koppensteiner* (Fn. 44), § 291 RdNr. 39; MünchHdbAG/*Krieger* (Fn. 44), § 70 Rz. 11 a.E.; zurückhaltender *Hüffer* (Fn. 20), § 291 Rz. 15 f.

86 Dazu, daß für den Beherrschungsvertrag das Gesellschaftsstatut der vertraglich zu konzernierenden Gesellschaft maßgeblich ist, siehe nur Staudinger/*Großfeld*, BGB, Internationales Gesellschaftsrecht, 13. Bearb., 1998, Rz. 576; KK/*Koppensteiner* (Fn. 44), Vorb. § 291 Rz. 88 m.w.N.

Steuerung und Kontrolle des Funktionsübernehmers. Das gilt umso mehr, wenn das auslagernde Unternehmen der einzige oder jedenfalls der Hauptauftraggeber ist. Unabhängig davon, ob das auslagernde Unternehmen zugleich Gesellschafter des Funktionsübernehmers ist,[87] könnte der schuldrechtlichen Abrede daher materiell die Qualität eines Beherrschungsvertrags im Sinne des § 291 Abs. 1 Satz 1 1. Alt.AktG zukommen. Als ein sogenannter verdeckter Beherrschungsvertrag müßte die „schuldrechtliche" Abrede dann die von der jeweiligen Rechtsform der Vertragsparteien bestimmten beherrschungsvertraglichen Wirksamkeitserfordernisse erfüllen,[88] und zwar sowohl auf der Seite des Funktionsübernehmers als auch derjenigen des auslagernden Finanzinstituts. Praktisch hätte dies für ein auslagerndes Finanzinstitut die mißliche Konsequenz, daß die Outsourcing-Vereinbarung regelmäßig zivilrechtlich unwirksam wäre und damit auch die aufsichtsrechtlichen Anforderungen des § 25a Abs. 2 KWG nicht erfüllt würden.[89] Denn als verdeckter Beherrschungsvertrag würde sie sowohl auf Seiten einer auslagernden AG (§ 293 Abs. 2 AktG) oder GmbH[90] als auch auf Seiten einer funktionsübernehmenden AG (§ 293 Abs. 1 AktG), GmbH[91] oder Personengesellschaft[92] jeweils einen auf die Vertretungsmacht der Geschäftsführung im Außenverhältnis durchschlagenden Gesellschafterbeschluß mit qualifizierter Mehrheit erfordern; im Falle einer AG (§ 294 AktG) oder GmbH[93] als vertraglich zu konzernierendem Funktionsübernehmer bedürfte die Vereinbarung zudem der konstitutiv wirkenden Eintragung ins Handelsregister.[94]

---

87 Oben bei Fn. 82 m.w.N.

88 Ausdrücklich in diesem Sinne jetzt *Emmerich*/Habersack (Fn. 44), § 291 Rz. 21, § 292 Rz. 48 ff.; MünchHdbAG/*Krieger* (Fn. 44), § 72 Rz. 36; wohl auch *Hüffer* (Fn. 20), § 291 Rz. 14; KK/*Koppensteiner* (Fn. 44), § 291 Rz. 17.

89 Das gilt unabhängig davon, inwieweit die Regeln zu fehlerhaften Organisationsakten auf einen in Vollzug gesetzten Beherrschungsvertrag Anwendung finden können (dazu ausführlich *Kort*, Bestandsschutz fehlerhafter Strukturänderungen im Kapitalgesellschaftsrecht, 1998, S. 130 ff.; ferner jetzt MünchKommHGB/*Mülbert* (Fn. 77), Rz. 151).

90 Siehe nur BGHZ 105, 324, 333 ff. = WM 1988, 1819; BGH WM 1992, 524, 525

91 Siehe nur BGHZ 105, 324, 332 = WM 1988, 1819.

92 Siehe nur MünchKommHGB/*Mülbert* (Fn. 77), Rz. 258 i.V.m. 155, 160.

93 BGHZ 105, 324, 342 = WM 1988, 1819; BGH WM 1992, 524, 526.

94 Allein der Beherrschungsvertrag mit einer vertraglich abhängigen Personengesellschaft bedarf nicht der konstitutiv wirkenden Eintragung; siehe nur MünchKommHGB/*Mülbert* (Fn. 77), Rz. 159.

Allein mit der vertraglichen Umsetzung der aufsichtsrechtlichen Gestaltungsvorgaben liegt jedoch noch kein verdeckter Beherrschungsvertrag vor. Insgesamt erscheinen zwar die insoweit maßgeblichen Merkmale nur wenig geklärt.[95] Ein Ausschlußkriterium wird aber darin gesehen, daß der Vertrag die Einwirkungsmöglichkeiten nur für einen begrenzten Zweck, etwa zur Kreditsicherung, einräumt.[96] Denn in aller Regel sei es bei einer derartigen Gestaltung entgegen der für Beherrschungsverträge geltenden unwiderleglichen Vermutung des § 18 Abs. 1 Satz 2 AktG gar nicht möglich, mittels vertragszweckkonformer Wahrnehmung des zweckgebundenen Leitungsrechts die beiden Unternehmen zu einer wirtschaftlichen Einheit und damit zu einem Konzern zusammenzufassen.[97] Diese Erwägung paßt auch auf das Weisungsrecht, das die § 25a Abs. 2 Satz 2 KWG und § 33 Abs. 2 Satz 2 WpHG für das Outsourcing durch Finanzinstitute fordern. Wie bereits der Normtext mit der Wendung „erforderliche Weisungsbefugnisse" verdeutlicht, soll das Weisungsrecht dem auslagernden Unternehmen lediglich ermöglichen, die jederzeitige vertragsgemäße Leistungserbringung durch den Funktionsübernehmer sicherzustellen.[98] Der aktuelle Entwurf eines Rundschreibens des Bundesaufsichtsamts zu § 25a Abs. 2 KWG[99] konkretisiert diese Funktionsgebundenheit des Weisungsrechts dahingehend, daß das auslagernde Institut „das Auslagerungsunternehmen ... fortlaufend zu kontrollieren" (Tz. 25) sowie dessen „Leistungserbringung ... fortlaufend zu überwachen und zu beurteilen [hat], so daß notwendige Korrekturmaßnahmen sofort ergriffen werden können" (Tz. 27), und daß das Institut „sich die zur Wahrnehmung seiner Überwachungsfunktion notwendigen ...

---

95 Siehe aber KK/*Koppensteiner* (Fn. 44), § 291 Rz. 18 ff.; ferner MünchHdbAG /*Krieger* (Fn. 44), § 72 Rz. 35.

96 KK/*Koppensteiner* (Fn. 44), § 291 RdNr. 29 a.E.

97 Zur Maßgeblichkeit des engeren Konzernbegriffs i.S. einer wirtschaftlichen Einheit MünchKommHGB/*Mülbert* (Fn. 77), Rz. 45; i.E. ferner *Hüffer* (Fn. 20), § 18 RdNr. 10; *Koppensteiner*, in: Kölner Kommentar zum AktG, Bd. 1, 2. Aufl., 1988, § 18 RdNr. 14 f.; Staub/*Ulmer* (Fn. 77), Anh. § 105 RdNr. 32: in der Sache auch *Windbichler*, in: GroßkommentarAktG, 10. Lieferung, 4. Aufl., 1999, § 18 RdNr. 26; a.A. – weiter Konzernbegriff – z.B. *Bayer*, in: Münchener Kommentar zum AktG, Bd. 1, 2. Aufl., 2000, § 18 RdNr. 33; *Emmerich/Sonnenschein* (Fn. 77), § 4 II 1 a (S. 57 f.); *Emmerich*/Habersack (Fn. 44), § 18 RdNr. 13 f.

98 Siehe dazu auch *v. Westphalen*, WM 1999, 1810, 1813.

99 Bundesaufsichtsamt für das Kreditwesen (Fn. 8).

Weisungs- und Kontrollrechte vom Auslagerungsunternehmen vertraglich einräumen zu lassen" hat (Tz. 28). Mit dieser engen Zweckbindung[100] erlaubt der vertragskonforme Einsatz des Weisungsrechts keine konzernstiftende einheitliche Leitung.

Tz. 27 des zitierten Rundschreibenentwurfs veranlaßt keine Änderung der vorstehenden konzernrechtlichen Bewertung. Diese Teilziffer verlangt als Inhalt der Outsourcing-Vereinbarung eine Klausel, wonach „Änderungen der für das Institut maßgeblichen oder von ihm vorgegebenen Leistungs- und Qualitätsstandards ... ohne langwierige Umsetzungsprozeduren und ohne jeden Ermessensspielraum auch vom Auslagerungsunternehmen berücksichtigt werden". Mit dieser Klausel erlangt das Finanzinstitut zwar indirekt einen gewissen Einfluß auf die Investitionspolitik des Dienstleisters. Eine einheitliche Finanzplanung zur Herstellung eines Konzerns im Sinne einer wirtschaftlichen Einheit zweier Unternehmen läßt sich auf dieser Basis jedoch nicht betreiben.

b) Außenwirksames Zustimmungserfordernis zur Abhängigkeitsbegründung auf Seiten eines funktionsübernehmenden Beteiligungsunternehmens?

Die Ablehnung eines verdeckten Beherrschungsvertrags vermag die konzernrechtlichen Wirksamkeitsprobleme der aufsichtsrechtlich geforderten Outsourcing-Gestaltung allerdings noch nicht vollständig auszuräumen. Vielmehr steht in einem argumentativen Dreierschritt die Möglichkeit im Raum, daß in bestimmten Fällen eine Outsourcing-Vereinbarung mit einem funktionsübernehmenden Beteiligungsunternehmen des outsourcenden Finanzinstituts nur wirksam ist, wenn auf Seiten des Funktionsübernehmers ein zustimmender Gesellschafterbeschluß vorliegt. Präzise gesagt ist dieses außenwirksame Zustimmungserfordernis für den Abschluß einer Oursourcing-Vereinbarung mit einem Funktionsübernehmer zu erwägen, an dem das Finanzinstitut eine nicht bereits zur Abhängigkeit führende Beteiligung

100 Unter diesem Aspekt unterscheiden sich Outsourcing-Vereinbarungen nach dem Modell des § 25a Abs. 2 KWG entscheidend von Just-in-Time-Vertragsgestaltungen. Zur Diskussion um deren (mögliche) Qualität als eines verdeckten Beherrschungsvertrags siehe z.B. *Wellenhofer-Klein* (Fn. 10), S. 405 f.; *K. W. Lange* (Fn. 10), Rz. 1009 ff.; *Bernhard-Eckel* (Fn. 10), S. 107 ff.; *Oechsler*, ZGR 1997, 464, 473 ff.; *Ensthaler*, NJW 1994, 817, 819; *Nagel*, Betrieb 1988, 2291, 2293 f.; *Saxinger* (Fn. 11), S. 83 ff.; auch *Hirte*, CR 1992, 193, 197.

in gesellschaftsrechtlicher Form hält. Im einzelnen verläuft diese denkbare Argumentationslinie wie folgt:

(i) Zunächst gerät eine Gesellschaft nach ganz h.M. bereits dann im Sinne der §§ 311, 317 AktG in die Abhängigkeit, wenn einflußverstärkende schuldrechtliche Abreden neben einem Gesellschaftsanteil beliebiger Höhe bestehen.[101]

(ii) Sodann setzt sich ein GmbH-Geschäftsführer mit der Vornahme eines Rechtsgeschäfts, das die Abhängigkeit der Gesellschaft im Sinne der §§ 311, 317 AktG begründet, im Widerspruch zur satzungsmäßigen Festlegung der GmbH als autonomer Gesellschaft,[102] und bedarf für sein Handeln folglich der Zustimmung der Gesellschafter in Form einer Einstimmigkeit (§ 33 Abs. 1 Satz 2 BGB) erfordernden Änderung des Verbandszwecks.[103] Ähnlich gestaltet sich die Rechtslage bei der AG. Auch im Aktienrecht fehlt dem Vorstand die Zuständigkeit für Rechtsgeschäfte, die den Verbandszweck faktisch ändern; positiv gewendet besteht eine ungeschriebene Hauptversammlungskompetenz für die Entscheidung über ein abhängigkeitsbegründendes Rechtsgeschäft,[104] wobei die einfache Beschlußmehrheit ausreichen dürfte.[105]

---

101 BGHZ 90, 381, 397 = WM 1984, 625; *Ulmer*, ZGR 1978, 457, 473 f.; MünchKommAktG/*Bayer* (Fn. 97), § 17 Rz. 32; GroßkommAktG/*Windbichler* (Fn. 97), § 17 Rz. 40; MünchHdbAG/*Krieger* (Fn. 44), § 68 Rz. 40; *Emmerich*/Habersack (Fn. 44), § 17 Rz. 13; ablehnend zur Möglichkeit einer derart „kombinierten" Beherrschung aber KK/*Koppensteiner* (Fn. 97), § 17 Rz. 56; *Mertens*, AG 1996, 241, 246; unklar *Hüffer* (Fn. 20), § 17 Rz. 8 i.V.m. 10.

102 Zur Autonomie von AG/GmbH oben unter IV.2.d).

103 Zur fehlenden Geschäftsführungsbefugnis für „faktische Satzungsänderungen" siehe nur Rowedder/*Koppensteiner* (Fn. 33), § 37 Rz. 14; siehe auch Scholz/*Schneider* (Fn. 12), § 37 Rz. 13; Baumbach/Hueck/*Zöllner* (Fn. 33), § 37 Rz. 6b; Lutter/*Hommelhoff* (Fn. 32), § 37 Rz. 11.

104 *Mülbert*, IStR 1999, 83, 88. S. in diesem Kontext auch die Diskussion um eine ungeschriebene Hauptversammlungskompetenz für die Zustimmung zur Übertragung vinkulierter Namensaktien; dazu etwa *K. Schmidt*, FS Beusch, 1993, 759, 768 ff.; *Reichert*, GmbHR 1995, 176, 177; *Lutter*, AG 1992, 369, 374 f.; *Hüffer* (Fn. 20), § 68 Rz. 15; *Seydel*, Konzernbildungskontrolle bei der Aktiengesellschaft, 1995, S. 108 ff.

105 Abzuleiten ist dies aus der Wertung des § 311 AktG. Die Abänderung des gesetzestypischen Verbandszwecks einer AG (dazu näher *Mülbert* (Fn. 42), S. 280 ff.) tritt bereits bei einfacher Stimmrechtsmehrheit des herrschenden Unternehmens ein.

(iii) Schließlich schlägt die fehlende Gesellschafterzustimmung bei Rechtsgeschäften mit einem GmbH-Gesellschafter auf die unbeschränkbare (§ 37 Abs. 2 GmbHG) organschaftliche Vertretungsbefugnis der Geschäftsführer durch, und zwar bei den hier in Frage stehenden Konstellationen unabhängig von subjektiven Momenten auf Seiten des Gesellschafters.[106] Diese Regel gilt wiederum auch dann, wenn der mit unbeschränkbarer (§ 82 Abs. 1 AktG) Vertretungsmacht ausgestattete Vorstand seine Geschäftsführungsbefugnis überschreitet.[107] Sachgründe dafür, Aktionäre gegenüber derartigen Geschäftsführungsverstößen weitergehend zu schützen als Gesellschafter einer GmbH, sind nicht erkennbar. Dies gilt umso mehr, als bei der AG aufgrund der zwingenden aktiengesetzlichen Kompetenzabgrenzung (§§ 76 Abs. 1, 119 AktG) der problematischste Fall einer Beschränkung der Geschäftsführungsbefugnis durch einfachen Gesellschafterbeschluß praktisch gar nicht vorkommt, und in verbleibenden Problemfällen, etwa beim Fehlen einer aufsichtsrätlichen Zustimmung,[108] die Grundsätze über die Duldungs- bzw. Anscheinsvollmacht einen angemessenen Aktionärsschutz gewährleisten.

Offenkundig besteht das Kernproblem dieser Argumentationslinie in der Frage, ob eine schuldrechtliche Outsourcing-Vereinbarung auf der Grundlage einer Minderheitsbeteiligung tatsächlich einflußverstärkend und damit abhängigkeitsbegründend wirken kann. Doch erscheint es vorliegend nicht veranlaßt, diese Frage im Grundsätzlichen aufzuarbeiten. Denn auch unter Zugrundelegung dieser These dürfte in einer schuldrechtlichen Outsourcing-Vereinbarung, die lediglich den aufsichtsrechtlich geforderten Inhalt nachzeichnet, jedenfalls aus zwei Gründen keine konzernrechtlich relevante Einflußverstärkung liegen:

---

106 Siehe nur Baumbach/Hueck/*Zöllner* (Fn. 33), § 37 Rz. 29; Scholz/*Schneider* (Fn. 12), § 35 Rz. 27; Hachenburg/*Mertens* (Fn. 33), § 37 Rz 38; unter modifizierender Heranziehung der Lehre vom Mißbrauch der Vertretungsmacht auch Lutter/*Hommelhoff* (Fn. 32), § 35 Rz. 13, 15. Gegenüber der Festschreibung des Grundsatzes der unbeschränkten und unbeschränkbaren Vertretungsmacht in Art. 9 der (1). Publizitätsrichtlinie (vom 9. März 1968, ABl.EG 1968 L 65/58; abgedruckt bei *Habersack*, Europäisches Gesellschaftsrecht, 1999, Rz. 133) läßt sich diese teleologische Restriktion des § 37 Abs. 2 GmbHG (und des § 82 Abs. 1 AktG) damit rechtfertigen, daß Art. 9 nach seinem klaren Wortlaut allein das Verhältnis der Gesellschaft zu Dritten (=Nichtgesellschaftern) betrifft.

107 A.A. KK/*Mertens* (Fn. 27), § 82 Rz. 38.

108 Dazu KK/*Mertens* (Fn. 27), § 78 Rz. 6.

(i) Die h.M., die eine Kombination gesellschafts- und schuldrechtlicher Beherrschungsmittel anerkennt, bleibt zwar meist sehr vage, wenn es darum geht, die maßgeblichen Merkmale eines einflußverstärkenden Schuldvertrags konkret zu benennen. Außer Streit steht aber, daß die schuldrechtliche Abrede als Intensivierung des gesellschaftsrechtlich vermittelten Einflusses dahin wirken muß, daß die Verwaltung mit Rücksicht auf ansonsten in absehbarer Zeit drohende persönliche Nachteile (keine Wiederbestellung etc.) den Direktiven des beteiligten Vertragspartners Folge leistet.[109] Einen Einfluß dieser Qualität vermag das aufsichtsrechtlich geforderte Weisungsrecht, das seinem Zweck nach allein die ordnungsgemäße Leistungserbringung durch den Funktionsübernehmer absichert, weder zu begründen noch auch nur zu intensivieren, und folglich eine Minderheitsbeteiligung auch nicht zu einem Abhängigkeitsverhältnis zu verstärken.

(ii) Ein Abhängigkeitsverhältnis im Sinne der §§ 311, 317 AktG liegt nach einer – allerdings bestrittenen – Auffassung nur vor, wenn die Beziehung mit der tatsächlichen Ausübung spezifisch konzernrechtlicher Leitungsmacht (soeben) zu einer wirtschaftlichen Einheit und damit einem Konzern erwächst.[110] Eben daran fehlt es aber aus denselben Gründen, aus denen unter a) bereits die Möglichkeit des Vorliegens eines verdeckten Beherrschungsvertrags verworfen wurde.

c) Konzernhaftung des auslagernden Finanzinstituts?

Als abschließende Frage bleibt zu klären, ob eine schuldrechtliche Outsourcing-Vereinbarung mit dem aufsichtsrechtlich geforderten Mindestgehalt zur Haftung des Finanzinstituts gemäß § 317 AktG oder sogar zur Haftung wegen qualifiziert faktischer Konzernierung des Funktionsübernehmers führen kann. Die in wenige Sätze zu fassende verneinende Antwort wird durch die bisherigen Überlegungen bereits vorgezeichnet:

Beim Outsourcing auf einen externen Dienstleister entfällt die Möglichkeit einer konzernrechtlichen Haftung von vornherein, wenn man mit der ganz h.M. annimmt, daß eine Abhängigkeitslage nur auf der Grundlage einer

---

109 Siehe insoweit auch KK/*Koppensteiner* (Fn. 97), § 17 Rz. 56.

110 MünchKommHGB/*Mülbert* (Fn. 77), Rz. 44; *Krieger*, FS Semler, 1993, S. 503, 510; wohl auch KK/*Koppensteiner* (Fn. 97), § 17 Rz. 16; a.A. die h.M., siehe nur BGHZ 62, 193, 196 = WM 1974, 319; *Hüffer* (Fn. 20), § 17 Rz. 4; GroßkommAktG/*Windbichler* (Fn. 97), § 17 Rz. 14.

gesellschaftsrechtlichen Beteiligung[111] oder, etwas weiter gefaßt, eines gesellschaftsrechtlich vermittelten Einflusses[112] vorliegen kann. Da wegen des primär organisationsrechtlichen Regelungsgehalts des materiellen Aktienkonzernrechts (§§ 291-327 AktG)[113] ein Abhängigkeitsverhältnis sogar überhaupt nur auf der Grundlage einer gesellschaftsrechtlichen Beteiligung in Betracht kommt,[114] können beim Outsourcing auf einen externen Dienstleister von vornherein keine Konzernhaftungstatbestände Anwendung finden. Selbst beim konzerninternen Outsourcing ist für eine Konzernhaftung kein Raum, wenn man der unter b. entwickelten Bewertung folgt, daß eine Outsourcing-Vereinbarung mit dem aufsichtsrechtlich geforderten Mindestgehalt noch kein Abhängigkeitsverhältnis begründet.

Dieses Ergebnis ergibt sich für den Regelfall selbst dann, wenn man der etwa für Just-in-Time-Zulieferverträgen verschiedentlich vertretenen These folgt, daß auch rein wirtschaftliche Herrschungsmacht die konzernrechtliche Abhängigkeit begründen kann.[115] Denn ein ausgleichspflichtiger Nachteil im Sinne der §§ 311, 317 AktG kann nicht vorliegen, wenn das auslagernde Finanzinstitut vertragszweckkonformen Gebrauch von seinem Weisungsrecht macht, etwa weil sich aufsichtsrechtliche Vorgaben geändert haben oder weil der Funktionsübernehmer die in der Outsourcing-Vereinbarung festgelegten Qualitätsstandards nicht einhält. Damit fehlt zugleich der Ansatzpunkt für eine Verlustausgleichshaftung kraft qualifiziert faktischer Konzernierung.

---

111 KK/*Koppensteiner* (Fn. 97), § 17 Rz. 49 ff., 57 (Zusammenfassung); *Emmerich*/Habersack (Fn. 44), § 17 Rz. 13 f., 17 ff.; *Hüffer* (Fn. 20), § 17 Rz. 9; Staub/*Ulmer* (Fn. 77), Anh. § 105 Rz. 25; MünchKommHGB/*Mülbert* (Fn. 77), Rz. 44.

112 BGHZ 90, 381, 395 ff. = WM 1984, 625; 135, 107, 114 = WM 1997, 967; GroßkommAktG/*Windbichler* (Fn. 97), § 17 Rz. 12 f.; MünchKommAktG/*Bayer* (Fn. 97), § 17 Rz. 21 f.

113 *Mülbert*, ZHR 163 (1999), 1, 24 ff.; verkannt von *Oechsler*, ZGR 1997, 464, 470.

114 MünchKommHGB/*Mülbert* (Fn. 97), Rz. 44.

115 Für bestimmte Just-in-Time-Zulieferverträge z.B. *Nagel/Riess/Theiss*, Betrieb 1989, 1505, 1509; *Bernhard-Eckel* (Fn. 10), S. 118 ff.; wohl auch *Hirte*, CR 1992, 193, 198; ablehnend dazu z.B. MünchKommAktG/*Bayer* (Fn. 97), § 17 Rz. 30; *Wellenhofer-Klein* (Fn. 10), S. 409 f.; *K. W. Lange* (Fn. 10), Rz. 986 ff.; *Däubler*, CR 1988, 834, 837 f.; *Saxinger* (Fn. 11), S. 89 f.; differenzierend *Oechsler*, ZGR 1997, 464, 476 ff. (keine Haftung aus §§ 311, 317 AktG), 487 ff. (Anwendbarkeit der beschränkten Verlustausgleichshaftung).

Seit dem TBB-Urteil des BGH[116] steht als Absage an das Konzept einer Konzernstrukturhaftung nämlich fest, daß eine (beschränkte) Verlustausgleichspflicht überhaupt nur eingreifen kann, wenn das herrschende Unternehmen der beherrschten Gesellschaft zumindest in einem Fall einen nicht durch Einzelausgleichsmaßnahmen kompensationsfähigen Vermögensnachteil zugefügt hat.[117]

VI. Schlußbemerkungen

In der Einleitung dieses Beitrags wurde darauf hingewiesen, daß die gesellschafts- und konzernrechtlichen Aspekte des Outsourcings durch Finanzinstitute allgemein als unproblematisch empfunden werden. Nach vorstehenden Überlegungen ist diese optimistische Sicht freilich mit einem gewissen Vorbehalt zu versehen. Allerdings sind die allgemeinen gesellschafts- und konzernrechtlichen Anforderungen an ein rechtmäßiges Outsourcing auf Seiten der auslagernden Gesellschaft erheblich geringer als die besonderen Anforderungen der § 25a Abs. 2 KWG und § 33 Abs. 2 WpHG für das Outsourcing durch ein Finanzinstitut. Die Maßgabe des jeweiligen Satzes 2 dieser Normen, zugunsten des outsourcenden Finanzinstituts die „erforderlichen Weisungsbefugnisse" zu begründen, ist dagegen kritisch. Liegt darin die Forderung nach einem unmittelbaren Weisungsrecht des Finanzinstituts gegenüber der Geschäftsführung des Funktionsübernehmers – und hierfür spricht nach der Teleologie dieser Vorschriften einiges –, ist gegenüber gesellschaftsrechtlich organisierten (AG, GmbH etc.) Dienstleistern das Weisungsrecht gesellschafts- bzw. konzernrechtlich zu verankern. Damit wären den Finanzinstituten bestimmte Gestaltungen, etwa das konzerninterne upstream-Outsourcing, gänzlich verschlossen; in den sonstigen Konstellationen würde die Etablierung eines gesellschafts- oder konzernrechtlichen Weisungsrechts stets einen Gesellschafterbeschluß beim Funktionsübernehmer und zum Teil auch beim auslagernden Finanzinstitut erfordern. Hingegen wäre aus gesellschafts- und konzernrechtlicher Sicht Entwarnung zu geben, wenn sich das aufsichtsrechtliche Weisungserfordernis auch rein schuldvertraglich umsetzen ließe, etwa in Form eines

116 BGHZ 122, 123 (hier: 130).
117 Abweichend vor allem noch *K. Schmidt* (z.B. Fn. 53), § 39 III 4 b (S. 1228 ff.)) mit einem dreistufigen Haftungsmodell.

geschäftsbesorgungsvertraglichen Weisungsrechts. Bei dieser Gestaltung drohen dem auslagernden Finanzinstitut selbst im Falle des konzerninternen Outsourcings keine konzernrechtlichen Haftungsgefahren, es sei denn, es würde von seinem Weisungsrecht zweckwidrigen Gebrauch machen.

Outsourcing und Bankenaufsicht, § 25a Abs. 2 KWG*

Gerhard Hofmann, Deutsche Bundesbank, Frankfurt am Main

I. Gründe für ein Outsourcing

Mit der Einfügung des § 25a Abs. 2 KWG wurde das große Interesse der Kredit- und Finanzdienstleistungsinstitute nach Ausgliederung einzelner

---

* Der vorliegende Aufsatz beruht auf einem Vortrag auf dem Bankrechtstag 2000 am 29./30. Juni 2000 in Wien. Er beschäftigt sich ausschließlich mit bankaufsichtlichen Fragestellungen. Zu arbeits- und datenschutzrechtlichen Fragen vgl. *Graf von Westphalen*, Ausgewählte arbeits- und datenschutzrechtliche Fragen beim „Outsourcing" im Rahmen von § 25a Abs. 2 KWG, WM 1999, 1810. Zu Fragen des Outsourcing des Geldwäschebeauftragten vgl. *Findeisen*, Outsourcing der Funktion des Geldwäschebeauftragten und anderer wesentlichen Pflichten des Geldwäschegesetzes, WM 2000, 1234.

Funktionen auf externe Anbieter zur Optimierung der Unternehmensprozesse vom Gesetzgeber anerkannt. Die Gründe, warum sich Unternehmen bzw. Institute des Themas Outsourcing annehmen, sind sehr prägnant 1990 in der Harvard Business Review auf den Punkt gebracht worden: „Focus on what gives your company its competitive edge, outsource the rest."[1] Das Bundesaufsichtsamt für das Kreditwesen und die Bundesbank stehen dem Thema Outsourcing bei Kreditinstituten und Finanzdienstleistern grundsätzlich positiv gegenüber. Allerdings gilt es, im Interesse der Stabilität des Bankensystems angemessene Qualitäts- und Sicherheitsstandards bei der Auslagerung vorzugeben sowie zu vermeiden, daß erlaubnispflichtige Tätigkeiten der Institute durch Outsourcing der Aufsicht entzogen werden.

Die Vorteile des Outsourcing liegen auf der Hand. Die Institute konzentrieren sich auf diejenigen Geschäfte, die zu ihren Kernkompetenzen gehören und deshalb ihre Wettbewerbsstärke erhöhen: Bankprodukte und Finanzdienstleistungen bzw. auch nur einen Ausschnitt davon entwickeln und vertreiben. Dagegen wird z. B. die datenmäßige Verarbeitung oder die Verwaltung des Bestandes an Verträgen anderen überlassen. Dadurch können nicht nur Kosten gesenkt werden, sondern durch die Auslagerung auf Spezialisten im Idealfall auch die Bearbeitungsqualität erhöht werden. Kleinere Institute können durch die gemeinsame Auslagerung von Bereichen neue Geschäftsfelder erschließen, die ihnen sonst verschlossen blieben, weil sie für den Aufbau der nötigen Infrastruktur nicht die nötige kritische Masse im Geschäftsvolumen erreichen, z. B. das Anbieten des Telefon Bankings durch ein gemeinsames Call Center oder der Aufbau eines gemeinsamen Internet-Auftritts mit Electronic Banking.

Neben den bereits genannten Beispielen gehört die Auslagerung der Datenverarbeitung, insbesondere im Zahlungsverkehr und im Rechnungswesen, zu den typischen Gebieten, auf denen nach Auslagerungslösungen gesucht wird. Weitere in der Praxis festgestellte Erscheinungsformen des Outsourcings sind die Auslagerung der Verwaltung der institutseigenen Immobilien, der Verwaltung von Immobilienkrediten auf Hypothekenbanken, der Wertpapierverwaltung und -abwicklung und der Funktion des Geldwäschebeauftragten.

---

1 Zitiert nach *Jürgen Schröder*, Outsourcing: Entsorgungsmodell oder Innovationspartnerschaft? in: *Köhler-Frost* (Hrsg.), Outsourcing: eine strategische Allianz besonderen Typs, 2. Aufl., Berlin 1995.

II. Risiken des Outsourcing

Den genannten Vorteilen stehen naturgemäß auch Risiken gegenüber. So lassen sich der Nutzen und die finanziellen Vorteile einer Auslagerung mittel- und langfristig nur schwer quantifizieren, so daß die Geschäftsleitung die Kontrolle der Kosten in den ausgelagerten Bereichen verliert. Ferner geht mit der Auslagerung auch der Verlust von Know-how einher, nicht nur dann, wenn das Auslagerungsunternehmen die bisherigen Mitarbeiter des Instituts übernimmt. Ist ein Bereich erst einmal ausgegliedert, bedarf es erheblicher Anstrengungen ihn wieder intern aufzubauen. Wissen und Fachkompetenz in einem Bereich aufrecht zu erhalten, den man nicht mehr selbst betreibt, ist schwierig. Mit dem Verlust des eigenen Know How kann einhergehen, daß man das Auslagerungsunternehmen nicht mehr ausreichend kontrollieren kann.

Wenn es schließlich stimmt, daß die Vorteile der Funktionsauslagerung nur dann vollständig zu realisieren sind, wenn der Outsourcing-Vertrag mittelfristig, also über mindestens fünf Jahre abgeschlossen wird, ist die Auswahl des richtigen Partners von zentraler Bedeutung. Umgekehrt gilt: Je langfristiger der Vertrag ist, umso mehr begibt man sich in die Abhängigkeit des anderen Unternehmens und umso schwieriger vollzieht sich der kurzfristige Wechsel zu einen anderen Anbieter. Vor diesem Hintergrund bekommt die fachliche Eignung sowie die Zuverlässigkeit des Auslagerungsunternehmens und seine Innovationskraft eine immer größere Bedeutung.[2]

III. Bankaufsichtliche Reaktionen auf das Outsourcing der Kreditinstitute vor der 6. KWG-Novelle

Das Phänomen des Outsourcing beschäftigt die Bankenaufsicht nicht erst seit der Einführung des § 25a Abs. 2 KWG mit der 6. KWG-Novelle. Bereits 1978 hat das Bundesaufsichtsamt für das Kreditwesen den Bausparkassen aufgegeben, daß sie bei der so genannten „Finanzierung aus einer Hand" im Verbund durch Überlassung einer Kopie der Darlehensverträge und Angabe

---

2 Zu den Vor- und Nachteilen des Outsourcings allgemein vergleiche *Köhler-Frost*, Outsourcing – eine strategische Allianz besonderen Typs. Neue Erkenntnisse, Definitionen, Veränderungen, und *Jürgen Schröder*, Outsourcing: Entsorgungsmodell oder Innovationspartnerschaft?, beide in: *Köhler-Frost* (Hrsg.) (oben Fn. 1).

der Sicherheiten gewährleisten müssen, daß das andere Kreditinstitut auf die Zweckbindung der Bausparmittel (§ 6 BSpkG) achtet und für eine ordnungsgemäße Sicherung der Darlehen Sorge (§ 7 BSpkG) trägt. Darüber hinaus haben die Bausparkassen dafür Sorge zu tragen, daß in die Prüfungen ihres Kreditgeschäftes einschließlich der Prüfungen nach § 44 KWG die im Rahmen der Verbundfinanzierung gewährten Darlehen einbezogen werden können; ggf. muß die Prüfungshandlung bei dem von der Bausparkasse ermächtigten Unternehmen vorgenommen werden dürfen. Schließlich muß auch die Innenrevision der jeweiligen Bausparkasse bei dem anderen Unternehmen tätig werden dürfen.[3] Dieses Schreiben wurde 1996 dahingehend modifiziert, daß die Feststellung des Beleihungswertes stichprobenweise durch die Bausparkasse überprüft werden müsse, daß der Bausparkasse alle wesentlichen Umstände vorgetragen werden, die gegen eine Bewilligung des Kredites sprechen, und daß die Bausparkasse einer Bewilligung jederzeit widersprechen kann. Schließlich werden auch Mindestanforderungen an den Kooperationsvertrag aufgestellt, der zudem dem Bundesaufsichtsamt für das Kreditwesen vorzulegen ist.[4]

In seinem Schreiben zur grenzüberschreitenden Datenfernverarbeitung im Bankbuchführungswesen vom Oktober 1992[5] hatte das Bundesaufsichtsamt für das Kreditwesen eine Reihe von technischen und organisatorischen Vorgaben gemacht und festgestellt, daß die Datenfernverarbeitung Gegenstand der Innenrevision der Bank sein muß, daß sich der Träger des Datenzentrums verpflichtet, jederzeit die Einbeziehung des Datenzentrums in die Jahresabschlußprüfungen und in Prüfungen nach § 44 KWG zu gestatten, und daß die ausländischen Aufsichtsbehörden die Einbeziehung in die nach deutschem Recht vorgeschriebenen Prüfungen gestatten.

Mit der 5. KWG-Novelle (1994) wurde die Kategorie der Unternehmen mit bankbezogenen Hilfsdienstleistungen eingeführt und, sofern sie Tochterunternehmen sind, in den Katalog der zu konsolidierenden Unternehmen

---

3 Schreiben des Bundesaufsichtsamtes für das Kreditwesen an die Spitzenverbände der Bausparkassen- III 18.13.7 – vom 31. Juli 1978 (abgedruckt in *Consbruch/Möller/Bähre/Schneider* unter 9.29).

4 Schreiben des Bundesaufsichtsamtes für das Kreditwesen – III 22.38 – vom 3. Juli 1996 (CMBS 9.58).

5 Schreiben des Bundesaufsichtsamtes für das Kreditwesen an die Spitzenverbände der Kreditinstitute – I 3 - 362 - 3/82 – vom 16. Oktober 1992 (CMBS 4.245).

aufgenommen (§ 10a Abs. 2 i.V.m. § 1 Abs. 3c KWG). Die Aktivitäten dieser Unternehmen müssen Hilfstätigkeiten für den eigentlichen Bankbetrieb darstellen. Das Gesetz nennt beispielhaft die Verwaltung der für den Bankbetrieb notwendigen Immobilien oder das Betreiben von Rechenzentren. Darunter würden aber auch alle Auslagerungsunternehmen fallen, auf die § 25a Abs. 2 KWG Anwendung findet, ohne daß für die Zwecke des § 1 Abs. 3c KWG , d. h. für die Konsolidierungspflicht dieser Unternehmen, allerdings die Schwelle der Wesentlichkeit erreicht werden müßte. Die materiellen Voraussetzungen für eine Übertragung von Hilfstätigkeiten werden durch § 1 Abs. 3c KWG jedoch nicht geregelt.[6]

In seinem Schreiben zur Auslagerung des Fondsmanagements bei Kapitalanlagegesellschaften und Anteilswertermittlung hat das Bundesaufsichtsamt für das Kreditwesen 1997[7] den Kapitalanlagegesellschaften die Auslagerung des Fondsmanagements mit der Begründung untersagt, daß die Verwaltung des bei ihnen eingelegten Geldes im eigenen Namen für gemeinschaftliche Rechnung der Einleger nach dem Grundsatz der Risikomischung nach §§ 1 Abs. 1 und 10 Abs. 1 KAGG zu den Kernaufgaben einer Kapitalanlagegesellschaft gehört, die nicht auslagerungsfähig sei. Für zulässig erachtet die Aufsicht es jedoch, wenn die Depotbank bei der Anteilswertermittlung die Hard- und Software der Kapitalanlagegesellschaft als Buchhaltung außer Haus nutzt.

IV. Positiver Aufsichtsansatz

Mit dem im Rahmen der 6. KWG-Novelle vom 28. Oktober 1997 eingefügten § 25a Abs. 2 KWG[8] wird die Auslagerung von Betriebsteilen nunmehr im Bereich der Solvenzaufsicht gesetzlich geregelt. Der § 25a KWG dient nach der Regierungsbegründung[9] zur Umsetzung des Art. 10 der Wertpapierdienstleistungsrichtlinie[10] und Art. 4 Abs. 4 der Kapitaladäquanzrichtlinie.[11]

---

6 *Zerwas/Hanten*, Outsourcing bei Kredit- und Finanzdienstleistungsinstituten – Zum neuen § 25a Abs. 2 KWG, WM 1998, 1110 (1112).

7 Schreiben des Bundesaufsichtsamtes für das Kreditwesen – V 1/02 – 17/97 – vom 29. September 1997 (CMBS 10.61).

8 Bundesgesetzblatt I Seite 2518 vom 28. Oktober 1997.

9 BT 13/7142 vom 6.3.1997.

10 Richtlinie des Rates über Wertpapierdienstleistungen vom 10. März 1993 (93/22/EWG).

Bis dahin konnte das Bundesaufsichtsamt für das Kreditwesen nur unter Berufung auf die Grundsätze ordnungsgemäßer Geschäftsführung auf der Grundlage des § 6 Abs. 2 KWG Verwaltungsvorschriften zur Organisation des Geschäftsbetriebs erlassen. Bezogen auf das Thema „Outsourcing“ kann dies nur bedeuten, daß die Geschäftsleiter eines Institutes sich nicht durch die Auslagerung von Funktionen der Verantwortung gegenüber der Bankenaufsicht entziehen können und daß sie sicherstellen müssen, daß die ausgelagerten Bereiche nach der Auslagerung weiter den Sicherheits- und Qualitätsansprüchen genügen, wie sie bei einer Leistungserbringung im Institut selbst einzuhalten wären. Dies gilt insbesondere für Einhaltung aufsichtsrechtlicher Vorgaben. Entsprechende aus § 25a Abs. 2 KWG ableitbare Anforderungen und Grenzen werden in dem im Entwurf vorliegenden Rundschreiben des Bundesaufsichtsamtes für das Kreditwesen aufgestellt.

Andererseits hat der Gesetzgeber mit der Einfügung des § 25a Abs. 2 KWG – wie bereits erwähnt – auch das Interesse der Institute anerkannt, die Dienste externer Anbieter zur Stärkung ihrer Wettbewerbsfähigkeit durch die Optimierung von Unternehmensfunktionen und -prozessen zu nutzen. Der Genehmigung einer Outsourcing-Maßnahme durch das Bundesaufsichtsamt für das Kreditwesen bedarf es daher nicht (bzw. das Institut hat auch keinen Anspruch auf Erteilung einer Genehmigung), wohl aber einer Anzeige der Absicht sowie des Vollzugs einer Outsourcing-Maßnahme an das Bundesaufsichtsamt für das Kreditwesen und die Deutsche Bundesbank.

V. Anwendungsbereich und Definition

Anwendung findet der § 25a Abs. 2 KWG auf alle inländischen Institute einschließlich ihrer Zweigstellen im Ausland und auf die inländischen Zweigstellen von Unternehmen mit Sitz außerhalb des EWR (§ 53 KWG). Nicht erfaßt sind Zweigstellen von Unternehmen mit Sitz in einem anderen EWR-Land, die unter die Regelung des „Europäischen Passes“ fallen (§ 53b KWG).

Unter der Auslagerung ist jede auf längere Zeit oder Dauer angelegte organisatorische Trennung der ausgelagerten Funktion, die für die Geschäfte des Instituts *wesentlich* ist, durch die Beauftragung eines anderen Unter-

11 Richtlinie des Rates über die angemessene Eigenkapitalausstattung von Wertpapierfirmen und Kreditinstituten vom 15. März 1993 (93/6/EWG)

nehmens (Auslagerungsunternehmen) zu betrachten. Auf eine räumliche Trennung kommt es nicht an; die Tätigkeit kann also auch in den Geschäftsräumen eines Instituts erbracht werden. Es ist auch unerheblich, ob die Tätigkeit von dem Unternehmen bereits durchgeführt worden ist oder erst zukünftig von einem Dritten bezogen werden soll. Als anderes Unternehmen ist jedes Unternehmen zu bezeichnen, das eine eigene von dem Institut abgrenzbare Rechtspersönlichkeit besitzt. Dazu zählen auch Unternehmen, die dem Konsolidierungskreis des auslagernden Instituts angehören, da die Konsolidierungsvorschriften nur die Solvenzaufsicht einer Gruppe regeln, nicht aber die Ordnungsmäßigkeit der Geschäfte. Erfaßt werden aber auch natürliche Personen, sofern sie nicht in einem Anstellungsverhältnis zu dem Institut stehen. Inländische Zweigstellen und – wegen des Prinzips der Herkunftslandaufsicht – Zweigstellen im Europäischen Wirtschaftsraum sind nicht als andere Unternehmen zu qualifizieren. Anderes gilt für Zweigstellen im sonstigen Ausland sowie für Schwesterzweigniederlassungen von Zweigstellen von Unternehmen mit Sitz im Ausland i.S.v. § 53 KWG. Maßgeblich für diese Unterscheidung ist, daß bei diesen Zweigstellen das Bundesaufsichtsamt für das Kreditwesen keine umfassenden Prüfungs- und Kontrollrechte besitzt.

VI. Nicht auslagerungsfähige Tatbestände

Das im Entwurf vorliegende Rundschreiben zum Thema Outsourcing erläutert auch, welche *Kernbereiche* eines Instituts nicht auslagerungsfähig sind. Nicht mit der von § 25a Abs. 2 KWG geforderten Wahrung der Steuerungs- und Kontrollrechte der Geschäftsleitung zu vereinbaren ist die Auslagerung zentraler Führungsaufgaben wie die Entscheidungen über die Unternehmenspolitik und den Einsatz und die Koordinierung der Unternehmensressourcen. Zur Wahrnehmung der Steuerungs- und Kontrollrechte der Geschäftsleitung sind daher auch das strategische Controlling und die interne Revision nicht auslagerungsfähig. Eine Ausnahme erlaubt das Rundschreiben des Bundesaufsichtsamtes für das Kreditwesen zur Innenrevision[12] hinsichtlich der Aus-

---

12 Rundschreibens 1/2000 des Bundesaufsichtsamtes für das Kreditwesen an alle Kreditinstitute vom 17. Januar 2000 – I 4 - 42 - 5/97 – zu den Mindestanforderungen an die Ausgestaltung der Internen Revision der Kreditinstitute.

lagerung der Innenrevision nur für kleinere Institute, ohne den Begriff „kleineres Institut" näher zu erläutern. Eine vollständige Auslagerung der laufenden internen Kontrollverfahren, d. h. derjenigen Formen von Überwachungsmaßnahmen, die unmittelbar oder mittelbar in die zu überwachenden Arbeitsabläufe integriert sind (prozeßabhängige Überwachung) und die von Personen oder Organisationseinheiten durchgeführt werden, die an den jeweiligen Arbeitsabläufen beteiligt sind, ist ebenfalls ausgeschlossen.

Nicht auslagerungsfähig sind in Fortsetzung der Verwaltungspraxis des Bundesaufsichtsamtes für das Kreditwesen die Bereiche, die unter dem Gesichtspunkt des Spezialitätsgrundsatzes wesensmäßig unabdingbare Voraussetzung für die Qualifikation eines Instituts als Spezialkreditinstitut sind. Dies ist der Fall, wenn die Wahrnehmung einer Funktion mit eigenen betrieblichen Mitteln für die wirtschaftlich und organisatorisch selbständige Durchführung der typischen Geschäfte des jeweiligen Spezialkreditinstituts erforderlich ist.

Unter dem Gesichtspunkt des Erfordernisses einer angemessenen Geschäftsorganisation im Sinne von § 25a Abs. 1 Nr. 2 KWG unzulässig sind ferner Auslagerungslösungen, bei denen das Institut sämtliche Geschäfte durch Dritte durchführen und abwickeln läßt und selber über keine nennenswerten bzw. allenfalls noch in rudimentären Bereichen eigenen sachlich und personell hinreichend ausgestatteten Unternehmenseinheiten verfügt. Eine „virtuelle Bank", die zwar über eine Zulassung zum Geschäftsbetrieb und zwei Leiter samt sonstiger aufsichtsrechtlicher Anforderungen verfügt, aber praktisch alle Funktionen auf Dritte verlagert hat, wird es daher nicht geben.

VII. Teilakte und wesentliche Hilfsfunktionen

Die Regierungsbegründung zur 6. KWG-Novelle unterscheidet bei den auslagerungsfähigen Funktionen zwischen Teilakten und wesentlichen Hilfsfunktionen. Teilakte sind alle Handlungen und Arbeitsabläufe, die unmittelbar auf die Durchführung und Abwicklung von betriebenen Bankgeschäften oder Finanzdienstleistungen i.S.v. § 1 Abs. 1 oder Abs. 1a KWG ausgerichtet sind bzw. für ihre Durchführung und Abwicklung notwendig sind. Bei Teilakten ist zu differenzieren zwischen den Teilakten des *Kernbereichs* und des *Randbereichs.*[13] Zum Kernbereich gehören alle rechtlichen Handlungen, die bank- und finanzdienstleistungsspezifische Risiken begründen oder bestehende Risiken verändern. Diese sind grundsätzlich nicht auslagerungsfähig, da hierdurch die Fähigkeit der Geschäftsleitung zur angemessenen Risikosteuerung unterlaufen und Verantwortlichkeiten verwischt würden.[14] Dagegen sind die Teilakte des Randbereichs stets auslagerungsfähig. Sie umfassen alle internen Handlungsabläufe, die zur Durchführung der Geschäfte nötig sind und bankspezifische Risiken entstehen lassen können, aber keine kundenbezogenen Vertragspflichten begründen.

Zu den Teilakten des Kernbereichs sind insbesondere die Entscheidungen über die Kreditvergabe (zu der Ausnahme s. u.) oder die Kontoeröffnung zu zählen, zu den Teilakten des Randbereichs z. B. die Legitimationsprüfung oder die Abwicklung des Zahlungsverkehrs (siehe hierzu die vorläufige Übersicht auf S. 17). Nicht von § 25a Abs. 2 KWG erfaßt ist der Bezug von Fremdleistungen bei den nicht erlaubnispflichtigen Geschäften i.S.v. § 1 Abs. 3 KWG. Gleichwohl sind bei einem Fremdbezug für diese Geschäfte aber die organisatorischen Vorgaben des § 25a Abs. 1 KWG zu beachten.[15]

Als wesentliche Hilfsfunktionen nennt die Gesetzesbegründung die elektronische Datenverarbeitung, die Innenrevision und die Controllingfunktion. Die wesentlichen Hilfsfunktionen sind daher als Tätigkeiten zu qualifizieren, die weder Teilakte sind, noch einem Bankgeschäft oder einer Finanzdienstleistung unmittelbar zugerechnet werden können; sie stellen jedoch die ordnungsgemäße Durchführung und Überwachung dieser Geschäfte entsprechend § 25a Abs. 1 KWG sicher und unterliegen teilweise auch spezifischen gesetzlichen Anforderungen, wie z. B. dem Datenschutzgesetz oder den Grundsätzen ordnungsgemäßer Buchführung. Der Tatbestand der wesentlichen Hilfsfunktionen ist insoweit enger gefaßt als der verwandte Tat-

---

13 Der Entwurf des Bundesaufsichtsamt für das Kreditwesen vom Juni d.J. trifft im Gegensatz zum Entwurf vom November 1998 diese Unterscheidung nicht mehr explizit, in der Sache hält er jedoch an der Unterscheidung fest (Tz. 16 des Entwurfs vom Juni d.J.).

14 Das Rundschreiben der Eidgenössischen Bankenkommission zur Auslagerung von Geschäftsbereichen (Outsourcing) vom 26. August 1999 verbietet die Auslagerung von Entscheiden über die Aufnahme und den Abbruch von Geschäftsbeziehungen.

15 A.A. *Eyles*, Funktionsauslagerung (Outsourcing) bei Kredit- und Finanzdienstleistungsinstituten – Bank- und wertpapieraufsichtsrechtliche Rahmenbedingungen, WM 2000, 1217 (1222).

bestand der bankspezifischen Hilfsfunktionen in § 1 Abs. 3c KWG, der auch die Bereiche umfaßt, die für den Bankbetrieb erforderlich sind, ohne bankspezifisch zu sein. Diese im Rundschreibenentwurf als „nicht wesentlichen Hilfsfunktionen“ bezeichneten Funktionen werden daher von § 25a Abs. 2 KWG nicht erfaßt, da sie auch bei einem sachlichen Zusammenhang nicht speziell auf Bankgeschäfte oder Finanzdienstleistungen zugeschnitten und nicht relevant für die Risikolage und Solvenz eines Instituts sind, sondern in gleicher Weise auch für andere Unternehmen erbracht werden können. Dies sind z. B. die Verwaltung der Bankgebäude, der Reinigungsdienst oder die Geldtransporte.

VIII. Abgrenzung und Dokumentation des auszulagernden Bereichs

An die Auslagerung von Teilakten des Randbereichs und von wesentlichen Hilfsfunktionen stellt das Gesetz eine Reihe von Anforderungen. So ist in dem Auslagerungsvertrag eine genaue Definition des auszulagernden Tätigkeitsbereichs erforderlich, die diesen eindeutig von anderen Funktionen abgrenzt. Dabei sind Schnittstellen, Verantwortlichkeiten, Zuständigkeiten und Haftungsfragen vertraglich zu regeln. Die Anforderungen für die Leistungserbringung einschließlich der Sicherheitsanforderungen im Hinblick z. B. auf den Datenschutz sind festzulegen und zu dokumentieren. Es würde den wirtschaftlichen Zweck der Funktionsauslagerung – Optimierung von Unternehmensfunktionen – jedoch vereiteln, wenn das Institut sich zur Wahrung seiner Steuerungs- und Kontrollrechte die Steuerungsfunktion für jeden einzelnen Betriebsablauf sichern müßte. Ausreichend ist insoweit die Einweisung des Auslagerungsunternehmens in seine Aufgabe und die Bestimmung der Adressaten von Weisungen des Instituts.

IX. Ordnungsmäßigkeit der Bankgeschäfte/Finanzdienstleistungen

Auch wenn der Geschäftsleitung eines Instituts im Einzelfall grundsätzlich überlassen bleiben soll, welche Hilfsfunktionen sie auf andere Unternehmen auslagert, darf das auslagernde Institut nicht die Kontrolle über die Ordnungsmäßigkeit der Bankgeschäfte oder Finanzdienstleistungen verlieren. Gegenüber der Bankenaufsicht ist die Geschäftsleitung des auslagernden Instituts weiterhin vollumfänglich für die Ordnungsmäßigkeit der Geschäfte und Dienstleistungen verantwortlich. Durch den Verweis in der Gesetzesbegründung auf Art. 10 Abs. 1, erster Anstrich der Wertpapierdienstleistungsrichtlinie ist hier insbesondere die Ordnungsmäßigkeit der Verwaltung, der Buchhaltung, der Kontrolle und Sicherheitsvorkehrungen in bezug auf die elektronische Datenverarbeitung sowie der internen Kontrollverfahren hervorzuheben. Das Auslagerungsunternehmen hat daher die gleiche Sorgfalt bei der Durchführung der wesentlichen Hilfsfunktionen oder der Teilakte anzuwenden, die auch das auslagernde Institut zu beachten hätte. So hat es z. B. Kontrollmechanismen in die internen Arbeitsabläufe zu integrieren. Eine Änderung der für das Institut maßgeblichen Leistungs- und Qualitätsstandards, insbesondere von aufsichtsrechtlichen Normen, aber auch von datenschutzrechtlichen Bestimmungen oder des Geschäfts- und Bankgeheimnisses, ist von dem Auslagerungsunternehmen nachzuvollziehen.

Das Institut hat daher das Auslagerungsunternehmen mit der erforderlichen Sorgfalt auszuwählen, d. h. das Auslagerungsunternehmen muß Gewähr für eine sichere und dauerhafte Leistungserbringung bieten. Die Auswahl des Auslagerungsunternehmens hat deshalb unter Berücksichtigung seiner professionellen Fähigkeiten sowie seiner finanziellen und personellen Ressourcen zu erfolgen. Die Leistungserbringung des Auslagerungsunternehmens ist fortlaufend zu überwachen und zu beurteilen, so daß notwendige Korrekturmaßnahmen sofort ergriffen werden können. Daher ist das Auslagerungsunternehmen einerseits zu verpflichten, daß es Feststellungen seiner Innenrevision dem Institut umgehend mitteilt, anderseits sind die auf das Auslagerungsunternehmen übertragenen Funktionen in das interne Kontrollsystem des Instituts zu integrieren. Die Behebung der beanstandeten Mängel ist zu überwachen. Das Institut hat sich die zur Wahrnehmung seiner Kontrollrechte notwendigen Auskunfts-, Einsicht-, Zutritts- und Zugangsrechte vertraglich einräumen zu lassen.

Die Weiterverlagerung auf Subunternehmer kann problematisch sein; sie darf daher nur mit Kenntnis und Zustimmung des Instituts erfolgen. Durch die Weiterverlagerung dürfen die Steuerungs- und Kontrollrechte des auslagernden Instituts nicht beeinträchtigt werden. Das Auslagerungsunternehmen ist daher dazu zu verpflichten, daß seine vertraglichen Vereinbarungen mit einem Subunternehmer im Einklang mit den Regelungen des Vertrages mit dem auslagernden Institut stehen. Die Steuerungs- und Kontrollrechte sind durch ein effektives Kündigungsrecht des Instituts abzusichern. Das Kündigungsrecht des Auslagerungsunternehmens muß hingegen so bemessen sein, daß dem Institut ausreichend Zeit verbleibt, den ausgelagerten Bereich auf ein anderes Unternehmen zu übertragen oder ihn wieder in den eigenen Geschäftsablauf einzugliedern.

X. Vertragliche Sicherung der erforderlichen Weisungsbefugnisse und Einbeziehung der ausgelagerten Bereiche in die eigene Innenrevision

Das auslagernde Institut hat sich gegenüber dem Auslagerungsunternehmen die erforderlichen Weisungsbefugnisse zur Sicherung der Ordnungsmäßigkeit der Geschäfte oder Dienstleistungen und der Steuerungs- und Kontrollmöglichkeiten der Geschäftsleitung vertraglich zu sichern. Um den Anforderungen des § 20 Anzeigenverordnung zu genügen, ist hierbei Schriftform erforderlich. Damit das Institut sein Weisungsrecht auch praktisch durchsetzen kann, hat das Auslagerungsunternehmen die übernommenen Tätigkeiten von seinen übrigen Tätigkeiten zu trennen. Vertraglich definierte Qualitätsstandards oder Arbeitsanweisungen z.B. in Form von Handbüchern genügen den gesetzlichen Anforderungen an das Weisungsrecht nur, wenn sich das Institut bei Abweichungen von diesen Standards ausdrücklich ausreichende direkte Weisungs- bzw. Eingriffsrechte vorbehalten hat.

Ist das Auslagerungsunternehmen für mehrere Institute als so genannter Mehrmandantendienstleister tätig, hat es sicherzustellen, daß es die übernommenen Tätigkeiten für die jeweiligen Institute unabhängig durchführen und auch den Weisungen der Institute unabhängig voneinander Rechnung tragen kann.

Neben der Sicherung der Weisungsrechte hat das auslagernde Institut die von dem externen Anbieter wahrgenommenen Tätigkeiten in seine internen Kontrollverfahren einzubeziehen. Die ausgelagerten Bereiche müssen so in das interne Überwachungssystem einbezogen werden, als ob das Institut die Leistung selbst erbrächte. Die Geschäftsleitung des auslagernden Instituts ist für die Gestaltung des Revisionsplans und die Durchführung der Innenrevision verantwortlich. Dabei hat es die Vorgaben des Rundschreibens 1/2000 des Bundesaufsichtsamtes für das Kreditwesen zu den Mindestanforderungen an die Ausgestaltung der Internen Revision der Kreditinstitute zu beachten. Sinnvollerweise wird das Institut seine Revisionstätigkeit mit der des Auslagerungsunternehmens koordinieren. Das Auslagerungsunternehmen muß die Durchführung der Innenrevision durch das Institut in dem Auslagerungsvertrag gestatten.

XI. Prüfungs- und Kontrollrechte des Bundesaufsichtsamtes für das Kreditwesen

In der Gesetzesbegründung wird erläutert, daß das Bundesaufsichtsamt für das Kreditwesen selbst weiterhin in der Lage sein muß, sich ein zutreffendes Bild über die Ordnungsmäßigkeit der Geschäfte und Dienstleistungen zu verschaffen und ggf. Prüfungen bei dem Unternehmen, auf das Funktionen ausgelagert wurden, durchzuführen. § 25a Abs. 2 KWG gibt dem Bundesaufsichtsamt für das Kreditwesen jedoch kein eigenes Prüfungsrecht bei dem Auslagerungsunternehmen. Ein eigenes Prüfungsrecht stünde dem Bundesaufsichtsamt für das Kreditwesen nach § 44 KWG nur zu, soweit das Auslagerungsunternehmen selber ein Institut ist. Soweit das Auslagerungsunternehmen als Finanzunternehmen oder als Unternehmen mit bankbezogenen Hilfsdienstleistungen zu qualifizieren und damit ggf. zu konsolidieren wäre, würde sich das Prüfungsrecht nach § 44 Abs. 2 KWG nur auf die Auskünfte und die übermittelten Daten im Rahmen der Beaufsichtigung auf konsolidierter Basis erstrecken, nicht aber umfassende Prüfungs- und Kontrollrechte über alle Geschäftsangelegenheiten eröffnen.

Da sich die Prüfungsrechte des Bundesaufsichtsamtes für das Kreditwesen gegenüber dem auslagernden Institut nach § 44 Abs. 1 Satz 2 KWG auch auf den ausgelagerten Bereich erstrecken, haben die auslagernden Institute in dem Auslagerungsvertrag zu vereinbaren, daß sich ein nicht der Aufsicht des Bundesaufsichtsamtes für das Kreditwesen unterstehendes Auslagerungsunternehmen verpflichtet, dem Bundesaufsichtsamt für das Kreditwesen und der Deutschen Bundesbank in bezug auf den ausgelagerten Geschäftsbereich sämtliche Auskünfte zu erteilen und Unterlagen auszuhändigen, die diese für ihre Aufsichtstätigkeit benötigen. Prüfberichte der Innenrevision des Auslagerungsunternehmens sind ihnen auf Verlangen auszuhändigen.

Die Prüfungsanordnung ergeht gegenüber dem auslagernden Institut, selbst Zwangsgelder würden gegenüber diesem angedroht und ggf. festgesetzt. Allerdings käme ein Auslagerungsunternehmen, das im konkreten Fall nicht kooperiert und so faktisch die Prüfungs- und Kontrollrechte des

Bundesaufsichtsamtes für das Kreditwesen beeinträchtigte, nicht mehr als geeignetes Auslagerungsunternehmen in Betracht.

Bei einer Auslagerung ins Ausland sind die Prüfungsrechte des Bundesaufsichtsamts für das Kreditwesen nachzuweisen. Bei einer Auslagerung in einen Drittstaat muß ein Institut ebenfalls nachweisen können, daß seine Innenrevision, sein Abschlußprüfer sowie das Bundesaufsichtsamt für das Kreditwesen ihre Prüfungsrechte ungehindert wahrnehmen und nach dem Recht am Sitz des Auslagerungsunternehmens auch durchsetzen können. Dieser Nachweis kann mittels Rechtsgutachtens oder Bestätigung der jeweiligen Aufsichtsbehörde erbracht werden. Das Institut hat darüber hinaus den Nachweis vor der Auslagerung durch seinen Abschlußprüfer feststellen zu lassen.

Die Prüfungs- und Kontrollrechte des Bundesaufsichtsamtes tangieren auch die Tätigkeit der Abschlußprüfer des auslagernden Instituts. Auch der Abschlußprüfer muß in der Lage sein, die Einhaltung der bankaufsichtsrechtlichen Bestimmungen beim Auslagerungsunternehmen zu prüfen. Auch ihnen ist deshalb im Auslagerungsvertrag ein jederzeitiges, vollumfängliches und ungehindertes Einsichts- und Prüfungsrecht einzuräumen. Der Abschlußprüfer seinerseits hat im Prüfungsbericht zur Ordnungsmäßigkeit der Auslagerung Stellung zu nehmen. Die Einhaltung der materiellen Voraussetzungen des § 25a Abs. 2 KWG ist festzustellen.

XII. Ausnahmen und Erleichterungen

Eine Ausnahme für die Auslagerung des Kernberichts sieht das KWG für die Auslagerung auf Anlage- und Abschlußvermittler vor, die unter die Regelung des § 2 Abs. 10 KWG fallen. Diese Regelung sieht eine völlige Befreiung der Finanzdienstleister von der Aufsicht vor, wenn die betreffenden Finanzdienstleistungen ausschließlich für Rechnung und unter der Haftung eines Einlagenkreditinstituts, eines Wertpapierhandelsunternehmens oder einer deutschen Zweigniederlassung eines solchen Instituts mit Sitz im EWR erbracht werden und der Anlage- oder Abschlußvermittler keinen anderen Finanzdienstleistungen nachgeht.

Das Bundesaufsichtsamt für das Kreditwesen ist nach dem Entwurf seines Rundschreibens darüber hinaus auch bereit, Ausnahmen in den Fällen zuzulassen, in denen dem Auslagerungsunternehmen für die Begründung und Beeinflussung bank- und finanzdienstleistungsspezifischer Risiken exakt vorherbestimm- und nachprüfbare objektive Beurteilungs- und Ergebnisfindungskriterien zwingend vorgeben und ihm keinen eigenen Entscheidungsspielraum belassen, z.B. bei den Scoring-Verfahren im Mengenkreditgeschäft.

Bei Mehrmandantendienstleistern kann die Interne Revision durch eines oder mehrere der auslagernden Institute oder durch die Interne Revision des Dienstleisters selbst jeweils im Auftrag der auslagernden Institute wahrgenommen werden. Die Ergebnisse der Revisionen sind jeweils allen angeschlossenen Instituten, insbesondere zur Kontrolle festgestellter Mängel, mitzuteilen.[16]

Hinsichtlich der vertraglichen Sicherung der Weisungsrechte und der Einbeziehung in die jeweilige Innenrevision wird es jedoch nach dem Entwurf des Rundschreibens des Bundesaufsichtsamtes für das Kreditwesen für nach deutschem Recht organisierte Auslagerungsunternehmen, die von Instituten eines Finanzverbundes getragen werden und deren Geschäftstätigkeit im wesentlichen darin besteht, standardisierte Dienstleistungen im Massengeschäft für die Institute dieses Finanzverbundes zu erbringen, Erleichterungen geben. Voraussetzung dafür ist aber, daß die ordnungsmäßige Durchführung der erbrachten Tätigkeiten im Interesse der auslagernden Institute von einer inländischen Wirtschaftsprüfergesellschaft[17] im Rahmen der Jahresabschlußprüfung des Auslagerungsunternehmens geprüft wird und daß sich das Auslagerungsunternehmen verpflichtet, dem Bundesaufsichtsamt für das Kreditwesen Auskünfte zu erteilen und dessen Prüfungen zu erdulden.

Ist auf Grund der Natur des Ablaufs des jeweiligen Geschäftes für dessen vollständige Durchführung die Einschaltung eines anderen Institutes oder eines anderen Dritten erforderlich (z. B. bei Clearingstellen im Zahlungsverkehr und der Wertpapierabwicklung oder bei der Nutzung des Börsenhandelssystems durch die Makler) liegt tatbestandsmäßig zwar die Auslagerung eines Teilaktes vor, das Bundesaufsichtsamt für das Kreditwesen nimmt nach seinem Entwurf jedoch diesen eng begrenzten Bereich aus der Anwendung des § 25a Abs. 2 KWG heraus.

---

16 Siehe Abschnitt 6c des Rundschreibens 1/2000 vom 17. Januar 2000.

17 Der Entwurf des Rundschreibens stellt nur auf Wirtschaftsprüfergesellschaften ab. Im Bereich des Genossenschafts- bzw. Sparkassensektors sollten entsprechende Testate der jeweiligen Verbandsprüfer ebenfalls ausreichend sein.

Der Einsatz von Leiharbeitern, die für die Dauer ihrer Tätigkeit in die Betriebs- und Ablauforganisation eingebunden sind, wird nicht als Auslagerungstatbestand angesehen.

XIII. Anzeigepflichten gegenüber der Aufsicht

Das Institut hat die Absicht der Auslagerung sowie ihren Vollzug dem Bundesaufsichtsamt für das Kreditwesen und der Deutschen Bundesbank unverzüglich anzuzeigen. Das Bundesaufsichtsamt für das Kreditwesen leitet eine Kopie der Anzeige an das Bundesaufsichtsamt für den Wertpapierhandel weiter. § 20 Anzeigenverordnung konkretisiert diese Anzeigepflicht dahingehend, daß der Anzeige Kopien des Vertrages beilegt, durch den sichergestellt wird, daß das Institut gegenüber dem betreffenden Unternehmen die erforderlichen Weisungsbefugnisse besitzt und daß die ausgelagerten Bereiche in die internen Kontrollverfahren des Instituts einbezogen werden. Das Auslagerungsunternehmen hat eine schriftliche Erklärung abzugeben, daß es im Rahmen von Jahresabschlußprüfungen des Instituts oder im Rahmen der vom Bundesaufsichtsamt für das Kreditwesen gegenüber dem Institut angeordneten Prüfungen die Prüfung des ausgelagerten Bereichs duldet.

Bei Auslagerungen vor dem 1. Januar 1998 haben die Institute allein die Auslagerung anzuzeigen, die weiteren Unterlagen jedoch auf Verlangen des Bundesaufsichtsamtes für das Kreditwesen nachzureichen. Die in § 20 Satz 2 AnzV genannte Frist für Altfälle hat das Bundesaufsichtsamt für das Kreditwesen im Hinblick auf die noch nicht abgeschlossenen Arbeiten an dem Rundschreiben zum Outsourcing stillschweigend verlängert. Soweit diese Altfälle nicht den Anforderungen des Rundschreibens genügen, ist beabsichtigt, den Instituten eine Frist von zwei Jahren zur Anpassung der Verträge zu geben. Nicht von der Anzeigepflicht erfaßt ist die Auslagerung unwesentlicher Hilfsfunktionen und die Auslagerung von Funktionen die sich nicht auf Bankgeschäfte oder Finanzdienstleistungen beziehen.

XIV. Sanktionen

Für die Anordnung zur Beseitigung eines Mißstandes bei der Funktionsausgliederung an das auslagernde Institut oder an dessen Geschäftsleiter ist ein

Rückgriff auf den ebenfalls mit der 6. KWG-Novelle eingefügten § 6 Abs. 3 KWG erforderlich, da § 25a Abs. 2 KWG dem Bundesaufsichtsamt für das Kreditwesen keine eigene Anordnungskompetenz gibt. Die Anordnungen nach § 6 Abs. 3 KWG, der dem Bundesaufsichtsamt für das Kreditwesen grundsätzlich einen weiten Ermessenspielraum hinsichtlich der anzuordnenden Maßnahmen gibt, können jedoch nicht über die durch § 25a Abs. 2 KWG vorgegebenen Anforderungen hinausgehen. Gleichwohl hat § 25a KWG gegenüber § 6 Abs. 3 KWG insofern eine selbständige Bedeutung, als die Nichtbeachtung dieser Vorgaben Anlaß für eine Verwarnung der Geschäftsleiter nach § 36 Abs. 2 KWG sein kann, ohne daß es dafür einer Vorschaltung einer Anordnung nach § 6 Abs. 3 KWG bedarf. Kommt ein Institut bei der Auslagerung seiner Anzeigepflicht nicht nach, kann das Bundesaufsichtsamt für das Kreditwesen nach § 56 Abs. 4 Alt. 3 i.V.m. § 56 Abs. 2 Nr. 4 KWG eine Geldbuße bis zu 100.000 DM verhängen.

Outsourcing nach § 25 a Abs. 2 KWG (vorläufige Übersicht, Diskussionsstand September 2000)

Kernbereich	Wesentlicher Bereich: Auslagerungsfähige Teilakte	Wesentlicher Bereich: Wesentliche Hilfsfunktionen	Nicht wesentliche Hilfsfunktionen
***Nicht* auslagerungsfähig; § 25a Abs. 2 KWG ist *nicht* anwendbar**	**Auslagerungsfähig nach Maßgabe des § 25a Abs. 2 KWG; Anzeigepflichtig nach § 25a Abs. 2 Satz 3 KWG, § 20 AnzV**		**Auslagerungsfähig; Keine Anzeigepflicht, § 25 a Abs. 2 KWG gilt nicht unmittelbar, aber Beachtung von § 25a Abs. 1 KWG**
• Führungsaufgaben der Geschäftsleiter (z.B. Entscheidungen über die Unternehmenspolitik) • Strategisches Controlling	• Akquisition und Vermittlung von Krediten • Sicherheitenverwaltung • Backoffice-Tätigkeiten (z.B. Wertpapierabwicklung, Abwicklung des unbaren Zahlungsverkehrs)	• EDV-Funktionen (Anwendungsentwicklung, Betrieb von Rechenzentren) • EDV-Erfassung (soweit sie sich nicht ausschließlich auf die Funktion als Schreibdienst beschränkt)	• reine Geld- und Werttransporte, Kurierdienste, Belegtransporte • Post- oder Ersatzzustellung • Materialverwaltung • Vernichtung von Schriftgut u. Datenträgern • Werbung, Marketing • Weiterleitung von Zahlungen im Zahlungsverkehr

• Entscheidungen über die Begründung neuer und Veränderung bestehender bank- und finanzdienstleistungsspezifischer Risiken • Abschluß der Verträge über die jeweiligen Bankgeschäfte bzw. die jeweiligen Finanzdienstleistungen • Änderung und Kündigung des Vertragsverhältnisses • Kreditentscheidungen einschl. Entscheidungen über die Kreditbesicherung • Einrichtung und Führung der spezifischen Konten • In Arbeitsabläufe integrierte Kontrollverfahren	• Telefonbanking und Call-Center-Funktionen • Bearbeitung von Adressenänderungen • Bearbeitung von Freistellungsaufträgen • Leerung von Nachttresoreinrichtungen und / oder die Zählung der eingezahlten Beträge • laufende Kreditüberwachung • Bonitätsprüfung nach § 18 KWG • Prüfung bzw. Feststellung der Kreditfähigkeit und –würdigkeit	• Service Management (technische Wartung und Pflege von DV-Anlagen, Qualitätssicherung) • Operatives Controlling • Compliance • Funktion des Geldwäschebeauftragten • Datenschutz • Buchhaltung • Mikroverfilmung von Buchungsunterlagen • Verwaltung von Schriftgut und Datenträgern • Meldewesen nach dem KWG • Poststelle	• Nutzung von Wertpapierhandelssystemen • Kreditkartenprocessing • Mahnwesen, Inkassowesen • reine Beratungsleistungen, die das Institut in Anspruch nimmt (z.B. in Rechts- und Steuerangelegenheiten) • Hauptkassenfunktion (Bargeldversorgung der Filialen), GAA-Versorgung • Nutzung des Post-Ident-Verfahrens • Gebäudeverwaltung, Baudienst, Sicherungsdienst, Wachschutz, Betriebsarzt, Unfallverhütung, Brandschutz • Reinigungsdienst • Cateringservice, Kantinenbetrieb • Wartung technischer Geräte • Personalverwaltung und -buchhaltung (einschl. Lohn- und Gehaltsabrechnung) • Telefonzentrale (soweit auf die Gesprächsvermittlung beschränkt)

Funktionsauslagerung und deutsche Bankenpraxis

Hermann-Josef Lamberti, Mitglied des Vorstands der Deutsche Bank AG, Frankfurt am Main

Meine Damen und Herren, ich freue mich ganz besonders, daß ich heute auf dem Bankrechtstag 2000 zu Ihnen sprechen darf; zu Juristen, dem einzigen Berufsstand, der die noble Aufgabe hat, die alltägliche Entropie in die Logik von Gesetzen zu übersetzen und uns damit allen eine Ordnung zu geben. Manager und Unternehmen in dieser Welt produzieren im wirtschaftlichen Zusammenleben diese Entropie. Wir nennen das Innovation, wobei wir versuchen, die damit verbundenen Tabu-Zonen immer weiter nach außen zu schieben.

Ich will Ihnen in meinem Vortrag versuchen am Beispiel des anscheinend trockenen Themas „Outsourcing" ein Bild von diesen Tabu-Zonen zu geben und die Dynamik aufzuzeigen, die sich dort in der Zukunft abspielen wird.

Strategische Rahmenbedingungen des Outsourcing

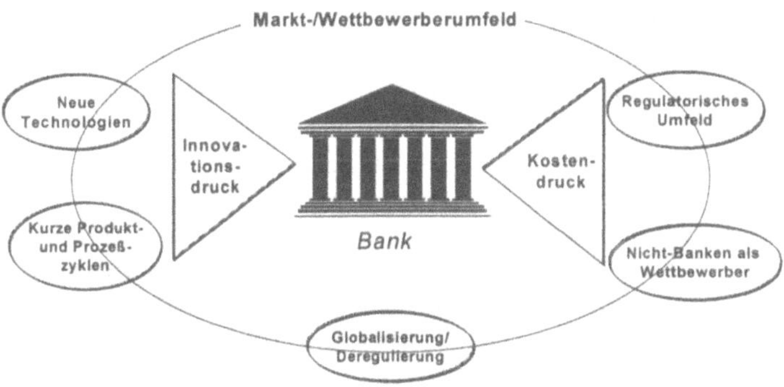

Innovationsdruck auf der einen Seite und *Kostendruck* auf der anderen Seite sind die maßgeblichen Veränderungstreiber in der Finanzdienstleistungsindustrie. Diese werden ganz maßgeblich im Markt- und Wettbewerbsumfeld durch die uns gut bekannten Themen wie neue Technologien, Produkt- und Prozeßzyklen, Globalisierung, Deregulierung sowie durch Nichtbanken als Wettbewerber und das wohl bekannte regulatorische Umfeld geprägt. Lassen Sie mich Ihnen exemplarisch einige Beispiele/ Highlights geben und Sie auffordern, sich hierüber ein paar Gedanken zu machen.

Neue Technologien: Gestern hat die Bundesbildungsministerin Frau Edelgard Bulmahn den Startschuß für ein neues, super-schnelles, deutsches Universitätsnetzwerk gegeben. Dieses Netzwerk wird mit sogenannten 2 Giga-Bit Leitungen geschaltet. 1 Giga Bit entspricht 10^9 Bits. Vergleichen Sie dieses mit der Übertragungsgeschwindigkeit von 9.600 Bit des mobilen Telefons. Das Geschwindigkeitsverhältnis entspricht dem Faktor 200.000 im Vergleich zur Kommunikation per Handy. Uns allen geht bei diesen Größenordnungen immer mehr die Dimension verloren. Diese Relation läßt sich am besten durch einen anschaulichen Vergleich verdeutlichen: Wenn Sie zu Fuß eine Stunde laufen und dabei eine Geschwindigkeit von 5 km/h zugrunde legen und diese mit der Geschwindigkeit eines Jumbo Jets vergleichen, der etwa 1.000 km/h fliegt, dann entspricht dieses dem Faktor 200. Damit erhalten Sie einen Hinweis darauf, was der Faktor 200.000 an Übertragungsgeschwindigkeit bedeutet: Eine neue Dimension technischer Veränderungsgeschwindigkeit, die aktuell stattfindet.

Produkt- und Prozeßzyklen: Vor drei Monaten wurde eine Kooperation zwischen Morgan Stanley Dean Witter (MSDW) und OM-Group, Betreiber der Stockholmer Börse, bekanntgegeben. Ziel dieser Zusammenarbeit ist ein neues Produkt namens *Jiway*, eine Innovation, die einen neuen Produktzyklus einläutet. *Jiway* erlaubt erstmals, daß einstufige Börsengeschäfte durchgeführt werden können, d.h. Privatkunden können damit heute – allerdings noch mit einer Beschränkung von EUR 50.000 pro Tag – elektronisch, ohne zwischengeschaltete Banken, direkt an einer von acht verschiedenen Börsen, Wertpapiere handeln. Damit verbunden ist eine vollautomatisierte intra-day Abwicklung, die sich nicht mehr in Zeiträumen von T+1, T+2 oder, wie bei den Franzosen T+3, bewegt.

Dieser Punkt ist in Deutschland und im übrigen Europa noch nicht hinreichend polarisiert; noch keine Bank hat Marktanteile verloren. Gehen Sie jedoch davon aus, daß in weniger als zwei Jahren diese Bewegung nicht nur in Deutschland, sondern in ganz Europa massiv an Bedeutung gewinnen wird. Diese wird zusätzlich stimuliert durch die Neuverteilung der bestehenden Vermögen und ist insbesondere vor dem Hintergrund der Reform der Sozialgesetzgebung maßgeblich. Es werden – dem Vorbild der angelsächsischen Länder – folgend, sogenannte 401 K-Plans oder Investmentsparpläne als dritte, private Säule der Alterssicherung Einzug halten.

Regulatorisches Umfeld: Nehmen sie die Situation, in der sich die Deutsche Bank momentan befindet: Wir bilanzieren heute nach HGB und IAS und sind seit der Akquisition und Integration von Bankers Trust bemüht, ein Listing an der NYSE zu erhalten. Dafür benötigen wir allerdings eine rückwirkende Bilanzierung nach US GAAP.

Wir wollen dieses Listing, um im US-amerikanischen Markt nicht weiter als Deutsche oder als Europäische Bank angesehen zu werden, sondern als genuiner Mitspieler an der Wallstreet, als eine der sogenannten *Bulge bracket firms*.

Wenn Sie sich heute die Unterschiede in der Bilanzierung zwischen IAS und US-GAAP anschauen, dann sehen Sie eine vollkommen andere Gewinn- und Verlust-Rechnung sowie eine andere Bilanzierung der Vermögenswerte.

Auch dieses ist ein Mosaikstein in der unterschiedlich gelebten Ausdehnung der regulatorischen Umgebungsbedingung. Halten Sie sich die Verhaltensweisen der FED, der New York Stock Exchange (NYSE) oder der SEC dabei vor Augen und vergleichen Sie diese mit der Deutschen Bundesbank und dem BaKred: der gegenseitige Drang und die Ambition, jeweils regulatorisch auf globaler Basis zu agieren und die eigenen nationalen Grenzen als Beschränkungslinie nicht zu betrachten, ist ganz augenscheinlich. Dieses führt immer dann zu Dichotomien, wenn es um die Auslegungen komplett unterschiedlicher Regularien geht.

Nichtbanken als Wettbewerber oder *Food for Thought*, wie die Amerikaner sagen. Was regulieren wir in der eben angesprochenen Tabu-Zone? Wir regulieren Banken. Warum geschieht das? Weil dem Umgang mit Vermögenswerten für fremde Dritte eine besondere rechtliche Aufmerksamkeit gebührt.

Was passiert, wenn wir über den Wettbewerb von Nicht-Banken in der Zukunft sprechen? Es passiert eine vollkommene Disintermediation der traditionellen Wertschöpfungsketten der Banken. Aktuell arbeiten Internetanbieter wie Yahoo oder AOL daran, Zahlungsverkehrssysteme auf weltweiter Basis für Konsumenten bereitzustellen. Wir sprechen von Konsumentenzahlen, die sich heute bereits in Größenordnungen von jeweils 140

Millionen Subscribern bei Yahoo und AOL bewegen. In den nächsten fünf Jahren werden weltweit rund 800 Millionen Menschen vernetzt sein. Dabei handelt es sich um Dimensionen, die unsere bisherige Vorstellungswelt auch in regulatorischer Hinsicht sprengen werden.

Natürlich ist auch in der New-Economy nicht alles Gold, was glänzt, wenn man sich beispielsweise die aktuelle Entwicklung von *„boo.com"* oder *„amazon.com"* anschaut. Auf der anderen Seite kann man aber auch eine Vielzahl erfolgreicher Zusammenschlüsse sehen, wie z.B. BBVA mit Telefonica in Spanien sowie Lycos und Terra Networks. Hierbei wird ganz deutlich, daß neue, vertikale Wertschöpfungsketten aufgebaut werden, die nicht nur den spanischen Markt, sondern die den europäischen und sogar den latein-amerikanischen Raum erobern wollen.

Marktbedarf existiert - Warum Banken outsourcen

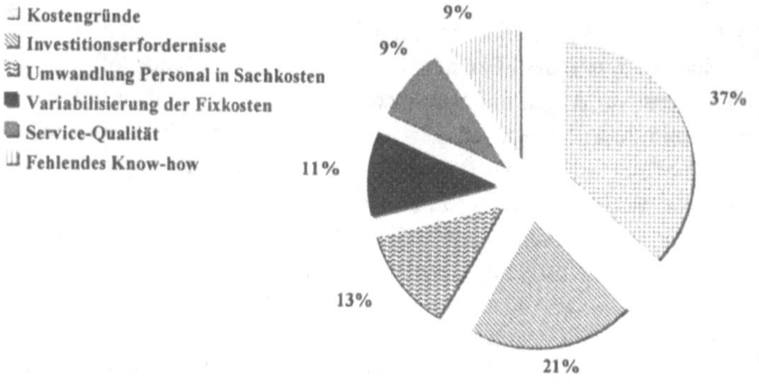

Quelle: Droege & Comp., Studie „Pay2K": Basisauswertung 2000

In diesem Kuchendiagramm sind die Hintergründe aufgeführt, weshalb verstärkt in den letzten Jahren Outsourcing als Instrument der Unternehmenssteuerung genutzt wurde. 37% Kostengründe, 21% Investitionserfordernisse und 13% Umwandlung von Personal- in Sachkosten. Nur 11% waren motiviert, eine Variabilisierung der Fixkosten zu erreichen; also der

Versuch, sich von nicht vom eigenen Mengenvolumen beeinflußbaren Kostenblöcken zu entfernen.

9% betrafen die Verbesserung von Service-Qualität und weitere 9% fehlendes Know-how. Dieses Chart ist ein Blick in den Rückspiegel: Outsourcing im Sinne des § 25a, Absatz 2 KWG, und seine Umsetzung setzt genau beim fehlenden Know-how oder dem „*war for talents*" ein.

Outsourcing wird in der Zukunft immer mehr von der Fähigkeit getrieben, Ressourcen, Fähigkeiten und Talente an sich und an das Expansionsstreben des eigenen Unternehmens zu binden. Dieses muß schneller und flexibler erfolgen, als es in einem monolythisch starr geprägten Unternehmen intern möglich ist. Hierbei handelt es sich um eine dramatische Abkehr zu dem, was in einer traditionellen Universalbank bisher praktiziert wurde und allgemein anerkanntes Verständnis war.

Migrationschart - outsourcing, outtasking, carve out, web-centric bank

	Outsourcing	*Outtasking*	*Carve-out*	*Web-centric bank*
Beispiele	• Gebäudemanagement • Kasino / Catering • Reisedienste	etb JV Motorenbau	CC&S GFIM debis	Advance Bank Moneyshelf
Zielsetzung	Konzentration auf Kerngeschäft	Modularisierung der Wertschöpfungskette	Kompetenz getriebenes Partnering	Maximale Flexibilität
Relationship	Cost Center Allokation	Arms-length Profit Center	Floating Currency Neue Umsätze/Profite	Verschiedene Formen
Vorteile	• Kostensenkung • Personaleinsparung • Variabilisierung der Fixkosten • Reduktion der Komplexität • Definierter Servicegrad	Zusätzlich: • Drittmarktfähigkeit • Erhöhter Performancebeitrag • Effizienzsteigerung • Economies of scale and scope • Value erhöhen (ROE, MarketCap))	• Kapitalaufnahme über Markt • Wettbewerbsvorteil durch Kompetenzbündelung • Partnering • Market Leverage	• Fast vollständige Variabilisierung der Fixkosten • Maximierung des Produktangebots • Time to market • Erhöhung Kundenzugang • Cross Selling

Dieses Bild beschreibt anschaulich den Weg vom klassischen Outsourcing, d.h. von der Funktionsauslagerung, hin zum Outtasking, d.h zur

Prozeßauslagerung. Weiter geht es dann zum Carve-out, wo der Versuch unternommen wird, ein bestimmtes Aktivum, einen Vermögenswert, der ungenutzt, unsichtbar in der Bilanz schlummert, durch Herauslagerung aus dem Unternehmen in eine neue Dimension der Sichtbarkeit zu führen. Carveouts der besonderen Art sind dabei z.B. die Verwertung von Industriebeteiligungen bei Banken; hier mit der Besonderheit, daß dabei der Unterschied zwischen Buch- und Marktwerten ablesbar wird. In diesem Bereich wird sich innerhalb der nächsten 24 Monaten aufgrund der veränderten Steuergesetzgebung noch einiges bewegen und zu einer dramatischen Veränderung der europäischen Industrielandschaft führen. Ganz am Ende steht die Vision der Web-Centric-Bank; eine Vision, die mit Sicherheit nicht kurzfristig realisierbar sein wird, die jedoch mit großen Schritten auf uns zukommt.

Nehmen wir das Phänomen Internet: Es hat 1995 begonnen, und die globale Vernetzung von Unternehmen, Institutionen, Menschen und Märkten wird bis zum Jahr 2015 abgeschlossen sein. Hierbei handelt es sich um die bisher am schnellsten durchgeführte industrielle Revolution – kürzer als eine Menschengeneration. Wenn Sie diese vergleichen mit der Einführung der Elektrizität oder mit dem Aufkommen der Mobilität durch Autos seit den 20er Jahren des letzten Jahrhunderts (Ford, etc.) stellen Sie fest, daß die Zyklen wesentlich kürzer geworden sind.

Die Motivation, die bei einer Ausgliederung eine Rolle spielt, kann auch durch die Beziehung (*relationship*) zwischen dem/der ausgelagerten Unternehmen/Aufgabe und dem funktionsauslagernden Unternehmen gesehen werden, das die letztendliche Verantwortung trägt, das Ergebnis in seiner Gewinn- und Verlustrechnung ausweist und die Wertschöpfung generiert.

Bei der klassischen *Funktionsausgliederung* handelt es sich um eine Cost-Center-Beziehung, die typischerweise über interne Allokation abgewickelt wurde. Daß diese Funktionen teilweise noch eigenständig von den Unternehmen erbracht werden, liegt vielfach an einer mentalen Blockade des Managements. Mit der Kernfunktion von Banken haben diese Funktionen hingegen nichts mehr zu tun und sind folgerichtig vollständig ausgelagert und fremdbezogen.

Bei der *Prozeßausgliederung*, dem „Outtasking", rücken wir schon näher an das Geschäft der Banken heran. Wesentliche Teilbereiche des Bankprozesses stehen dabei außerhalb des rechtlichen Rahmens der Muttergesellschaft auf dem Prüfstand. Die European Transaction Bank ist hierfür ein populäres Beispiel aus dem Hause der Deutschen Bank. Aber auch außerhalb der Bankenwelt sind Joint Ventures im Motorenbau, wie bei den Japanern oder bei Daimler Chrysler mit General Motors, üblich.

Bei den *Carve-Outs* finden Sie eine ganze Reihe von Beispielen: Moneyshelf ist dabei das Modernste, an das wir uns als konservative Bank herangetraut haben.

Web-centric Bank - beispiel Moneyshelf

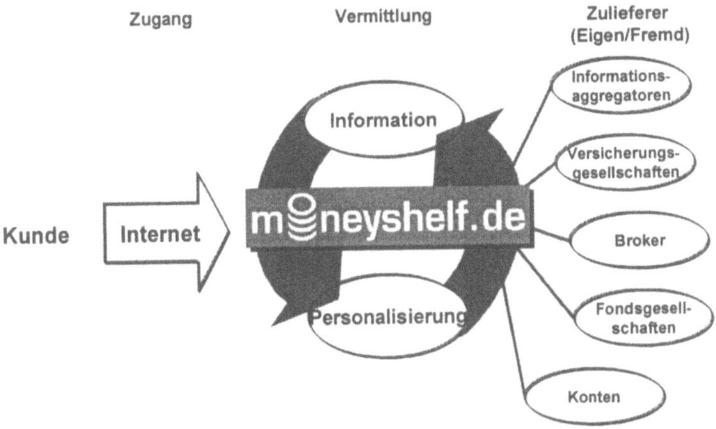

Wir treten hierbei aus der Wertschöpfungskette der Bank heraus und produzieren eine Internetumgebungsbedingung, die sich direkt an den Kunden wendet. Die Proposition hierbei ist, Transparenz und Vergleichbarkeit von Bankdienstleistung zu erzielen. Über ein Cash-Managementtool können mehrere Kontoverbindungen aus dieser Umgebungsbedingung heraus gemanagt, Zahlungsverkehrsübertragungen per Mausklick durchgeführt werden, unabhängig davon, ob Sie z.B. bei der Deutschen Bank 24, Commerzbank oder Consors Kunde sind.

Die Kunden können auf Services zurückgreifen, die heute klassischerweise nur durch einen qualifizierten Berater in einer Bankfiliale angeboten wurden, wie z.B. Vergleichsrechnungen von Investmentfonds unterschiedlicher Anbieter mit Hilfe unabhängiger Vergleichssoftware, so daß nicht zwingend die Produkte der Deutschen Bank führend sein müssen.

Der Konsument sucht den *kostengünstigen Zugang* zu Informationen; dies ist genau der Punkt, an dem das Internet stark ist. Gleichzeitig sucht er *Transparenz*, Vergleichbarkeit von Dienstleistungen, insbesondere in einem globalisierenden Markt, der tendenziell durch seine Informationsdichte immer intransparenter wird.

Letztlich sucht der Privatkunde den direkten Zugang zur Transaktion, also *Bequemlichkeit*, so daß er mit einem Mausklick einen Fonds kaufen oder eine Versicherung abschließen kann.

Ist Moneyshelf ein Info-Broker? Wer verdient hier? Wo beginnt die rechtliche Vertragsbedingung? Hier stehen wir an der Grenze zu der eingangs erwähnten Tabu-Zone.

Die Universalbank wird durch permanente, technologische Innovation in immer neue Dimensionen getrieben, als Direktbank, als Multi-Kanal-Bank bzw. die Web-Centric-Bank. Klassische Universalbanken werden sich vor dem Hintergrund von Globalisierung, der Standardisierung von Finanzdienstleistungen, der zunehmenden Technologisierung zu vertikalen Kooperationen zusammenschließen. Erste populäre Beispiele neben dem bereits erwähnten Joint Venture von MSDW und OM-Group sind auf globaler Ebene die Verbindungen zwischen Telefongesellschaften, Banken und Internet-Providern.

Wie sieht der Weg von der Universalbank zur Multi-Kanal-Bank am Beispiel der Deutschen Bank aus? Sie sehen hier ganz links dargestellt den Monolyth der Vergangenheit, dann die erste Phase des *Outsourcings*, wie z.B. der Archive. Wir sind als Banken dramatisch auch steuerrechtlich (siehe Betriebsprüfung) gefordert, Archivdienstleistungen zu betreiben und dieses ebenfalls transparent zu tun. Wir haben dabei festgestellt, daß wir durch die Auslagerung der Archivdienstleistungen eine höhere Prozeßqualität und damit eine höhere Zugänglichkeit zu einzelnen Tatbeständen (steuerrechtliche Dimension) erzielen konnten. Diese ist ein Beispiel dafür, daß nicht alleine der Kostenblock eine Rolle spielte, sondern auch die Erhöhung der Leistungsqualität von Bedeutung war.

Ein Beispiel für das *Outtasking* ist *Easy-Cash*, eine Tochtergesellschaft der Deutschen Bank, die sich als größter deutscher Point-of-Sale (POZ) Provider darauf spezialisiert hat, bei den Einzelhändlern den Zahlungsverkehr direkt am Ort der Transaktion anzupassen. Seit September letzten

Von der Universalbank zum Multikanalanbieter von Finanzdienstleistungen

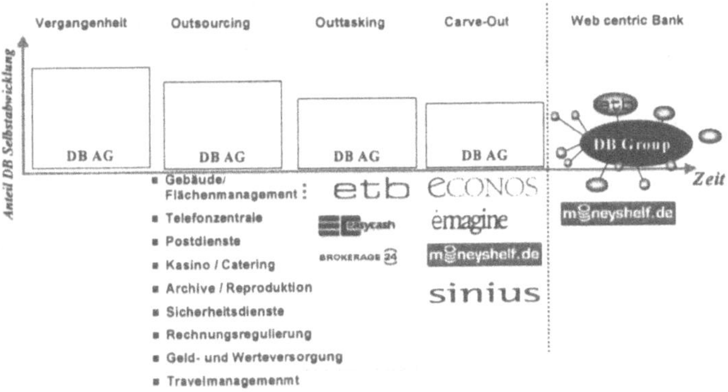

Jahres ist der gesamte Prozeß der Finanzdienstleistung für das Privatkundensegment als *Deutsche Bank 24* (DB 24) aus dem Mutterkonzern in eine eigenständige AG übergegangen. Alleine dieses letzte halbe Jahr seit der Gründung der DB 24 hat dazu geführt, daß nicht nur ein Abnabelungsprozeß zwischen Mutter und Tochter stattgefunden hat, sondern daß diese Tochter ein ganz erhebliches Eigenleben entwickelt hat.

Carve-out: *Emagine* ist ein interner Carve-out im IT–Entwicklungsbereich. Der bereits zitierte „Krieg um Talente", der Bedarf, Talente zu aktivieren, sie zu binden, wird im IT-Bereich nur über diese Carve-outs gewonnen werden.

Sie sehen auch die Vision der Zukunft: Die „Web-Centric Bank", eine Holdingstruktur, die auf der Zeitachse multiple Kooperationslandschaften (Allianzen) kontrolliert, aber sich weiterhin eindeutig zu der unternehmerischen Letztverantwortung und Kontrolle bekennt.

An dieser Stelle glaube ich sagen zu können, daß das, was wir bis jetzt als Vorschlag für die Umsetzung des § 25a Absatz 2 KWG sehen, eindeutig zu begrüßen ist. Er führt zwar noch nicht über die hier angedeutete gepunktete Linie hinaus, aber er geht in die richtige Richtung, und wir alle sind aufgefordert, an der Weiterentwicklung mitzuarbeiten.

Das geht nur dann, wenn wir Leitungskontrollen tatsächlich ausüben. Sie sehen am Beispiel der *„Balanced Score Card"* aus dem Management-Informationssystem der Deutschen Bank die Granulation, mit der wir neben der Finanzbuchhaltung sog. Qualitätsindikatoren in jedem der Geschäftsbereiche einführen. In diesem Ausschnitt aus dem Geschäftsbereich Global Technology and Services (GTS) sieht man deutlich, wie wir uns auf die

Generische Balanced Scorecard
Service Center

	CIO GCI		CIO CB IT		CIO CBA		CTO		CPO	
FINANCIALS as of April 2000	actual	plan	actual	plan	actual	plan	actual	plan	actual	plan
Generation of income (net income before tax in mn €)										
Keep costs in plan (direct costs in mn €)										
Align manpower capacity (in MPU)										
Improve Cost-Income Ratio (in %)										
PROCESSES/PRODUCTIVITY										
Reduce Audit points (actual: late; plan: number of audit points)										
CUSTOMERS/QUALITY										
Improve Customer Satisfaction (General Customer Satisfaction Index)										
Improve Customer Satisfaction (Product & Service Satisfaction Index)										
EMPLOYEES										
Leverage Know how (External MPU / Total MPU)										
Keep Fluctuation Ratio low (Total leavers externally / total Headcount)										

Einkommenszahlen, die Kostengrößen, die Mitarbeiterzahlen, aber auch auf Prozeßqualität, wie Revisionspunkte, Kundenzufriedenheit und z.B. Fluktuationsrisiken fokussieren. Dieses ist ein Beispiel dafür, wie wir aus einer zentralen Lenkungsverantwortung auf outgesourcte, outgetaskte Unternehmen durchgreifen, steuern und diese in den Gesamtprozeß einbeziehen können.

Die weitgehende Bedeutung der Kapitalunterlegung gibt es nicht nur im Bankenbereich, sondern auch im mittelständischen Firmenkundengeschäft. An dieser Stelle wird ganz deutlich, wie wir gezwungen werden, ganz unabhängig von der eigenen regulativen Umgebungsbedingung, die Kapitalunterlegung als Maßstab für die Kredit- und Darlehnspreise zu akzeptieren.

Ökonomisches Kapital - Deutsche Bank's relative Kapitalzuordnung im Vergleich zu Mitwettbewerbern

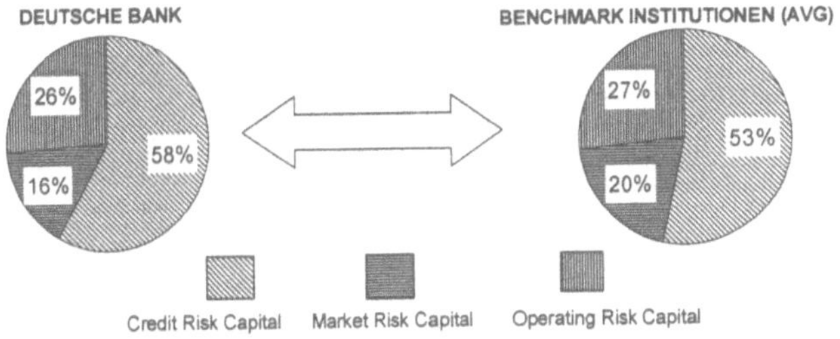

* For comparability reasons on contributory basis

Sie sehen, daß sich diese Unterlegung nach Credit Risk, Market Risk und nach dem neu eingeführten Operating Risk unterteilt. Ein Benchmark-Vergleich mit den großen amerikanischen Vergleichsbanken zeigt, daß wir mit 27% vs. 26% den internationalen Vergleich in der Unterlegung mit Operating Risk nicht zu scheuen brauchen. Ganz deutlich wird, wie ähnlich wir als Deutsche Bank den amerikanischen Großbanken bereits heute sind, und wie wichtig diese Betrachtungsweise für uns gleichzeitig in der Steuerung des Gesamtkonzerns ist.

Die etb ist ein *White-Label*-Dienstleistleistungsanbieter für Wertpapierabwicklungen, Zahlungsverkehrsdienstleistungen und zwischenzeitlich auch für die Derivateabwicklung. Wir bieten diese Services einerseits extern, andererseits aber auch unseren internen Unternehmensbereichen an, die heute faktisch auf global integrierter Basis wie eigenständige Bereiche agieren.

Outsourcing Operations - e.t.b. Modell

Ausgründung der Produktionseinheiten Zahlungsverkehr, Wertpapierdienste und Printshop/Postdienste in eine eigene Gesellschaft

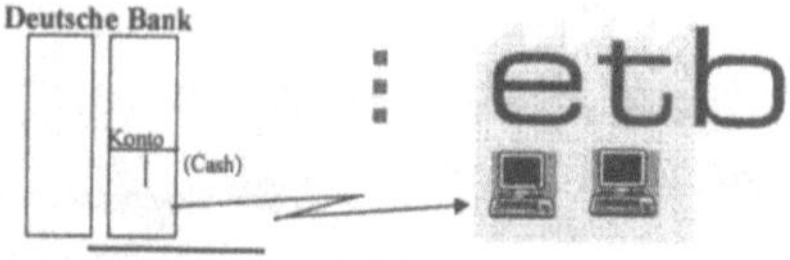

Klassische GB-Funktionen
- Kundenberatung
- Kontoführung
- Liquiditätsmanagement
- Interbank Clearing

Wertpapierdienste

Zahlungsverkehr

Postdienste / Printshop

Alle kunden- und kontenrelevanten Funktionen bleiben in der DB

Nur Produktionsinfrastruktur geht in die etb

Wir haben zwischenzeitlich die Verantwortung für die Abwicklung des Zahlungsverkehrs- und Wertpapierabwicklungsgeschäftes von Sal. Oppenheim übernommen und haben unser Leistungsangebot um das Derivategeschäft ausgedehnt, das wir seit dem 6.7.2000 ebenfalls betreiben.

Für uns war vor allen Dingen die Zeit seit der Gründung der etb eine Kombination aus juristischen und prozeßorientierten Erfahrungen. Die Gründung der etb hat uns gezwungen, granular unsere Leistungen und Prozesse zu beschreiben und eine auch extern kommunizierbare Kostenstruktur zu etablieren.

Diese Strukturketten definieren zu können und auch klare Schnittstellen – auch aus regulatorischen Aspekten zu schaffen –, war keine triviale Aufgabe. Wir sind zwischenzeitlich mandantenfähig, mehrsprachig in allen Dienstleistungsblöcken und können unsere Services skalierbar anbieten.

Die etb ist eine Finanzdienstleistungsabwicklungsfabrik, die unabhängig von ihrer lokalen Ausdehnung, in einem zusammenwachsenden Euroland mit einer einheitlichen Währungsbedingung überregional agieren kann. Da wir z.Zt. noch keine harmonisierte, europäische Bankenregulation haben, stehen uns mit der Teilregulierung der Geschäfte in jeder einzelnen Nation noch einige Stolpersteine im Wege.

Die betriebswirtschaftliche Logik der etb liegt im fallenden Verlauf der

Volumenabhängiger Stückkosten Degressionseffekt

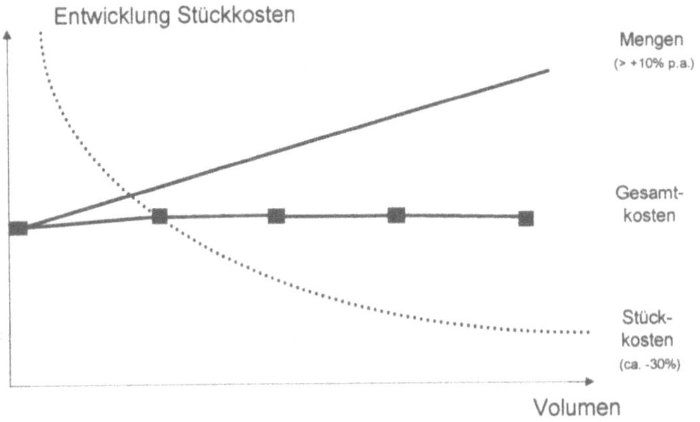

[12]

Stückkostenkurve, einer volumenabhängigen Hyperbel, die eine Stückkostendegression bis ca. – 30% zuläßt.

Bei zunehmendem Volumen werden entweder konstante oder sogar sinkende Gesamtkostensituationen entstehen.

Mit der Möglichkeit des Zusammenschlusses von Backoffices, der Abwicklungsleistung großer Häuser, kann ein riesengroßer Remanenz-Kostenblock in dem abgebenden Haus komplett eliminiert werden.

Bei meinem letzten Chart sehen Sie die Aktiva der Deutschen Bank mit fast US$ 900 Milliarden, mit US$ 600 Milliarden aktiv gemanagtem Fondsvermögen, mit US$ 4,3 Trillionen Assets under Custody (Verwahrungsgeschäft) und US$270 Milliarden an M&A Transaktionsvolumen.

Deutsche Bank: Globaler Player mit aggressivem Profitabilitätsprogramm

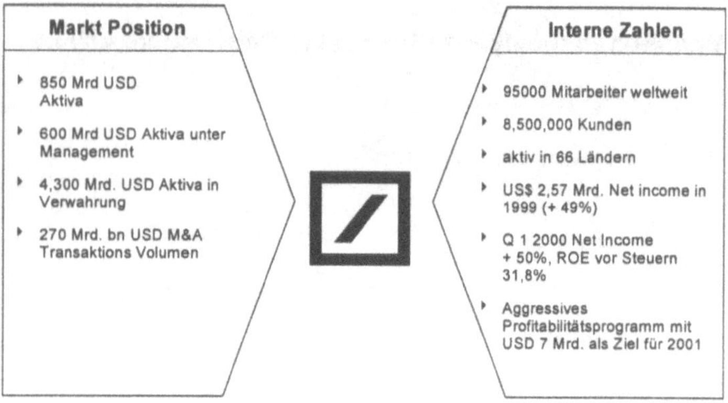

Zahlen beinhalten Bankers Trust

Sie sehen, daß die Bank in ihrer weltweiten Ausdehnung eine riesengroße Organisation ist, und daß wir ungeheuer abhängig sind von unserem regulativem Umfeld. Es steht glaube ich fest, daß diese große Bank sich nicht nur in diesen Dimensionen der Zahlen in der Zukunft dramatisch verändern muß. Unsere Bilanz, unsere Aktiva werden nicht mehr mit der Geschwindigkeit der Vergangenheit wachsen. Vielmehr müssen wir Wert darauf legen, daß die Renditegröße des eingesetzten Eigenkapitals unseren Vorstellungen und denen unserer Aktionäre entspricht. Wir brauchen an dieser Stelle eine Kohärenz der Regulation, eine Konsistenz in der Auslegung, und wir benötigen in jedem Fall den Dialog mit Ihnen.

Generelle Auslagerungsverbote im Licht des aktuellen Entwurfs eines Rundschreibens des Bundesaufsichtsamtes für das Kreditwesen zu § 25a Abs. 2 KWG)*

Dr. Uwe Eyles, Rechtsanwalt, Frankfurt am Main

I. Einleitung

Am 14. Juni 2000 hat das Bundesaufsichtsamt für das Kreditwesen (BAKred) seinen überarbeiteten Entwurf zu § 25a Abs. 2 KWG (Rs.-

---

* Dieser Beitrag ist eine geringfügig erweiterte Fassung des einleitenden Diskussionsbeitrags, den der Verfasser anläßlich des Bankrechtstags in Wien am 30. Juni 2000 im Anschluß an die Vorträge der Herren *Hofmann* und *Lamberti* gehalten hat. Die Vortragsform wurde für diesen schriftlichen Beitrag beibehalten. Zum Bankrechtstag 2000 siehe die Berichte von *Hafke*, Outsourcing bei Banken „weitgehend möglich machen", Bankenaufsicht zeigt Gesprächsbereitschaft – Kernbereiche als Tabuzonen – Tagung der Bankrechtlichen Vereinigung, Börsen-Zeitung Nr. 126 vom 4. Juli 2000, S. 10; *Hennrichs*, Funktionsauslagerung (Outsourcing) bei Kreditinstituten – Bericht über den Bankrechtstag 2000 der Bankrechtlichen Vereinigung e. V. am 30. Juni 2000 in

E 2000)[1] den Spitzenverbänden der Kreditwirtschaft zur Stellungnahme zugeleitet und damit für den diesjährigen Bankrechtstag eine Punktlandung vollzogen.[2] Beim Rs.-E 2000 handelt es sich um den dritten Versuch des BAKred, die tatbestandlichen Voraussetzungen des am 1. Januar 1998 in Kraft getretenen § 25a Abs. 2 KWG und die aus dieser Vorschrift resultierenden Rechtsfolgen durch ein Rundschreiben zu konkretisieren. Dem Rs.-E 2000 war ein Entwurf eines Rundschreibens zu § 25a Abs. 2 KWG vom 13. Juli 1998 (Rs.-E 1998)[3] vorausgegangen, der den Spitzenverbänden der Kreditwirtschaft zur Stellungnahme zugeleitet worden war; ferner gab es einen inoffiziellen Entwurf aus dem Jahr 1999.[4] Die Arbeiten des BAKred an einem Rundschreiben zu § 25a Abs. 2 KWG haben nicht nur Auswirkungen im Bereich der bankaufsichtsrechtlichen Solvenz- und Mißbrauchsaufsicht nach dem KWG, sondern auch im Bereich der Marktaufsicht über Wertpapierdienstleistungsunternehmen nach dem WpHG. Das Bundesaufsichtsamt für den Wertpapierhandel (BAWe) plant den Erlaß einer Richtlinie zur marktaufsichtsrechtlichen Parallelvorschrift des § 33 Abs. 2 WpHG, die auf der Endfassung des Rundschreibens des BAKred zu § 25a Abs. 2 KWG aufbauen soll.[5] Hinzu kommt, daß der Anwendungsbereich des § 25a

---

Wien, WM 2000, 1561–1566; *Zerwas/Hanten*, Bankrechtstag 2000 der Bankrechtlichen Vereinigung e. V. am 30. Juni 2000 in Wien – „Funktionsauslagerung (Outsourcing) bei Kreditinstituten“, ZBB 2000, 276–282.

1 Entwurf eines Rundschreibens .../2000 des Bundesaufsichtsamtes für das Kreditwesen zur Auslagerung von Bereichen auf ein anderes Unternehmen nach § 25a Abs. 2 KWG vom 14. Juni 2000 – I 3 272 A – 2/98, abgedr. im Anhang S. 163 ff.

2 Anläßlich des Bankrechtstages 2000 sind in der WM, Heft 25/2000 bereits die Aufsätze von *Eyles*, Funktionsauslagerung (Outsourcing) bei Kredit- und Finanzdienstleistungsinstituten – Bank- und wertpapieraufsichtsrechtliche Rahmenbedingungen, WM 2000, 1217–1234 und von *Findeisen*, Outsourcing der Funktion des Geldwäschebeauftragten und anderer wesentlicher Pflichten des Geldwäschegesetzes, WM 2000, 1234–1241, erschienen.

3 Entwurf eines Rundschreibens .../98 zur Auslagerung von Bereichen auf ein anderes Unternehmen gemäß § 25a Abs. 2 KWG vom 13. Juli 1998 – I 3 – A 272A – 2/98; dazu *Braun*, in: *Boos/Fischer/Schulte-Mattler*, Kreditwesengesetz, Kommentar zu KWG und Ausführungsvorschriften, 2000, § 25a KWG Rdn. 157 ff.

4 Entwurf eines Rundschreibens .../00 vom 9. November 1999 – Erläuterungen zu § 25a Abs. 2 KWG und § 20 AnzV – Auslagerung von Bereichen auf ein anderes Unternehmen – I 3 – 272A – 2/98.

5 Siehe auch *BAWe*, Rundschreiben zur Auslagerung von Bereichen auf ein anderes Unternehmen nach § 33 Abs. 2 WpHG vom 18. August 1998, abgedr. in

Abs. 2 KWG und des § 33 Abs. 2 WpHG schon deshalb eng aufeinander abgestimmt werden müssen, weil eine Verpflichtung zur Anzeige der Absicht einer Auslagerung nur gegenüber dem BAKred und der Deutschen Bundesbank bzw. der zuständigen Landeszentralbank besteht, während das BAWe diese Absichtsanzeigen durch das BAKred erhält (§ 25a Abs. 2 Satz 3 und 4 KWG und § 20 AnzV).[6]

Vor dem Hintergrund der im Rs.-E 2000 enthaltenen Vorgaben haben meine beiden Vorredner sehr eindrucksvolle Vorträge zu ihrer Sicht der Möglichkeiten und Grenzen von Migrationsprozessen in der Kreditwirtschaft gehalten, wobei die jeweils vertretenen Standpunkte unterschiedlicher nicht sein könnten: Einerseits Herrn *Hofmanns* engagiertes Plädoyer zu den aufsichtsrechtlichen Tabuzonen betriebswirtschaftlich erstrebenswerter Migrationsprozesse in der Kreditwirtschaft, andererseits Herrn *Lambertis* These, wonach Outsourcing als vorrangiges Instrument zur Kostenersparnis gegenüber der Gewinnung von Know-how über Outtasking und Outcarving in den Hintergrund trete und letztlich der Weg zu einer „Webcentric Bank", zu einer „Multikanalbank" mit minimalen Fixkosten und maximalem Produktangebot, vorgezeichnet sei.[7]

Ich stehe nunmehr vor der nicht einfachen Aufgabe, diese beiden Extrempositionen für die anstehende Diskussion auf einen Nenner bringen zu müssen. In Anbetracht der wenigen mir zur Verfügung stehenden Zeit muß ich mir hierbei äußerste Zurückhaltung auferlegen. Deshalb kann ich an dieser Stelle nur Anstöße geben, ohne die schwierigen aufsichtsrechtlichen Rechtsfragen in allen Einzelheiten zu vertiefen.[8] Ich möchte mich – nicht zuletzt wegen der Aktualität – weitestgehend innerhalb des durch den Rs.-

---

Consbruch/Möller/Bähre/Schneider, Kreditwesengesetz mit weiteren Vorschriften zum Aufsichtsrecht der Banken, Textsammlung, 59. Ergänzungslieferung Januar 2000, Nr. 18.13.

6 Daraus folgt zwingend, daß bankaufsichtsrechtliche Anzeigepflichten nach § 25a Abs. 2 Satz 3 und § 20 AnzV bereits dann ausgelöst werden, wenn die Auslagerung ausschließlich eine nicht unter die Erlaubnispflicht nach § 32 Abs. 1 Satz 1 KWG, wohl aber unter § 33 Abs. 2 WpHG fallende Wertpapiernebendienstleistung im Sinne des § 2 Abs. 3a WpHG betrifft; vgl. *Eyles*, WM 2000, 1217, 1222.

7 Vgl. auch *Lamberti/Volland*, Entwicklung einer E-Commerce-Strategie am Beispiel einer Großbank, Die Bank 2000, 444, 447 f.

8 Wegen Einzelheiten wird auf die beiden anläßlich des Bankrechtstages 2000 in der WM, Heft 25/2000 erschienenen Aufsätze von *Eyles*, WM 2000, 1217–1234, und *Findeisen*, WM 2000, 1234–1241, verwiesen.

E 2000 abgesteckten aufsichtsrechtlichen Rahmens bewegen und in diesem Zusammenhang die Diskussion auf folgende Fragestellungen lenken, die sich nach den beiden vorangegangenen Vorträgen geradezu aufdrängen:

Was gehört heute zwingend zu einer Bank bzw. zu einem Finanzdienstleistungsinstitut? – Was sind die Mindestanforderungen, die § 25a KWG und § 33 WpHG an eine Bank oder an ein Finanzdienstleistungsinstitut stellen? – Oder anders gewendet: Gibt es essentielle bankbetriebliche Funktionen, die ein Institut stets selbst mit eigenen Sach- und Personalmitteln bewältigen muß und die einer Auslagerung, d. h. einem Fremdbezug von Leistungen eines Drittunternehmens, generell nicht zugänglich sind?

Damit ist in erster Linie ein Ausschnitt von Bankgeschäften und Finanzdienstleistungen (bzw. – im Bereich des § 33 Abs. 2 WpHG – von Wertpapierdienstleistungen und Wertpapiernebendienstleistungen) angesprochen, der nach der bisherigen, von Herrn *Hofmann* bekräftigten deutschen Aufsichtspraxis einem Kernbereich nicht auslagerungsfähiger bankbetrieblicher Funktionen zuzuordnen ist bzw. nicht delegierbare Geschäftsleiteraufgaben darstellt. Des weiteren tendiert die Aufsichtspraxis dazu, auch im Bereich der wesentlichen Hilfsfunktionen, also Bereichen, die keinem bestimmten der in § 1 Abs. 1 Satz 2 und Abs. 1a Satz 2 KWG genannten Bankgeschäfte und Finanzdienstleistungen (bzw. keiner bestimmten in § 2 Abs. 3 oder Abs. 3a WpHG genannten Wertpapierdienstleistung oder Wertpapiernebendienstleistung) zugeordnet werden können, Tabubereiche auszugrenzen, die einer Auslagerung generell nicht zugänglich sein sollen.[9] Da weder § 25a Abs. 2 KWG noch § 33 Abs. 2 WpHG als Verbotsnormen ausgestaltet sind, ist die Frage aufgeworfen, ob die im Rs.-E 1998 angelegte Ausgrenzung nicht auslagerungsfähiger Kernbereiche bankbetrieblicher Funktionen sachgerecht ist und wie diese Problematik nach dem neuen Rs.-E 2000 zu beurteilen ist, der – jedenfalls auf den ersten Blick – weniger restriktiv formuliert ist als seine Vorgängerentwürfe.

9 Die Regierungsbegründung der 6. KWG-Novelle zu § 25a Abs. 2 KWG (abgedr. in *Beck/Samm*, Gesetz über das Kreditwesen, 81. Ergänzungslieferung September 2000, Band 2, M 21 a, S. 69 = BT-Drucksache 13/7142, S. 88) erstreckt den Anwendungsbereich des § 25a Abs. 2 KWG auf Teilakte von Bankgeschäften und Finanzdienstleistungen und wesentliche Hilfsfunktionen.

II. Auslagerung von Bankgeschäften und Finanzdienstleistungen (bzw. Wertpapierdienstleistungen und Wertpapiernebendienstleistungen)

Ich möchte bei der Bestimmung genereller Verbote einer Auslagerung von Tätigkeiten, die sich einem bestimmten Katalogtatbestand des § 1 Abs. 1 Satz 2 oder Abs. 1a Satz 2 KWG bzw. des § 2 Abs. 3 oder Abs. 3a WpHG zuordnen lassen, eine Grenzziehung vornehmen. Folgende Auslagerungsverbote sind hierbei zu unterscheiden:

1. das Verbot der Totalauslagerung aller beaufsichtigten Geschäfte und Dienstleistungen,
2. ausdrückliche gesetzliche Verbote der Auslagerung von Teilakten von beaufsichtigten Geschäften und Dienstleistungen,
3. das von der Aufsichtspraxis angenommene generelle Verbot einer Auslagerung von Teilakten von beaufsichtigen Geschäften und Dienstleistungen, die dem Kernbereich des § 1 Abs. 1 Satz 2 oder Abs. 1a Satz 2 KWG (oder § 2 Abs. 3 oder Abs. 3a WpHG)[10] zuzuordnen sein oder nicht delegierbare Führungs- und Leitungsaufgaben der Geschäftsleitung[11] darstellen sollen, und
4. das erstmals im Rs.-E 2000 formulierte Verbot der Auslagerung nach § 32 Abs. 1 Satz 1 KWG erlaubnispflichtiger Tätigkeiten auf Nichtinstitute.[12]

1. Totalauslagerung aller beaufsichtigten Geschäfte und Dienstleistungen

Ein „virtuelles Institut", das nur noch über eine Erlaubnis und die gesetzlich vorgeschriebene Anzahl qualifizierter Geschäftsleiter, darüber hinaus aber weder über eigenes Personal noch über eigene Betriebseinrichtungen verfügt, ist aufsichtsrechtlich problematisch und sollte auch nicht durch einen Auslagerungsprozeß nach § 25a Abs. 2 KWG bzw. § 33 Abs. 2 WpHG hervorgebracht werden dürfen. Eine aufsichtsrechtliche Unzulässigkeit könnte hier zunächst aus dem Zusammenspiel von § 25a Abs. 1 und Abs. 2 KWG (bzw. von § 33 Abs. 1 und Abs. 2 WpHG) hergeleitet werden, weil durchaus eine

---

10 Vgl. *BAKred*, Rs.-E 1998, sub IV. (S. 5).
11 Vgl. *BAKred*, Rs.-E 2000, Tz. 13, 16.
12 Vgl. *BAKred*, Rs.-E 2000, Tz. 9.

gewisse Wahrscheinlichkeit dafür sprechen mag, daß die materiellen Auslagerungsvoraussetzungen des § 25a Abs. 2 Satz 1 KWG[13] und gegebenenfalls des § 33 Abs. 2 Satz 1 WpHG[14] bei einem „virtuellen Institut" im Regelfall nicht erfüllt werden könnten. Allerdings würde der Wortlaut des § 25a Abs. 2 Satz 1 KWG und des § 33 Abs. 2 Satz 1 WpHG nicht ausreichen, um in solchen Fällen ein *generelles* Auslagerungsverbot zu begründen, da diese Vorschriften die Einhaltung der materiellen Vorgaben *im Einzelfall* verlangen und damit eine *Einzelfallbetrachtung* zwingend voraussetzen. Für die generelle Unzulässigkeit einer Totalauslagerung kann indes die allgemeine Erwägung angeführt werden, daß ein Institut ohne eigene Geschäftseinrichtung und ohne eigenes Personal den Geschäftsbetrieb, auf den sich seine Erlaubnis bezieht, faktisch nicht mehr (selbst) ausübt und infolgedessen – wenn dieser Zustand mehr als sechs Monate andauert – mit einer Aufhebung seiner Erlaubnis nach § 35 Abs. 2 Nr. 1 KWG rechnen muß.[15] Eine Ausnahme vom generellen Verbot der Totalauslagerung ist indes kraft Gesetzes für Anlage- und Abschlußvermittler, die die Voraussetzungen der Befreiungstatbestände des § 2 Abs. 10 KWG bzw. des § 2a Abs. 2 WpHG erfüllen, vorgesehen.[16]

---

13 Keine Beeinträchtigung der Ordnungsmäßigkeit der Bankgeschäfte und Finanzdienstleistungen, der Steuerungs- und Kontrollmöglichkeiten der Geschäftsleitung und der Prüfungs- und Kontrollmöglichkeiten des BAKred; zur Sicherstellung fordern § 25a Abs. 2 Satz 2 KWG und § 20 Satz 3 AnzV eine vertragliche Sicherung der erforderlichen Weisungsbefugnisse, die Einbeziehung der ausgelagerten Bereiche in die internen Kontrollverfahren des auslagernden Instituts und die Duldung von Jahresabschlußprüfungen und vom BAKred angeordneten Sonderprüfungen (insbesondere nach § 44 Abs. 1 Satz 1 KWG) durch das Auslagerungsunternehmen.

14 Keine Beeinträchtigung der Ordnungsmäßigkeit der Wertpapierdienstleistungen und Wertpapiernebendienstleistungen, der Wahrnehmung der Pflichten nach § 33 Abs. 1 WpHG und der Prüfungs- und Kontrollmöglichkeiten des BAWe; zur Sicherstellung fordert § 33 Abs. 2 Satz 2 WpHG eine vertragliche Sicherung der erforderlichen Weisungsbefugnisse und die Einbeziehung der ausgelagerten Bereiche in die internen Kontrollverfahren des auslagernden Wertpapierdienstleistungsunternehmens.

15 Vgl. *Eyles,* WM 2000, 1217, 1224; zur Voraussetzung des Ruhens der nach § 32 Abs. 1 KWG erlaubten Geschäfte siehe *Fischer,* in *Boos/Fischer/Schulte-Mattler* (Fn. 3), § 35 KWG Rdn. 13,14.

16 Vgl. *Eyles,* WM 2000, 1217, 1224; siehe auch im Ergebnis *BAKred,* Rs.-E 2000, Tz. 17.

Eine Totalauslagerung liegt nicht vor, wenn ein Institut einzelne, nicht den Schwerpunkt seiner gesamten Geschäftstätigkeit bildende Bankgeschäfte oder Finanzdienstleistungen (bzw. Wertpapierdienstleistungen oder Wertpapiernebendienstleistungen) auf ein anderes Unternehmen auslagert. Betraut etwa ein weltweit operierendes Einlagenkreditinstitut ein anderes Unternehmen auf der Grundlage eines Geschäftsbesorgungs- oder Dienstleistungsvertrages mit der Abwicklung seines Sortengeschäfts, so sollte man einen solchen betriebswirtschaftlich durchaus sinnvollen Fremdbezug von Dienstleistungen nicht mittels eines generellen Verbotes der Totalauslagerung blockieren. Die Zulässigkeit der Auslagerung in diesen Fallgestaltungen sollte vielmehr ausschließlich daran gemessen werden, ob die materiellen Auslagerungsvoraussetzungen des § 25a Abs. 2 Satz 1 KWG und gegebenenfalls des § 33 Abs. 2 Satz 1 WpHG gewahrt sind. In dem Beispielsfall gilt dies um so mehr, als § 64e Abs. 1 KWG für die vor Inkrafttreten der 6. KWG-Novelle bestehenden Einlagenkreditinstitute eine Erlaubnis zum Betreiben der in § 1 Abs. 1 Satz 2 Nr. 4 und Nr. 10 KWG genannten Bankgeschäfte und zur Erbringung aller Finanzdienstleistungen im Sinne des § 1 Abs. 1a Satz 2 KWG fingiert, wobei eine Teilaufhebung dieser fingierten Erlaubnis selbst dann nicht in Betracht kommt, wenn einzelne hiervon erfaßte Geschäfte und Dienstleistungen für einen Zeitraum von mehr als sechs Monaten nicht betrieben werden.[17] Damit sind taugliche Kriterien für eine Abgrenzung grundsätzlich unzulässiger Totalauslagerungen von zulässigen Auslagerungen von Teilbereichen beaufsichtigter Geschäfte und Dienstleistungen vorgegeben. Sinnvolle und praxisgerechte Ergebnisse lassen sich hier erzielen, wenn bei dieser Abgrenzung im Rahmen einer Einzelfallbetrachtung jeweils ausschließlich auf die *individuelle Ausrichtung des Gesamtgeschäfts* des auslagernden Instituts abgestellt wird. Da jedes Institut innerhalb der Vorgaben seiner Erlaubnis, etwaiger hierzu erlassener Nebenbestimmungen und der jeweils geltenden aufsichtsrechtlichen Vorgaben bei der Bestimmung der Schwerpunkte seiner Geschäftstätigkeit autonom ist, kann die Auslagerung einer einzigen unter § 1 Abs. 1 Satz 2 oder Abs. 1a Satz 2 KWG fallenden Tätigkeit bei einem Institut zulässig und bei einem anderen unzulässig sein. Umgekehrt wäre es praxisfremd und wenig sachgerecht, die einzelnen Bankgeschäfte und Finanzdienstleistungen, die

---

17 Vgl. *Fischer*, in: *Boos/Fischer/Schulte-Mattler* (Fn. 3), § 35 KWG Rdn. 13.

Gegenstand einer Erlaubnis nach § 32 Abs. 1 oder § 64e Abs. 1 KWG sind, willkürlich auseinander zu reißen und bei der Auslagerung bereits eines einzigen Geschäftstypus der Katalogtatbestände des § 1 Abs. 1 Satz 2 oder Abs. 1a Satz 2 KWG – sei er für die Ausrichtung des Gesamtgeschäfts des Instituts auch noch so unbedeutend – kategorisch von einer unzulässigen Totalauslagerung auszugehen.

2. *Gesetzliche Verbote einer Auslagerung von Teilakten beaufsichtigter Geschäfte und Dienstleistungen*

Angesichts der grundsätzlichen Unzulässigkeit der Totalauslagerung beaufsichtigter Geschäfte und Dienstleistungen konzentriert sich die Diskussion genereller Auslagerungsverbote in erster Linie auf die Auslagerung von *Teilakten* solcher Geschäfte und Dienstleistungen. Unter § 25a Abs. 2 KWG fallende Teilakte sind nach der Aufsichtspraxis des BAKred Handlungen und Arbeitsabläufe, die unmittelbar auf die Durchführung und Abwicklung aufsichtspflichtiger Geschäfte und Dienstleistungen ausgerichtet bzw. für ihre Durchführung und Abwicklung notwendig sind, und die für das auslagernde Institut bankaufsichtsrechtlich relevante Risiken (insbesondere Markt-, Kredit-, Ausfall-, Abwicklungs- Liquiditäts- und Reputationsrisiken sowie operationelle und rechtliche Risiken) begründen oder nachhaltig beeinflussen.[18] Diese Handlungen und Arbeitsabläufe müssen sich einzelnen Katalogtatbeständen des § 1 Abs. 1 Satz 2 und Abs. 1a Satz 2 KWG (bzw. des § 2 Abs. 3 und Abs. 3a WpHG) zuordnen lassen und in ihrer Summe zu einem Sachverhalt führen, der als Bankgeschäft oder Finanzdienstleistung (bzw. Wertpapierdienstleistung oder Wertpapiernebendienstleistung) einzuordnen ist.[19]

Beziehen sich Migrationsprozesse auf einzelne Teilakte von Bankgeschäften oder Finanzdienstleistungen, so können sich generelle Auslagerungsverbote unmittelbar aus gesetzlichen Bestimmungen ergeben. Auf die von Herrn Prof. Dr. *Mülbert* in seinem heutigen Vortrag angedeuteten

---

18 *BAKred*, Rs.-E 2000, Tz. 10; *Eyles*, WM 2000, 1217, 1224 f.; *Braun*, in: *Boos/Fischer/Schulte-Mattler* (Fn. 3), § 25a KWG Rn. 174; siehe auch *BAKred*, Rs.-E 1998, sub. III. (S. 4).

19 *Eyles*, WM 2000, 1217, 1224 f.; siehe auch *Braun*, in: *Boos/Fischer/Schulte-Mattler* (Fn. 3), § 25a KWG Rn. 174; *BAKred*, Rs.-E 1998, sub. III. (S. 4); weniger präzise *BAKred*, Rs.-E 2000, Tz. 10.

aktienrechtlichen Vorgaben, insbesondere die Verpflichtung zur Unterhaltung eines Frühwarnsystems nach § 91 Abs. 2 AktG, möchte ich hier aus Zeitgründen nicht eingehen.[20] In bankaufsichtsrechtlicher Hinsicht sind demgegenüber im wesentlichen drei ausdrückliche gesetzliche Auslagerungsverbote zu nennen. Nicht auslagerungsfähig sind die Gewährung und Zusage von Großkrediten sowie von Organkrediten, da diese einen einstimmigen Geschäftsleiterbeschluß erfordern (§ 13 Abs. 2 Satz 1, § 13a Abs. 2 und § 15 Abs. 1 KWG). Des weiteren ist es Kapitalanlagegesellschaften verwehrt, die Auslagerung der Verwaltung von Fondswertpapieren und die Stimmrechtsausübung bei Aktien des Fondsvermögens auf einen Anlageausschuß oder eine Asset Management Gesellschaft auszulagern (arg. § 10 Abs. 1 KAGG).[21]

§ 25 Abs. 2 KWG und § 33 Abs. 2 WpHG enthalten demgegenüber kein generelles Auslagerungsverbot, sondern gehen vielmehr von der grundsätzlichen Zulässigkeit einer Auslagerung aus. Auch die seit 1. Januar 1998 in § 25a Abs. 1 KWG und § 33 Abs. 1 WpHG gesetzlich geregelten und in zahlreichen, größtenteils bereits vor Inkrafttreten dieser gesetzlichen Regelungen ergangenen Verwaltungsvorschriften des BAKred und des BAWe[22] konkretisierten Organisationspflichten begründen keine generellen gesetzlichen Auslagerungsverbote. Denn der Einhaltung dieser organisatorischen Mindestanforderungen soll durch die materiellen Auslagerungsvoraussetzungen des § 25a Abs. 2 Satz 1 KWG und des § 33 Abs. 2 Satz 1 WpHG Rechnung getragen werden, die keinen anderen als diesen Zweck verfolgen.[23]

---

20 Zum Verhältnis des § 91 Abs. 2 AktG zu den Organisationspflichten nach § 25a Abs. 1 KWG siehe *Endres*, ZHR 163 (1999), 441, 452 und *Eyles*, WM 2000, 1217, 1227; zu den gesellschaftsrechtlichen Fragestellungen des Outsourcing siehe die Ausführungen von *Mülbert* in diesem Band, S. 3 ff.

21 Zutreffend im Ergebnis, wenngleich nicht in der Begründung *BAKred*, Schreiben vom 29. September 1997 – V 1/2 – 17/97, abgedr. in *Consbruch/Möller/Bähre/Schneider* (Fn. 5), Nr. 10.61; *Beckmann*, in: *Beckmann/Scholz*, Investment, Ergänzbares Handbuch für das gesamte Investmentwesen, 37. Ergänzungslieferung September 2000, § 10 KAGG Rdn. 2; *Eyles*, WM 2000, 1217, 1225; a. A. *Baur*, Investmentgesetze, I. Teilband, 2. Aufl. 1997, § 10 KAGG Rdn. 9.

22 Siehe dazu die Übersicht bei *Eyles*, WM 2000, 1217, 1226 Fn. 49 und 50.

23 Regierungsbegründung zu § 25a Abs. 2 KWG, abgedr. in *Beck/Samm* (Fn. 9), Band 2, M 21 a, S. 69 = BT-Drucksache 13/7142, S. 88 und – zu § 33 Abs. 2 WpHG – S. 109; *Samm*, in: *Beck/Samm* (Fn. 9), Band 1, § 25a KWG Rdn. 20; *Braun*, in: *Boos/Fischer/Schulte-Mattler* (Fn. 3), § 25a KWG Rdn. 150.

Es gibt keine einzige in § 25a Abs. 1 KWG oder § 33 Abs. 1 WpHG angesiedelte Organisationsverpflichtung, die nicht auch von § 25a Abs. 2 KWG bzw. § 33 Abs. 2 WpHG erfaßt wird.

3. Nicht auslagerungsfähige Teilakte von beaufsichtigten Geschäften und Dienstleistungen, die in den Kernbereich fallen bzw. nicht delegierbare Führungs- und Leitungsaufgaben der Geschäftsleitung sind

Kontrovers diskutiert wird die Auslagerung von Teilakten beaufsichtigter Geschäfte, für die das Gesetz keine ausdrücklich formulierten Auslagerungsverbote begründet, die aber nach der Aufsichtspraxis des BAKred und der Deutschen Bundesbank einem generellen Auslagerungsverbot unterliegen, weil sie dem Kernbereich der beaufsichtigten Geschäfte und Dienstleistungen zuzuordnen sein sollen. Die Kategorie der nicht auslagerungsfähigen Kernbereiche von erlaubnispflichtigen (Bank-)Geschäften wurde vom BAKred bereits vor Inkrafttreten des § 25a Abs. 2 KWG und des § 33 Abs. 2 WpHG anhand der bereits in anderem Zusammenhang angesprochenen unzulässigen Auslagerung des Fondsmanagements einer Kapitalanlagegesellschaft auf einen Anlageausschuß oder eine Asset Management Gesellschaft geprägt.[24] Daß solche Auslagerungen aufsichtsrechtlich unzulässig sind, beruht indes – wie in Abschnitt II. 2. ausgeführt wurde – auf der zwingenden gesetzlichen Regelung des § 10 Abs. 1 KAGG, die ein eigenhändiges Fondsmanagement durch die Kapitalanlagegesellschaft – bis hin zur eigenhändigen Stimmrechtsausübung aus Aktien des Fondsvermögens (§ 10 Abs. 1 Satz 3 KAGG) – vorschreibt.[25] Es handelt sich hier also um eine Fallgestaltung eines ausdrücklichen gesetzlichen Auslagerungsverbotes, so daß es der Heranziehung eines imaginären Kernbereiches nicht auslagerungsfähiger bankbetrieblicher Funktionen gar nicht bedurft hätte. Nachdem das BAKred im Investmentrecht diesen Grundstein gelegt hatte, wurde die Rechtsfigur des Kernbereichs von Bankgeschäften verallgemeinert und in

---

24 *BAKred*, Schreiben vom 29. September 1997 – V 1/2 – 17/97, abgedr. in *Consbruch/Möller/Bähre/Schneider* (Fn. 5), Nr. 10.61; gleiche Ansicht *Beckmann*, in: *Beckmann/Scholz* (Fn. 21); a. A. *Baur*, Investmentgesetze (Fn. 21), § 10 KAGG Rdn. 9.

25 *Eyles*, WM 2000, 1217, 1225.

den Rs.-E 1998 übernommen.[26] Der Kernbereich wurde dabei vom BAKred als tangiert angesehen, wenn dem Auslagerungsunternehmen bei den ausgelagerten Tätigkeiten ein eigener Entscheidungs- oder Ermessensspielraum verblieb, was zur Folge hatte, daß jedwede rechtsgeschäftliche Willenserklärung einer Auslagerung generell entzogen und das Letztentscheidungsrecht über vertragliche Bindungen als originäre, nicht auslagerbare Geschäftsleiteraufgabe behandelt wurde. Diese restriktive Haltung, die das BAKred stets aus der im KWG angelegten Alleinverantwortlichkeit von Geschäftsleitern eines Instituts und vor allem aus den Organisationspflichten gemäß § 25a Abs. 1 KWG sowie seinen zahlreichen vor und nach Inkrafttreten dieser Vorschrift erlassenen Verwaltungsvorschriften[27] herleitet, wurde von den Spitzenverbänden der Kreditwirtschaft in ihren Stellungnahmen zum Rs.-E 1998 bemängelt.

Der Rs.-E 2000 hat gegenüber dem Rs.-E 1998 für die betroffenen Institute zwar unter dem Strich eine Vielzahl von Erleichterungen gebracht, wie z. B. die Ausklammerung von Auslagerungsprozessen zwischen Stammhaus und Zweigniederlassung und von Hilfsfunktionen wie der externen Rechtsberatung oder Inkassotätigkeit aus dem Anwendungsbereich des § 25a Abs. 2 KWG. In der hier behandelten Frage der Auslagerung von Teilakten erlaubnispflichtiger Geschäfte und Dienstleistungen, die nach der Aufsichtspraxis in einen der Auslagerung generell entzogenen Kernbereich bankbetrieblicher Funktionen fallen sollen, erweist sich der Rs.-E 2000 indes als „Mogelpackung“: Im Rs.-E 2000 heißt es zwar, daß zentrale Führungs- und Leitungsaufgaben[28] nicht auslagerbar, andere Tätigkeitsbereiche eines Instituts aber stets bei Einhaltung der materiellen Voraussetzungen des § 25a Abs. 2 KWG auslagerungsfähig seien.[29] Was den Instituten jedoch mit der einen Hand gegeben wird, wird ihnen mit der anderen wieder genommen:

---

26 *BAKred*, Rs.-E 1998, sub IV. (S. 5) und Anlage; im Ergebnis zustimmend *Nirk*, Das Kreditwesengesetz, 11. Aufl. 1999, S. 75 ff.; *Zerwas/Hanten*, WM 1998, 1110, 1113 und – zu § 33 Abs. 2 WpHG – *Schlüter*, Wertpapierhandelsrecht, 2000, F Rdn. 56.

27 Siehe die Übersicht bei *Eyles*, WM 2000, 1217, 1226 Fn. 49.

28 In erster Linie Entscheidungen über die Unternehmenspolitik und den Einsatz und die Koordinierung der Unternehmensressourcen als originäre Leitungsaufgaben der Geschäftsleiter sowie allgemeine Weisungen und Entscheidungen im Rahmen der Konzernsteuerung und Konzernüberwachung für nachgeordnete Institute.

29 *BAKred*, Rs.-E 2000, Tz. 13, 14.

Denn im gleichen Atemzug werden – soweit es um die Auslagerung von Teilakten von Bankgeschäften und Finanzdienstleistungen geht – Entscheidungen über die Begründung neuer und die Veränderung bestehender bank- und finanzdienstleistungspezifischer Risiken[30] generell als nicht auslagerungsfähig angesehen.[31] Damit ist – nicht weniger restriktiv als in den Vorgängerentwürfen des Rs.-E 2000 – der gesamte rechtsgeschäftlich relevante Bereich der beaufsichtigten Geschäfte und Dienstleistungen und die Delegation von hierauf bezogenen Entscheidungskompetenzen einer Auslagerung generell entzogen.[32] Der Rs.-E 2000 ist insoweit lediglich diplomatischer formuliert als seine Vorgängerentwürfe und erwähnt die nicht auslagerbaren Kernbereiche von Bankgeschäften und Finanzdienstleistungen mit keiner Silbe. Formulierungen der Vorgängerentwürfe, die sich als Reibungsflächen in der Diskussion mit den Spitzenverbänden der Kreditwirtschaft erwiesen hatten, wurden gestrichen, wobei aber eine Klarstellung unterblieb, wie die in den gestrichenen Passagen ursprünglich behandelten Fallgestaltungen künftig in der Aufsichtspraxis zu behandeln sind.[33] Der Rs.-E 2000 vermeidet präzise Festlegungen und präkludiert das BAKred nicht hinsichtlich künftiger Restriktionen im Bereich des § 25a Abs. 2 KWG. Interessant ist nicht das, was im Rs.-E 2000 steht, sondern das, was aus ihm herausgestrichen wurde. Beim Rs.-E 1998 war das Glas halb leer, beim Rs.-E 2000 ist es halb voll.

---

30 Fraglich ist, ob hierunter auch die Minimierung von Risiken, insbesondere eine ablehnende Kreditentscheidung nach einer negativ ausgegangenen (ausgelagerten) Bonitätsprüfung fällt.

31 *BAKred*, Rs.-E 2000, Tz. 16.

32 Ausgenommen ist die vor Vertragsschluß liegende Vertragsanbahnungsphase (und damit jegliche Vermittlertätigkeit), da in der Vertragsanbahnungsphase im Regelfall keine typischen bank- und finanzdienstleistungsspezifischen Risiken begründet oder verändert werden.

33 Lediglich im Falle der Kreditvergabeentscheidung durch Kreditvermittler aufgrund eigener Prüfung bleibt es vorerst wohl noch bei Ziffer II. 1. der Verlautbarung des *BAKred* vom 24. August 1979 zur Auszahlung von Krediten durch Kreditinstituten über Kreditvermittler – I 5 – 211-3/76, abgedr. in *Consbruch/Möller/Bähre/Schneider* (Fn. 5), Nr. 4.171 a); *BAKred*, Rs.-E 1998, sub IV. (S. 6) sah vor, daß diese Verlautbarung insoweit gegenstandslos wird.

4. *Verbot der Auslagerung nach § 32 Abs. 1 Satz 1 KWG erlaubnispflichtiger Tätigkeiten auf Nichtinstitute*

Der Rs.-E 2000 befaßt sich erstmals mit dem Fall, daß die ausgelagerte Tätigkeit nach § 32 Abs. 1 Satz 1 KWG erlaubnispflichtig ist. Das BAKred fordert in diesem Fall, daß das Auslagerungsunternehmen ein lizenziertes Institut ist, dessen Erlaubnis die ausgelagerten Tätigkeiten materiell abdeckt.[34] Auf den ersten Blick läuft dies auf ein generelles Verbot der Auslagerung erlaubnispflichtiger Tätigkeiten auf Nichtbanken hinaus. Hier wird über das Ziel hinausgeschossen.

Zunächst handelt es sich um ein Scheinproblem. Denn da einzelne Teilakte von Bankgeschäften und Finanzdienstleistung im Regelfall nicht nach § 32 Abs. 1 Satz 1 KWG erlaubnispflichtig sind, liefe eine Auslagerung erlaubnispflichtiger Bankgeschäfte und Finanzdienstleistungen im Regelfall auf eine Totalauslagerung von Bankgeschäften und Finanzdienstleistungen hinaus. In diesen Fallgestaltungen nimmt das BAKred aber selbst – zumindest außerhalb des § 2 Abs. 10 KWG – ein generelles Auslagerungsverbot an. Praktische Bedeutung könnte der Rs.-E 2000 insoweit allenfalls für die in Abschnitt II. 1. behandelte Fallgestaltung haben, in der ein Institut einzelne, nicht den Schwerpunkt seiner gesamten Geschäftstätigkeit bildende Bankgeschäfte oder Finanzdienstleistungen (bzw. Wertpapierdienstleistungen oder Wertpapiernebendienstleistungen) komplett auf ein anderes Unternehmen auslagert (z. B. Auslagerung des Sortengeschäfts eines Einlagenkreditinstituts auf ein anderes Unternehmen).

Selbst in diesen Fallgestaltungen ist das Postulat einer Institutseigenschaft des Auslagerungsunternehmens nicht haltbar. Eine unter § 25a Abs. 2 KWG bzw. § 33 Abs. 2 WpHG fallende Auslagerung ist durch einen *Fremdbezug von Dienstleistungen* geprägt. Dies bedeutet, daß Auslagerungsunternehmen *rein fremdbestimmt* tätig werden und die ihm übertragenen Geschäfte und Dienstleistungen nicht für eigene, sondern für fremde Rechnung betreiben bzw. erbringen. Die ausgelagerten Tätigkeiten sind deshalb bankaufsichtsrechtlich ausschließlich den auslagernden Instituten und nicht den Auslagerungsunternehmen zuzurechnen. Die auslagernden Institute betreiben diese Geschäfte und erbringen diese Dienstleistungen für eigene Rechnung, wobei ihre Geschäftsleiter für die Einhaltung der organisatorischen Mindestanfor-

34 Vgl. *BAKred*, Rs.-E 2000, Tz. 9.

derungen gemäß § 25a Abs. 1 KWG bzw. § 33 Abs. 1 WpHG und der Verwaltungsvorschriften des BAKred bzw. des BAWe allein verantwortlich bleiben.

Das Auslagerungsunternehmen betreibt sonach – wenn überhaupt – Bankgeschäfte bzw. erbringt Finanzdienstleistungen *ausschließlich für fremde Rechnung*. Eine Bankerlaubnis ist nach der Konzeption des KWG lediglich dann erforderlich, wenn die Bankgeschäfte bzw. Finanzdienstleistungen für eigene Rechnung betrieben bzw. erbracht werden. Die einzige Ausnahme von diesem Grundsatz sind Institute in der Rechtsform der Kommanditgesellschaft, deren einziger persönlich haftender Gesellschafter eine juristische Person ist: Hier wird – weil die Kommanditgesellschaft wegen des gesellschaftsrechtlichen Alleinvertretungsrechts des Komplementärs (§§ 161 Abs. 2, 164, 170, 114 ff., 125 HGB) keine eigenen Geschäftsleiter im Sinne des § 1 Abs. 2 KWG hat, der juristischen Person die Erlaubnis erteilt, Bankgeschäfte (mit Ausnahme des Investmentgeschäfts) oder Finanzdienstleistungen *für Rechnung der Kommanditgesellschaft* zu betreiben bzw. erbringen.[35]

Hinzu kommt, daß bei grenzüberschreitenden Auslagerungsprozessen die vom Auslagerungsunternehmen erbrachten Tätigkeiten nach dem Recht seines Sitzstaates nicht unbedingt eine Erlaubnispflicht auslösen müssen. Eine Beibringung der vom BAKred geforderten Bankerlaubnis wäre hier unmöglich.

Für eine Erlaubnis des Auslagerungsunternehmens besteht kein bankaufsichtsrechtliches Bedürfnis. Wenn die materiellen Auslagerungsvoraussetzungen des § 25a Abs. 2 Satz 1 KWG eingehalten sind, darf die Auslagerung fremdbestimmt wahrgenommener Bankgeschäfte und Finanzdienstleistungen auch auf ein nicht beaufsichtigtes Unternehmen erfolgen.

---

35 *Szagunn/Haug/Ergenzinger*, Gesetz über das Kreditwesen, 6. Aufl. 1997, § 32 KWG Rdn. 6; siehe auch *Bähre/Schneider*, KWG-Kommentar, 3. Aufl. 1986, § 32 KWG Anm. 2; *Fischer*, in: *Boos/Fischer/Schulte-Mattler* (Fn. 3), § 32 KWG Rdn. 18; *Becker/Lehnhoff/Mielk/Görtz*, in: *Reischauer /Kleinhans*, Kreditwesengesetz (KWG), Kommentar, Ergänzungslieferung 4/00 August 2000, § 32 Anm. 9, 11. Bei der Kommanditgesellschaft auf Aktien ist hingegen nach der Aufsichtspraxis des BAKred ausschließlich die rechtsfähige (§ 278 Abs. 1 AktG) Kapitalgesellschaft selbst – nicht hingegen ihr Komplementär – Träger der Erlaubnis, vgl. *Bähre/Schneider* (Fn. 5), § 32 KWG Anm. 2; a. A. *Schork*, Gesetz über das Kreditwesen, Kommentar, 5. Ergänzungslieferung März 1983, § 32 KWG Rdn. 11.

III. Auslagerung von wesentlichen Hilfsfunktionen

Im Bereich der Auslagerung von wesentlichen Hilfsfunktionen ist das BAKred seit dem Rs.-E 1998 – sieht man einmal von den wenig problematischen Fällen einer Auslagerung der Rechtsberatung oder der Inkassotätigkeit ab – restriktiver geworden. Diese Verschärfung vollzog sich in mehreren Etappen und zum Teil auch außerhalb des Rs.-E 2000.

Nach dem Rs.-E 1998 war allenfalls das strategische Controlling, das möglicherweise bereits nach gesellschaftsrechtlichen Grundsätzen gar nicht auslagerungsfähig wäre, einer Auslagerung generell entzogen.[36] Hinzu trat Ziffer 34 der Geldwäscheverlautbarung für Kreditinstitute,[37] die die Auslagerung der wesentlichsten Kernfunktionen des Geldwäschebeauftragten eines Kreditinstituts generell ausschloß.[38]

Anfang 2000 ist für Kreditinstitute (nicht für Finanzdienstleistungsinstitute) ein grundsätzliches Verbot der Auslagerung der Internen Revision hinzugekommen,[39] obwohl der Gesetzgeber noch in der Regierungsbegründung zu § 25a KWG die Interne Revision als dem Grunde nach auslagerungsfähige wesentliche Hilfsfunktion angesehen hatte.[40] Durch den Rs.-E 2000 wird dieses generelle Verbot der Auslagerung der Internen Revision

---

36 *BAKred*, Rs.-E 1998, sub III. (S. 4, Fn. 2); siehe nunmehr *BAKred*, Rs.-E 2000, Tz. 22.

37 *BAKred*, Verlautbarung über Maßnahmen der Kreditinstitute zur Bekämpfung und Verhinderung der Geldwäsche in der Änderungsfassung vom 8. November 1998 zu *BAKred*, Rundschreiben 5/98 vom 24. April 1998 – Z 5 – E 100, abgedr. in *Consbruch/Möller/Bähre/Schneider* (Fn. 5), Nr. 11.01 a).

38 Auslagerungsfähig sind nur die Bearbeitung und Weiterleitung von Verdachtsmeldungen, die Entwicklung, Modifizierung und Durchführung interner Verfahren und die Schulung und Unterrichtung von Beschäftigten. Einzelheiten zur Auslagerung von Funktionen im Bereich der Bekämpfung und Verhinderung von Geldwäsche bei *Findeisen*, WM 2000, 1234 ff.

39 *BAKred*, Rundschreiben 1/2000 vom 17. Januar 2000 zu den Mindestanforderungen an die Ausgestaltung der Internen Revision der Kreditinstitute – I 4-42-5/97, http://www.bakred.de/texte/rundschr/rs01_00.htm, Tz. 39–46 = *Consbruch/Möller/Bähre/Schneider* (Fn. 5), Nr. 4.325; zu Sonderfällen siehe *Eyles*, WM 2000, 2017, 2019 (Fn. 13) und 1228 f. Ausnahme: kleine Institute und Neugründungen innerhalb der ersten zwei Jahre. Eine inländische Konzernrevisionsabteilung kann grundsätzlich nur zusätzliche, aber nicht ersetzende Funktionen wahrnehmen. Offen bleibt, was *kleine* Kreditinstitute sind.

40 Regierungsbegründung zu § 25a Abs. 2 KWG, abgedr. in *Beck/Samm* (Fn. 9), Band 2, M 21 a, S. 69 = BT-Drucksache 13/7142, S. 88.

auf Finanzdienstleistungsinstitute ausgeweitet.[41] Durch den Rs.-E 2000 wird der Bereich nicht auslagerungsfähiger wesentlicher Hilfsfunktionen zudem weiter ausgedehnt. Nicht auslagerungsfähig sollen die laufenden internen Kontrollverfahren und wesentliche Elemente des Kontrollapparats sein.[42]

IV. Kritik

Außerhalb ausdrücklich formulierter gesetzlicher Auslagerungsverbote gibt es – entgegen der Aufsichtspraxis des BAKred – keine der Auslagerung generell entzogenen Kernbereiche von beaufsichtigten Geschäften und Dienstleistungen und auch keine zentralen, nicht delegierbaren Führungs- und Leitungsaufgaben der Geschäftsleitung. Vielmehr ist jede Auslagerung ausschließlich an den materiellen Auslagerungsvoraussetzungen des § 25a Abs. 2 Abs. 1 KWG und gegebenenfalls des § 33 Abs. 2 Satz 1 WpHG zu messen. Ob diese Vorgaben eingehalten werden, bleibt einer Überprüfung im Einzelfall vorbehalten. Für ein generelles Auslagerungsverbot besteht keine rechtliche Grundlage.[43] In der anläßlich des Bankrechtstages 2000 publizierten Abhandlung habe ich diese Auffassung eingehend begründet; zwecks Vermeidung von Wiederholungen wird auf diese Ausführungen verwiesen.[44] Hinzu kommen noch folgende Erwägungen:

Das geltende deutsche und europäische Bankaufsichtsrecht geht von der Möglichkeit einer weitgehenden Funktionsaufteilung in Bankkonzernen aus, wie sich aus § 53 Abs. 7 KWG und der zugrundeliegenden Regelung von Art. 18 Abs. 2 der 2. Bankrechtskoordinierungsrichtlinie (2. BKRL)[45] ergibt.

---

41 *BAKred*, Rs.-E 2000, Tz. 20.

42 *BAKred*, Rs.-E 2000, Tz. 19, 21.

43 Siehe bereits *Eyles*, WM 2000, 1217, 1226; ebenso *Baums/Steck*, WM 1998, 2261, 2264 f.; *Braun*, in: *Boos/Fischer/Schulte-Mattler* (Fn. 3), § 25a KWG Rdn. 175; *Marwede*, in: *Boos/Fischer/Schulte-Mattler* (Fn. 3), § 53 KWG Rdn. 35.

44 Siehe ausführlich *Eyles*, WM 2000, 1217, 1225–1227.

45 Zweite Richtlinie des Rates zur Koordinierung der Rechts- und Verwaltungsvorschriften über die Aufnahme und Ausübung der Tätigkeit der Kreditinstitute und zur Änderung der Richtlinie 77/780/EWG vom 15. Dezember 1989 (89/646/EWG), ABl. EG vom 30. Dezember 1989 Nr. L 386/1; zuletzt geändert durch Berichtigung der Zweiten Richtlinie 89/646/EWG, ABl. EG vom 10. Dezember 1998 Nr. L 335/1 = *Consbruch/Möller/Bähre/Schneider* (Fn. 5), Nr. 22.13.

Ein Einlagenkreditinstitut kann eine Vielzahl nachgeordneter Nichtbank-Tochterunternehmen haben, von denen jedes nur einer einzigen der im Anhang zur 2. BKRL genannten Tätigkeiten nachgeht. Gleichwohl gelangen diese Nichtbanken unter bestimmten Voraussetzungen in den Genuß des europäischen Passes. Dabei wird nicht danach differenziert, wie es zu dieser Funktionsaufteilung unter den Konzerngesellschaften gekommen ist (durch gesellschaftsrechtliche Ausgliederungen oder aufgrund schuldrechtlicher Auslagerungsverträge). Wenn hier eine Privilegierung durch Gewährung des europäischen Passes möglich ist, kann es nicht sein, daß diese durch die Annahme eines generellen Auslagerungsverbotes konterkariert wird.

Im Rs.-E 2000 ist ein gravierender Konstruktionsfehler angelegt, der bei der Beurteilung der Auslagerungsfähigkeit von Teilakten von beaufsichtigten Geschäften und Dienstleistungen zu einer grundlegend falschen Weichenstellung führt. Einerseits geht das BAKred im Rs.-E 2000 zutreffend davon aus, daß die nach § 25a Abs. 2 KWG erforderliche *Wesentlichkeit* der ausgelagerten Bereiche voraussetzt, daß die Teilakte „bankaufsichtsrechtlich relevante Risiken, insbesondere Markt-, Kredit-, Ausfall-, Abwicklungs-, Liquiditäts-, aber auch Reputationsrisiken sowie operationelle und rechtliche Risiken für das Institut begründen oder sie nachhaltig beeinflussen."[46] An anderer Stelle werden jedoch „Entscheidungen über die Begründung neuer und Veränderung bestehender bank- und finanzdienstleistungsspezifischer Risiken" generell als nicht auslagerungsfähig angesehen.[47] Damit hat das BAKred einen sehr schmalen Anwendungsbereich des § 25a Abs. 2 KWG vorgezeichnet: Tätigkeiten ohne bank- oder finanzdienstleistungsspezifische Risiken werden von der Vorschrift nicht erfaßt, während Entscheidungen, die solche Risiken begründen oder erhöhen, generell nicht auslagerungsfähig sein sollen (und deshalb nach Ansicht des BAKred ebenfalls nicht unter § 25a Abs. 2 KWG fallen). Anwendbar bliebe § 25a Abs. 2 KWG danach nur bei der Auslagerung risikobegründender und risikoerhöhender Tätigkeiten, die nicht als *Entscheidungen* eingeordnet werden können. Angesichts der ausschließlichen Zielsetzung des § 25a Abs. 2 KWG, bank- und finanzdienstleistungsspezifische Risiken zu begrenzen und zu kontrollieren, leuchtet nicht ein, warum solche Risiken, wenn sie auf Entscheidungen beruhen, im Hinblick auf Auslagerungen anders behandelt werden sollen als wenn sie

46 *BAKred*, Rs.-E 2000, Tz. 10.
47 *BAKred*, Rs.-E 2000, Tz. 16.

auf anderen Handlungen beruhen. Der Auslagerung von Entscheidungsprozessen als solchen kann insoweit neben der Risikobegründung und der Risikominimierung keine eigenständige Bedeutung im Rahmen der gesetzlichen Auslagerungsvorschriften zukommen.

Wenn ein Institut die Tätigkeiten in Bereichen, die für die Durchführung beaufsichtigter Geschäfte und Dienstleistungen wesentlich sind, mit eigenen Sachmitteln und vor allem mit eigenem Personal durchführte, würde es sich um das Gegenteil einer Auslagerung im Sinne von § 25a Abs. 2 KWG und § 33 Abs. 2 WpHG handeln. Die Durchführung beaufsichtigter Geschäfte und Dienstleistungen mit eigenen Sachmitteln und vor allem mit eigenen Arbeitnehmern ist indes kein Wert an sich, der die Annahme nicht auslagerungsfähiger Kernbereichstätigkeiten rechtfertigte. Die Geschäftsleitung eines Instituts ist auch ohne Auslagerung auf die Einschaltung zwischengeschalteter Entscheidungsträger angewiesen, die überwacht werden müssen. Kein Geschäftsleiter einer Bank befindet persönlich über die Gewährung eines Ratenkredits an einen Privatkunden. Der vom BAKred geforderten Erledigung von bankbetrieblichen Kernbereichstätigkeiten durch eigenes Personal des Instituts liegt zudem die Fehlvorstellung zugrunde, daß ein Arbeitsvertrag mit einem Mitarbeiter (in Kombination mit den kollektivarbeitsrechtlichen Arbeitsschutzregeln) für die Geschäftsleiter eines Instituts ein tauglicheres Führungs-, Steuerungs- und Kontrollinstrument ist als ein *lege artis* konzipierter Geschäftsbesorgungsvertrag mit strengen Zusicherungen, Gewährleistungen und Verhaltenspflichten des Auslagerungsunternehmens, Vertragsstrafeversprechen und Beweislastumkehr.

II. Abteilung:
Outsourcing in Österreich und in der Schweiz; Datenschutz

Leitung: *Professor Dr. Helmut Koziol*

Universität Wien, Mitglied des Vorstands der Österreichischen Bankwissenschaftlichen Gesellschaft

Rechtliche Aspekte der Funktionsauslagerung bei Kreditinstituten in Österreich

Dr. Fritz Sommer, Chefsyndikus der Raiffeisen Zentralbank Österreich AG, Wien

I. Einleitung

1. Einführung ins Thema

Meine sehr verehrten Damen und Herren, gestatten Sie mir, die Einführung ins Thema dieses juridischen Vortrages zweifach ungewöhnlich zu beginnen; einerseits mit einer historischen Anekdote – andererseits mit einem Zitat des streitbaren Journalisten und Sprachpuristen Karl Kraus.

Wenn Sie erlauben, beginnen wir mit der Anekdote, die zum Teil in diesem Haus ihren Schauplatz hatte.

Eines Tages um die Jahrhundertwende – wohlgemerkt derjenigen vom 19. auf das 20. Jahrhundert – sollen sich unter Führung des Ministers des Äußeren – eines Herrn Baron Aehrental – einige Herren ein paar Häuser weiter von hier am Ballhausplatz ihre Köpfe darüber zerbrochen haben, wie es mit diesem Land angesichts der drohenden kommunistischen Weltrevolution weitergehen soll; es muß wahrscheinlich so um 1905 nach der

Niederschlagung der russischen Aufstände im Anschluß an den verlorenen japanischen Krieg gewesen sein. Anläßlich dieser sicherlich sehr tiefschürfenden Betrachtungen der Welt durch österreichische Beamtenbrillen soll folgender Satz gefallen sein:

> „Ich bitt' Sie, meine Herren, wer soll die Weltrevolution denn machen – vielleicht der Herr Bronstein, der täglich im Cafe Central herumlungert und dort Schach spielt!"

Herr Bronstein alias Trotzky hat einige Jahre später seinen Traum einer Weltrevolution zum Teil erfolgreich umgesetzt. Das Ergebnis – nämlich die Sowjetunion – gibt es allerdings nicht mehr. Das Cafe Central hingegen gibt es immer noch; es befindet sich in diesem Gebäude direkt unter uns.

Inwieweit zwischen dem genius loci und unserem Thema Beziehungen herzustellen sind, dürfen wir in gespannter Erwartung der Diskussion überlassen.

Noch kurz – quasi als sprachlichen Einstieg ins Thema – zu Karl Kraus und zu einem seiner Aussprüche. Karl Kraus soll gesagt haben: Das, was Deutsche und Österreicher trennt (damals gab es ja noch keine EU-Sanktionen – aus heutiger Sicht würde Karl Kraus natürlich auch die EU-Sanktionen hinzufügen – also noch einmal Karl Kraus im Originalzitat:

> „Das, was Deutsche und Österreicher trennt, ist die gemeinsame Sprache."

Angesichts der ständigen – ob immer unbedingt notwendigen, sei dahingestellt – also angesichts der ständigen und gemeinsamen Übernahme englischsprachiger Ausdrücke ist man versucht, Karl Kraus zu korrigieren: Diese unsere gemeinsame, gleichzeitige und parallele Übernahme von englischen Ausdrücken hat zumindest die Auswirkung, dem Trennenden in der täglichen Ausübung der deutschen Sprache Gemeinsamkeiten – gemeinsame Ausdrücke mit gleichem oder ähnlichem Inhalt – gegenüberzustellen, womit wir, meine sehr verehrten Damen und Herren, nach dieser gerade auch für Juristen nützlichen kurzen sprachlichen Betrachtung letztendlich beim Thema des Vortrags angelangt wären: Dem „Outsourcing", dem „Insourcing", dem „Outsourcer" und dem „Out- bzw. Ingesourcten". Oder die korrespondierenden Begriffe in unserer Muttersprache: „Auslagern", „Auslagerung", „Auslagerungsverträge", „ausgelagerte Dienstleistungen".

2. *Kernfrage und Begriffsbestimmungen*

Als Zeichen unserer österreichischen – vor allem im EU-Ausland nicht immer geglaubten – Aufgeschlossenheit allem Ausländischen gegenüber werde ich die Begriffe „Outsourcing“ und „Auslagern“ sowie die entsprechenden Derivate gleichrangig und gleichwertig in diesem Vortrag verwenden.

Der Begriff „Outsourcing“ wird in unseren beiden Ländern verwendet – sein Inhalt ist im wesentlichen identisch: Er beschreibt einen auf den ersten Blick auch den für Juristen einsehbaren, weil einfachen betriebswirtschaftlichen Vorgang: Man produziert und dienstleistet nicht selbst, sondern gibt Teile hiervon im Innenverhältnis zur Gänze oder teilweise an Dritte weiter, wobei diese Dritte Tochtergesellschaften, Beteiligungsunternehmen, Konzerngesellschaften oder auch gänzlich Fremdunternehmen sein können.

Auch Banken haben erkannt, daß man in der Welt der Arbeitsteilung nicht alles kostengünstig im eigenen Haus produzieren muß und kann, sondern daß es andere Unternehmen gibt, die gewisse Teile unserer Dienstleistungskette kostengünstiger und/oder in besserer Qualität herstellen können.

Die betriebswirtschaftlichen Schlagworte sind bekannt; ich darf sie kurz wiederholen: Fertigungstiefe reduzieren – die Arbeitsteilung nutzen, um besser, schneller und kostengünstiger produzieren und dienstleisten zu können; die Fixkosten werden zu variablen Kosten – durch eine Bündelung einer Vielzahl gleichartiger Tätigkeiten entstehen Economies of Scale – auf deutsch: Grenzkostenvorteile.

Auch die einzelnen betriebswirtschaftlichen Kandidaten einer Auslagerung liegen auf der Hand: Es sind dies vornehmlich Bereiche des Zahlungsverkehrs, der EDV, der Depotverwaltung, der Vermögensverwaltung, der Wertpapierabwicklung etc.

Dann, wenn man sich mit dem Thema näher befaßt, denkt man unwillkürlich an die historische Anekdote von vorhin – und zwar in dem Sinn, ob hier nicht eine zumindest kleine Revolution unseres Universalbankgeschäftes steckt.

Sehr überspitzt könnte folgendes Bild – oder besser gesagt: Vision – ob Horror oder nicht, ist dem Gustium jedes einzelnen überlassen – könnte also folgendes Bild als Erklärungsmuster herhalten:

Die verschiedensten Glieder eines Bankgeschäftes in seiner jeweiligen aufbau- und ablauforganisatorischen Ausgestaltung werden zerlegt und dann – quasi wie bei einem Puzzle – wieder zu einem neuen Bild der gesamten Bankenlandschaft zusammengesetzt. Dies ist aus heutiger österreichischer Sicht sicherlich übertrieben – aber es ist nicht auszuschließen, daß die Reise in diese Richtung gehen könnte.

Das Outsourcing ruft natürlich viele Rechtsgebiete auf den Plan: Beispielsweise:

- Das Arbeitsrecht,
- das Datenschutzrecht,
- das Konzernrecht,
- das Zivilrecht (insbesondere in den Bereichen Geschäftsbesorgung, Schadenersatz),
- das Kartellrecht

All diesen Rechtsgebieten vorgelagert ist jedoch die Frage, ob – und wenn ja, unter welchen Voraussetzungen – konzessionsrechtlich eine Auslagerung von Bankdienstleistungen in Teilen oder im gesamten an Dritte zulässig ist – diese Kernfrage ist für Kreditinstitute in Österreich primär auf Basis des Bankwesengesetzes zu entscheiden; ihr sind die folgenden Ausführungen[1] gewidmet.

Ich darf mit einem Überblick über die österreichische Rechtslage beginnen:

II. Überblick über die österreichische Rechtslage

1. BWG – eine erste Grobanalyse

Ein erster Blick in das BWG ergibt: Wir haben zum Outsourcing keine positiv rechtliche Norm. Dies im Gegensatz zu Deutschland, wo es § 25a

1 In Österreich reden wir vom Bankwesengesetz (im folgenden „BWG"); in Deutschland gibt es das Kreditwesengesetz (im folgenden „KWG"). Bankgeschäftliche Tätigkeit: Wann immer von bankgeschäftlicher Tätigkeit die Rede ist, werde ich in der Regel den Begriff so verwenden, daß darunter jede Art. von bankgeschäftlicher Tätigkeit verstanden wird, unabhängig davon, ob diese Tätigkeit einen bloß faktischen oder bloß rechtlichen oder möglicherweise einen eher gemischten Charakter hat.

Abs. 2 KWG gibt – dieser Paragraph behandelt bekanntlich unter der systematisch-programmatischen Überschrift „Besondere organisatorische Pflichten von Instituten“ das Outsourcing mit. Es gibt allerdings im BWG positivrechtliche Bestimmungen, die im gewissen – ich würde einmal sagen „behelfsmäßigen“ Sinn – einschlägig sind.

Ich darf an dieser Stelle die wesentlichen zwei Bestimmungen nennen: die erste ist § 2 Zi 27 BWG – mit seiner Definition von „Bankbezogenen Hilfsdiensten“. Ein Unternehmen erbringt bankbezogene Hilfsleistungen dann, wenn:

> „– dessen Tätigkeit in direkter Verlängerung zur Banktätigkeit steht, oder
> – dessen Haupttätigkeit Immobilienverwaltung, die Verwaltung oder den Betrieb von Rechenzentren oder ähnliche Tätigkeit umfaßt, und die den Charakter einer Hilfsätigkeit im Verhältnis zur Haupttätigkeit eines oder mehrerer Kreditinstitute hat.“

Ein Unternehmen, das bankbezogene Hilfsdienste erbringt, ist – und dies ist die Konsequenz aus diesem Umstand – zu konsolidieren.

Die zweite Bestimmung ist § 39 Abs. 2 BWG; diese Norm legt Kreditinstituten die Pflicht auf,

> „jene Verwaltungs-, Rechnungs- und Kontrollverfahren einzurichten, die für die Erfassung und Beurteilung der bankgeschäftlichen und bankbetrieblichen Risiken des Kreditinstitutes, die weitest mögliche Erfassung und Beurteilung der sich aus neuartigen Geschäften möglicherweise ergebenden Risiken sowie von Risikogleichläufen erforderlich sind.“

Ich darf den ersten Blick ins BWG kurz zusammenfassen wie folgt:

- Es gibt keine direkt positiv rechtliche Regelung zum Outsourcing;
- wohl aber entfernt einschlägige Bestimmungen im Bereich der Konsolidierung und der bankinternen Risikoerfassung bzw. Kontrolle.

Angesichts dieses Zwischenbefundes müßte man daher versuchen, unsere Kernfrage unter Heranziehung dieser entfernt einschlägigen Regelungsansätze sowie der Grundprinzipien des BWG zu lösen. Ich will dies im Abschnitt IV versuchen.

Bevor wir dies tun, würde ich Ihnen gerne Sondergesetze des Bank- aber auch des Versicherungswesens vorstellen, die das Problem Outsourcing in der einen oder in der anderen Form und – wie sich herausstellen wird – einigermaßen unterschiedlich positiv-rechtlich geregelt haben.

Ich darf mit dem Investmentfondsgesetz beginnen.

2. *Investmentfondsgesetz*

In § 1 Abs. 1 Z. 13 BWG ist die Verwaltung von Kapitalanlagefonds als Bankgeschäft vertypt.

Gemäß § 3 Abs. 3 Investmentfondsgesetz ist eine Kapitalanlagegesellschaft berechtigt, sich bei der Verwaltung von Kapitalanlagefonds Dritter zu bedienen und diesen Dritten auch das Recht der Verfügung über die Vermögenswerte zu überlassen; der Dritte handelt hierbei für Rechnung der Anteilinhaber. Die Pflichten der Kapitalanlagegesellschaft werden durch eine solche Auslagerung nicht berührt. Die Kapitalanlagegesellschaft haftet für die Handlungen des Dritten wie für eigenes Handeln.

Beispiel: Eine österreichische Kapitalanlagegesellschaft kann das Management eines ihrer Fonds zur Gänze an Dritte auslagern, der im Namen der Kapitalanlagegesellschaft und auf Rechnung der Anleger die Investmententscheidung trifft.

Folgendes fällt bei dieser sehr großzügigen Regelung auf: Es ist kein Mindeststandard in bezug auf die Qualifikation des externen Fondsmanagers festgelegt; es finden sich keine gesetzlichen Hinweise einer Überprüfungsmöglichkeit seitens der Bankenaufsicht und/oder des Bankprüfers.

Es gibt keine Vorgaben und Mindestbedingungen über die Ausgestaltung des Vertrages zwischen der Kapitalanlagegesellschaft und dem externen Fondsmanager.

Die gesetzliche Ermächtigung, einen externen Fondsmanager zu bestellen, hat im Gesetz keine Grenzziehung, innerhalb derer sich eine Kapitalanlagegesellschaft bei der Verwaltung der Fonds Dritter bedienen darf; theoretisch könnte daher eine Kapitalanlagegesellschaft beschließen, das gesamte Fondsmanagement, d.h. den gesamten Geschäftsbetrieb, das Management des Fonds auszulagern.

Es gibt auch keine ausdrückliche Vorschrift, den Umstand eines externen Fondsmanagements den Anlegern mitzuteilen, geschweige denn, Änderungen im externen Fondsmanagement bekanntzugeben.

Zum besseren Verständnis dieser liberalen Einstellung des österreichischen Gesetzgebers darf ich aus der einschlägigen Regierungsvorlage (EBRV 917, BGBl. Nr. XX GP [zu § 3 Abs. 2 und 3], Seite 11 ff) wie folgt zitieren:

> „Die fortschreitende Spezialisierung im Bereich der Vermögensverwaltung hat schon früh dazu geführt, daß auch Kapitalanlagegesellschaften Dienste von Spezialisten für die Verwaltung von spezifischen Teilen der ihnen anvertrauten Vermögenswerte in Anspruch genommen haben.
>
> Die Zulässigkeit der Inanspruchnahme von Beratungsleistungen ist unbestritten; die zunehmende Beschleunigung der Abwicklung von Finanztransaktionen hat dazu geführt, daß Beratungsdienstleistungen zunehmend nicht mehr systemadäquat sind. In Anbetracht hoher Preisvolatilität in allen Finanzmärkten kann eine Empfehlung des Beraters, die schriftlich übermittelt wird, zum Zeitpunkt des Empfanges und Rückübermittlung der Antwort der Kapitalanlagegesellschaft schon überholt sein. Während dies jedenfalls für Beratungsverhältnisse zwischen verschiedenen Zeitzonen gilt, ist dies zunehmend auch in einem einheitlichen Markt der Fall. Es ist daher, um im Interesse der Anteilsinhaber eine effiziente Beratung sicherzustellen, nötig, auch die Durchführung der Transaktion zeitgleich mit der Empfehlung zu ermöglichen und daher den Berater selbst zur Durchführung zu ermächtigen."

Interessant ist es festzuhalten, daß die Begründung in diesem Fall nicht die Einsparung von Kosten ist, sondern die Bereitstellung von Know-how zum Schutz der Anleger. Auf den Punkt gebracht: Der österreichische Gesetzgeber hat erkannt, daß österreichische Kapitalanlagegesellschaften aufgrund ihrer Kapazitäten, insbesondere im Bereich der Unternehmens- und Marktanalyse immer weniger in der Lage sind – und sein werden – das für Investmententscheidungen – z.B. in japanische Aktien – notwendige Wissen in ausreichendem Umfang vorzuhalten, um im richtigen Augenblick die richtigen Entscheidungen für den Anleger zu treffen.

Das heißt mit anderen Worten: Begründung für die Zulässigkeit der Auslagerung sind nicht Kosten – sondern – etwas überspitzt formuliert – mangelndes Know-how.

Aus deutscher Sicht darf ich zu dieser Frage aus dem Schreiben des BAKred vom 28.9.1997 an den Bundesverband Deutscher Investmentgesellschaften zitieren:

> „Bei KAGen, die in ausländischen Märkten investieren, halte ich es, wenn das vorstehend geschilderte Verfahren nicht praktikabel ist, für zulässig, daß die KAG mit einem fachlich geeigneten Händler vor Ort einen Anstellungsvertrag schließt."

Ich fürchte nur: ein zusätzlicher Händler vor Ort wird das Problem nicht lösen können. Thema ist vielmehr:

- daß die Aufwendungen für Research, Analyse vor Ort an den einzelnen Börsenplätzen der Welt so groß sind, daß sie eben nur dort mit einem riesigen Stab an Analysten unter Verwendung einer exzellenten Datenbank im Sinne der Anleger gemacht werden können;
- daß es daher nicht mit der Anstellung eines Händlers getan ist, sondern daß der Rückgriff auf Research, Know-how, Analyse notwendig ist.

Zuletzt noch kurz ein interessantes Charakteristikum dieser für Österreich liberalen Regelung: Ihr Kern ist die Anordnung der Haftung der Kapitalanlagegesellschaft für die Handlungen des Dritten wie für eigenes Handeln – damit wird sehr viel an regelungspolitischem Zündstoff des Outsourcing vom Gesetzgeber in das Privatrecht hinüber geschoben – so nach dem Motto: Da die Haftung des Ourtsourcers gesetzlich klar festgelegt ist, braucht sich der Gesetzgeber über die näheren Ausgestaltungen des Outsourcing nicht mehr den Kopf zu zerbrechen, geschweige denn diese genauer zu überwachen bzw. zu regeln.

3. *Versicherungsaufsichtsgesetz*

Sedis materiae ist § 17a Versicherungsaufsichtsgesetz. Demnach bedürfen Verträge, durch die wesentliche Teile der Geschäftsgebarung zur Gänze oder in wesentlichem Umfang einem anderen Unternehmen übertragen werden, dann der Genehmigung durch die Versicherungsaufsichtsbehörde, wenn das andere Unternehmen – der Insourcer – nicht im Inland oder in einem anderen Vertragsstaat zum Betrieb der Vertragsversicherung zugelassen ist.

Mit anderen Worten: Nach dem Versicherungsaufsichtsgesetz können wesentliche Teile der Geschäftsgebarung wie z.B. der Vertrieb, die Bestandsverwaltung, die Leistungsverarbeitung, das Rechnungswesen, die Vermögensveranlagung ohne Genehmigung an andere Versicherungsunternehmungen ausgegliedert werden.

Nur dann, wenn die Ausgliederung in ein Unternehmen, das keine Vertragsversicherungskonzession hat, geschehen soll, bedarf diese Ausgliederung der Zustimmung der Versicherungsaufsichtsbehörde. Also: Das Versicherungsaufsichtsgesetz geht relativ pragmatisch an das „Outsourcing" heran.

- Ausgliederung an andere Versicherungsunternehmungen von wesentlichen Teilen der Geschäftsgebarung wie z.B. der Vertrieb, die Bestands-

verwaltung, die Leistungsverarbeitung, das Rechnungswesen, die Vermögensveranlagung sind zulässig, die aufsichtsrechtliche Kontrolle nur im Rahmen der nachprüfenden Aufsicht;
- Ausgliederungen an Nicht-Versicherungsunternehmungen bedürfen der präventiven Vorweg-Bewilligung.

Der Gesetzestext läßt offen, ob auch der gesamte Geschäftsbetrieb ausgelagert werden darf; klar ist aber, daß wesentliche Teile wie z.B. die gesamte Vermögensverwaltung ausgegliedert werden dürfen.

4. *Pensionskassengeschäft*

Das Gesetz definiert in § 1 Abs. 1 PKG eine Pensionskasse als ein Unternehmen, das berechtigt ist, Pensionskassengeschäfte zu betreiben. Nach Abs. 2 der Bestimmung sind Pensionskassengeschäfte Geschäfte eigener Art. und bestehen in der rechtsverbindlichen Zusage von Pensionen an Berechtigte und in der Erbringung von Pensionen an die Leistungsberechtigten sowie in der damit verbundenen Hereinnahme und Veranlagung von Pensionskassenbeiträgen. Mit anderen Worten: Es gibt im Betrieb einer Pensionskasse zwei geschäftliche Kernbereiche: die Hereinnahme und die Veranlagung der Beiträge sowie die Auszahlung der Pensionen.

Es liegt auf der Hand, daß Pensionen nur dann geleistet werden können, wenn das Veranlagungsgeschäft die entsprechenden Erträge und Wertsteigerungen darstellen kann.

In der Praxis entstand sehr bald nach Einführung der Pensionskassen das verständliche Bedürfnis – wenn man an die Ausführungen zum Thema Investmentfondsgesesllschaft denkt – die Vermögensveranlagung durch einen professionellen Dritten – einem Insourcer – erbringen zu lassen.

Es ergab sich daher die Rechtsfrage: Dürfen Pensionskassen das Veranlagungsgeschäft durch Dritte erbringen lassen – dürfen sie das Veranlagungsgeschäft outsourcen? Das Pensionskassengesetz hat dazu keine Regelung. Die herrschende Meinung in Österreich sagt ja – Pensionskassen dürfen ihr gesamtes Veranlagungsgeschäft auslagern, vorausgesetzt der Dritte – der Insourcer – hat die Berechtigung, fremdes Vermögen zu verwalten.

Als Insourcer des Veranlagungsgeschäftes einer Pensionskasse kommen daher im wesentlichen in Betracht: Kreditinstitute, Wertpapierdienstleister, sonstige gewerbliche Vermögensverwalter, andere Pensionskassen, in eingeschränktem Ausmaß Versicherungsunternehmen.

Es besteht darüber hinaus keine Anzeigepflicht gegenüber der Aufsicht bzw. keine Genehmigungspflicht – in diesem Punkt ist das Pensionskassengesetz liberaler als z.B. das WAG, das gemäß § 17a WAG durch die Genehmigungspflicht von Ausgliederungsverträgen deutlich stärker in die Beauftragung externer Unternehmen eingreift. Das Pensionskassengesetz „begnügt" sich hingegen gemäß § 36 Abs. 1 Z. 10 Pensionskassengesetz, damit die Beauftragung eines Depots oder deren Entzug dem Bundesminister für Finanzen anzuzeigen – es beschränkt sich somit darauf, die Verwahrung des Vermögens der Pensionskasse der Aufsicht zu unterwerfen.

5. Wertpapieraufsichtsgesetz

Das Wertpapieraufsichtsgesetz (im folgenden „WAG" genannt) ist unser Gegenstück zum Wertpapierhandelsgesetz; beide Gesetzeswerke schöpfen ihre regulatorischen Weisheiten über weite Strecken aus der ständig sprießenden und sprudelnden Quelle des EU-Sekundärrechtes – im konkreten Fall der ISD-Richtlinie.

Ein Wertpapierdienstleistungsunternehmen betreibt – vereinfacht gesprochen –, wer Finanzinstrumente verwaltet – besser gesagt: vermögensverwaltet oder über das Halten, Kaufen oder Verkaufen von Finanzinstrumenten Ratschläge erteilt oder den An- oder Verkauf von Finanzinstrumenten vermittelt; dies alles natürlich gewerblich, d.h. im Wege der Teilnahme am allgemeinen Wirtschaftsverkehr in der – wie Bankjuristen aus leidvoller Erfahrung wissen, nicht immer leicht verwirklichbaren Absicht – Erträge zu erwirtschaften.

Mit BGBl. 1999 Nr. 63 wurden dem WAG zwei neue Bestimmungen angefügt – nämlich die Ziffern 2a und 2b des § 19 Abs. 1.

Gemäß § 19 Abs. 1 Z. 2 a WAG dürfen natürliche Personen selbständig Wertpapierdienstleistungen im Namen und auf Rechnung z.B. eines Wertpapierdienstleistungsunternehmens erbringen; diese natürlichen Personen brauchen keine Konzession als Wertpapierdienstleister; das outsourcende Wertpapierdienstleistungsunternehmen haftet für das Verschulden des Insourcers wie für sein eigenes.

§ 19 Abs. 1 Z. 2 b WAG sieht über die verwandte – ähnlich liberale – Regelung des Investmentfondsgesetz hinausgehend vor, daß der outsourcende Wertpapierdienstleister bei seiner Aufsichtsbehörde die Genehmigung der Auslagerung von Wertpapierdienstleistungen zu beantragen hat.

Mit Bescheid ist über die Zulässigkeit von Auslagerungen abzusprechen; nach welchen Kriterien derartige Auslagerungen zulässig sind oder nicht, wird im Gesetz nicht näher ausgeführt.

6. PSK-Gesetz

Die Post und Telekom Austria AG (PTA AG) erbringt gemäß § 2 Postsparkassengesetz für die Österreichische Postsparkasse AG (PSK AG) Bankdienstleistungen. § 2 PSK-Gesetz lautet wie folgt:

> „(1) Die Post und Telekom Austria Aktiengesellschaft hat im Namen und auf Rechnung der Österreichischen Postsparkasse Aktiengesellschaft im Postscheck- und Postsparverkehr Einzahlungen entgegenzunehmen und Auszahlungen zu leisten; sie ist mit der Vermittlung und dem Abschluß aller anderen Bankgeschäfte der Österreichischen Postsparkassen Aktiengesellschaft betraut. Die Bestimmungen über die von der Post und Telekom Austria Aktiengesellschaft für die Österreichische Postsparkasse Aktiengesellschaft zu besorgenden Geschäfte sind von der Österreichischen Postsparkasse Aktiengesellschaft mit Zustimmung der Post und Telekom Austria Aktiengesellschaft zu erlassen.
>
> (2) Die Grundsätze der Zusammenarbeit zwischen der Post und Telekom Austria Aktiengesellschaft und der Österreichische Postsparkasse Aktiengesellschaft, insbesondere die für die Leistungen der Post und Telekom Austria Aktiengesellschaft im Sinne des Abs. 1 angemessene Vergütung, sind in einem langfristigen Kooperationsvertrag zwischen den beiden Aktiengesellschaften festzulegen."

Neben dieser gesetzlichen Anordnung eines „Outsourcing-Verhältnis", sind deren nähere Bestimmungen in einem privatrechtlichem Vertrag zwischen der „gelben" Post und Postsparkasse geregelt.

III. Zwischenergebnis

Als Zwischenergebnis können wir folgendes festhalten: Das BWG hat keine positiv-rechtliche Regelung, wohl aber die verwandten Sondergesetze wie Investmentfondsgesetz, WAG, Pensionskassengesetz etc.; deren verschiedene Regelungselemente sind in Schlagworten:

- der liberale Ansatz einer völligen Gestaltungsfreiheit mit gesetzlicher Haftung des Outsourcers für Handlungen des Insourcers wie für seine eigenen
- Definition bzw. Begrenzung der auszugliedernden Tätigkeit
- Bewilligung der Ausgliederung durch die Aufsichtsbehörden
- bloße Meldung der Ausgliederung an die Aufsichtsbehörden
- Information der Kunden über die Ausgliederung
- Einschränkung des Insourcers auf physische Personen
- Insourcer muß eine Konzession zum Betrieb des ausgelagerten Geschäftes haben
- Sicherstellung der Kontrollmöglichkeit des Insourcers

Die soeben angeführten Regelungselemente kommen nicht einheitlich, sondern in einer „gewachsenen"[2] Gemengenlage vor. Dieser Befund bedeutet für uns Juristen: Wir sind wieder einmal an einer altbekannten Wegkreuzung angekommen:

Die methodologische Schalttafel lautet: Analogie oder Gegenschluß. Analogie – gepaart mit einem Schuß Größenschluß – würde bedeuten: Da nach den versicherungs- und bankrechtlichen Nebengesetzen das Outsourcing zulässig ist, muß das umso mehr für das bankrechtliche Kerngesetz, das BWG, gelten.

Bloß – wenn man die Analogie für zulässig erklärt, dann muß in einem zweiten Schritt die Regelung bestimmt werden, die als Basis für den Analogieschluß dient.

Womit man bei der Frage wäre, welche der verschiedenen Regelungen der Sondergesetze zum Thema Outsourcing für den Analogieschluß herangezogen wird.

Wenden wir den Gegenschluß an, würde dies zu folgendem Ergebnis führen: Der Gesetzgeber des BWG hat das Thema Outsourcing bewußt nicht geregelt, er hätte im Zuge der vielen Novellen zum BWG ausreichende Möglichkeit gehabt, dies zu tun. Es liegt daher keine planwidrige Lücke vor, die man mit einem Analogieschluß schließen könnte.

Dieser letzte Satz setzt natürlich ein entsprechendes Vertrauen in einen nachhaltig vernünftig handelnden Gesetzgeber voraus. Wie immer es auch

---

2 Eher wild gewachsenen.

mit unserem Vertrauen bestellt sein mag – man sollte dies vielleicht vorsichtshalber nicht zu lange diskutieren – bin ich folgender Meinung:

Man könnte im Wege einer Art Generalanalogie sagen: Outsourcing von bankgeschäftlicher Tätigkeit ist im Prinzip auch im Rahmen des BWG zulässig. In welchem Umfang allerdings und unter welchen Voraussetzungen ist durch eine Auslegung der Regelungsprinzipien des BWG festzustellen; das heißt: Aus dem BWG heraus ist durch Auslegung zu bestimmen, welche Regelungselemente der Sondergesetze für das BWG nutzbar gemacht werden könnten.

IV. Nähere Betrachtungen des BWG

Wenn man – insbesondere im Lichte des bisher Gesagten – das BWG näher betrachtet, kann man sagen: Es gibt die positiv-rechtliche Definition von bankbezogenen Hilfsdiensten und deren Einbeziehung in den Konsolidierungskreis einer Kreditinstitutsgruppe; es gibt die positiv-rechtliche Verpflichtung, ausreichende Kontroll- und Risikoerfassungsverfahren zu installieren; es gibt aber auch drei Normenbereiche des BWG, die vom Topos her das Outsourcing zum Gegenstand ihrer Regelung haben. Es sind dies:

1. der organisationsrechtliche
2. der aufsichtsrechtliche
3. der konzessionsrechtliche Normenbereich

des BWG.

1. Der organisationsrechtliche Normenbereich

Konkret: Welche Vorschriften regeln die Aufbau- und Ablauforganisation eines Kreditinstitutes? Es ist primär auf § 4 Abs. 3 Z. 3 BWG zu verweisen. Diese Bestimmung verlangt: Der Antragsteller einer Bankkonzession hat seinem Antrag unter anderem einen Geschäftsplan beizulegen, aus dem die Art der geplanten Geschäfte sowie der *organisatorische Aufbau des Kreditinstitutes* und die internen Kontrollverfahren hervorgehen.

Wie der organisatorische Aufbau des Kreditinstitutes auszugestalten ist, darüber gibt es im BWG keine Aussagen; lediglich § 42 BWG schreibt vor, daß Kreditinstitute ab einer durchschnittlichen jährlichen Bilanzsumme von

1,5 Mrd. Schilling und einer durchschnittlichen jährlichen Mitarbeiteranzahl von 30 eine interne Revision als eigene Organisationseinrichtung einzurichten haben. Das heißt: Abgesehen von der Ausnahme für kleine Kreditinstitute im oben definierten Sinn, ist die Revision nicht durch fremde Dritte, sondern durch eine eigene Abteilung des Kreditinstitutes durchzuführen.

Als Ergebnis könnte man festhalten: Das österreichische BWG kennt keine Vorschriften, die Aufbau- und Abwicklungsorganisation eines Kreditinstitutes festlegen oder genauer bestimmen würden; lediglich über die interne Revision gibt es eine Sonderregelung. Daraus könnte man meines Erachtens folgern: Das Auslagern von bankgeschäftlichen Tätigkeiten ist im Prinzip zulässig, ausgenommen die interne Revision – in welchem Ausmaß bankgeschäftliche Tätigkeiten ausgelagert werden dürfen, darüber gibt der organisationsrechtliche Regelungsbereich des BWG allerdings keine Auskunft.

Das im Vergleich zum BWG jüngere WAG hat schon genauere Organisationsvorschriften: Es sind dies im wesentlichen § 16 und § 18 WAG. § 16 trägt die Überschrift „Organisationspflichten" und hat § 33 WpHG zum Vorbild; zwangsweise Bestimmungen haben die Funktion Artikel 10 – der RL 93/ Wertpapierdienstleistungsrichtlinie.

2. *Der aufsichtsrechtliche Normenbereich*

Die Bankenaufsicht ist im XIV. Abschnitt in den §§ 69-72 BWG geregelt. Kernbestimmung ist § 69 BWG.

Oberster Aufseher ist bekanntlich der Bundesminister für Finanzen; er hat – etwas verkürzt, aber im Kern – darüber zu wachen, daß die Kreditinstitute die Bestimmungen des BWG einhalten – im Rahmen dieser Überwachung hat er „auf das volkswirtschaftliche Interesse" an einem funktionierenden Bankwesen Bedacht zu nehmen.

Die Überwachung hat sich auf die Einhaltung der Bestimmungen des BWG zu beschränken, dieses enthält keine ausdrücklichen Organisationsbestimmungen; die Überwachung ist daher keine Organisationsüberwachung, sondern Überwachung der Bonität und Überwachung der Einhaltung der diese sicherstellenden Normen.

Die wesentlichen Mittel der Überwachung sind: ein detailliertes, hauptsächlich auf Zahlen ausgerichtetes Meldewesen sowie die Entsendung von Staatskommissären in die Aufsichtsräte der Kreditinstitute.

Man könnte daher aus der Sicht der so verstandenen Bankenaufsicht meinen: Solange die Melde- und Berichtspflichten dahingehend erfüllt werden können, daß die Aufsicht jederzeit über die Bonität der einzelnen Kreditinstitute Bescheid weiß, ist die Frage der Organisationsform eher von zweitrangiger Bedeutung.

In diese Richtung deutet auch eine Änderung des BWG, die im Zusammenhang mit dem Outsourcing in Aussicht genommen ist.

Dem § 60 BWG soll ein neuer Absatz angefügt werden. § 60 umschreibt die Unterlagen, anhand derer der Bankprüfer zu prüfen hat. Der Vorschlag eines neuen Absatzes zu § 60 lautet:

> „Die Auskunft, Vorlage und Einschaurechte (§ 272 HGB) des Bankprüfers erstecken sich auf alle Unterlagen und Datenträger auch dann, wenn diese von einem Dritten geführt oder von diesem verwahrt werden, oder wenn sie im Ausland geführt oder verwahrt werden. Werden zu prüfende Unterlagen, insbesondere die Buchhaltung, im Ausland geführt oder verwahrt, so hat das Kreditinstitut unbeschadet der vorstehenden Einschaurechte des Bankprüfers für die jederzeitige Verfügbarkeit im Inland bis zum Ablauf mindestes dreier vorhergehender Geschäftsjahre zu sorgen."

Soviel zur Bankenaufsicht auf der Ebene des Einzelkreditinstitutes.

Die Bankaufsicht hat aber nicht nur das wirtschaftliche Schicksal des einzelnen Kreditinstitutes im Auge zu behalten, sondern auch die Funktionsfähigkeit der gesamten Kreditwirtschaft als volkswirtschaftlichen Schlüsselbereich. Daraus folgt: Das Thema Outsourcing hat im Bereich der Bankenaufsicht nicht nur mikroökonomisch, sonderen auch makroökonomisch – genauer: auf der strukturellen Ebene in Form der Frage zu interessieren, welche Auswirkungen haben Auslagerungen von bankgeschäftlichen Tätigkeiten auf die Funktionsfähigkeit der gesamten Kreditwirtschaft.

Man wird sich daher seitens des Aufsichtsgesetzgebers – aber ich nehme hier schon einen Teil meiner Thesen vorweg – nicht nur auf den Datenfluß und Überwachungsmechanismus in bezug auf den Insourcer konzentrieren können, sondern wird das Thema, wenn die Reise – wie zu Beginn meines Vortrages angedeutet – in diese Richtung geht – als Strukturfrage der gesamten Kreditwirtschaft anzusehen haben.

3. Der konzessionsrechtliche Normenbereich

Welche Antwort gibt der konzessionrechtliche Normenbereich des BWG, insbesondere die §§ 1 ff.? Mit anderen Worten und auf unsere Kernfrage abgestellt: Für welche bankgeschäftliche Tätigkeit benötigt der Insourcer eine Bankkonzession?

Klar ist: Wer im eigenen Namen und auf eigene Rechnung Bankgeschäfte im Sinne der Definition des § 1 BWG betreibt, benötigt eine Bankkonzession; klar ist auch: Wer diese Art von Geschäften im eigenen Namen und auf fremde Rechnung betreibt, benötigt ebenfalls eine Bankkonzession.

Die Frage ist, ob jemand, der in fremdem Namen und auf fremde Rechnung – also der typische Insourcer – Bankgeschäfte betreibt, eine Bankkonzession benötigt.

Eine in der Rechtsform einer AG betriebene Bank beschließt, daß sie in Zukunft nur mehr aus dem Vorstand und dem Aufsichtsrat besteht und daß alle Bankgeschäfte von einem anderen Unternehmen in ihrem Namen und auf ihre Rechnung zu erbringen sind.

Organisationsrechtlich dürfte nichts dagegen sprechen; auch aufsichtsrechtlich sollte es kein Problem sein, wenn durch vertragliche Vereinbarung sichergestellt ist, daß der Bankaufsicht jederzeit ausreichendes Datenmaterial zur Verfügung steht.

Benötigt aber – und dieses ist die konzessionsrechtlich relevante Frage – der „Insourcer" auch eine Bankkonzession?

Die herrschende Lehre in Österreich, insbesondere vertreten durch die Bankenaufsicht, ist: Auch derjenige, der in fremdem Namen und auf fremde Rechnung Bankgeschäfte betreibt, benötigt eine Bankkonzession. Begründung: Derjenige, der Bankgeschäfte – wenn auch im Namen und auf Rechnung Dritter – betreibt, benötigt ein bestimmtes Know-how, das man im Wege einer Art Konzessionsüberprüfung sicherzustellen hat – ähnlich wie bei den anderen Vertrauensberufen wie Anwalt, Notar, Arzt – auch diese Dienstleister dürfen nur an andere Anwälte, Notare, Ärzte outsourcen – bzw. in deren Fachsprache substituieren.

Wertungsmäßig ist zu sagen, daß nach § 1 Abs. 1 Z. 17 BWG sogar die Vermittlung von bestimmten Bankgeschäften konzessionspflichtig ist.

V. Ergebnis in Thesen

1. Der Versuch, ein vertyptes Bankgeschäft wie z.B. das Kreditgeschäft in einzelne wichtige oder weniger wichtige Hilfs-, Neben- und Hauptfunktionen aufzuspalten, führt zwangsläufig zu endlosen Diskussionen über den Inhalt und die Abgrenzung von Begriffen und damit zu einer gewissen Rechtsunsicherheit; letztere wiederum ruft zur Klärung die Bürokratie vermehrt auf den Plan.
2. Die Frage daher, ob die auszulagernde Tätigkeit in den Kernbereich eines Bankgeschäftes fällt, ob sie eine wichtige oder weniger wichtige Hilfsfunktion hat, verliert viel von ihrer Bedeutung, wenn durch die Auslagerung der Outsourcer in eine existentielle Abhängigkeit vom Insourcer gerät.

   Auch das immer wieder postulierte Weisungsrecht des Outsourcers gegenüber dem Insourcer verliert da viel an Nutzen.
3. Ich meine daher, daß insbesondere aufsichtsrechtlich ein Hauptaugenmerk auf das Macht- und Kraftverhältnis zwischen Out- und Insourcer zu legen ist.
4. Insbesondere vor dem Hintergrund einer möglichen existentiellen Abhängigkeit im oben beschriebenen Sinn erscheinen daher Fragen nach Begriffsinhalten eher sekundär zu sein.
5. Schlußfolgerung:
   a) Wenn der Insourcer ein Kreditinstitut ist, dann sind Auslagerungen von Bankgeschäften zulässig, ausgenommen die interne Revision; Kontroll- und Weisungsrechte müssen gesichert sein.[3]

      Die Frage, ob die Bankenaufsicht auch Kartellaufsicht ausüben soll, würde ich bejahen.

   b) Wenn der Insourcer einer bankgeschäftlichen Tätigkeit kein Kreditinstitut ist, dann ist er mit einer bestimmten Konzession auszustatten und einer bestimmten Aufsicht zu unterwerfen. Es könnte sich ähnlich wie bei den Wertpapierdienstleistungsunternehmen um eine Sonderaufsicht und eine Sonderkonzession – eine Art Bank-

---

3 Die Grenzziehung müßte vom Kartellrecht kommen, und zwar nach den diesem Rechtsgebiet eigenen Beurteilungskriterien; wobei wir bei einer anderen Wegkreuzung angekommen wären – nämlich der zwischen Banken und Kartellaufsicht.

konzession light – handeln. Die wichtigsten Probleme, die dabei mitzuregeln wären:
strikte Neutralität, strikte Anonymität, Datenschutz, Schutzbestimmungen des Outsourcers – der sich ja in sehr vielen Fällen in eine sehr große Abhängigkeit vom Insourcer begibt

c) Dadurch soll natürlich keine Erhöhung der beamteten Aufsichtsposten erfolgen, denn die Summe der Bankdienstleistungen als Basis und Risikoquelle der Bankenaufsicht bleibt gleich – sie wird nur im Sinne einer geänderten Arbeitsteilung neu aufgeteilt.

Outsourcing von Dienstleistungen durch Banken und Effektenhändler nach schweizerischem Recht

Professor Dr. Hanspeter Dietzi, Erster Rechtskonsulent des Schweizerischer Bankverein AG, Zürich

I. Einleitung

Größere Banken und andere Unternehmungen konzentrieren sich heute auf das sogenannte Kerngeschäft. Bereiche, die nicht zwingend zum Kerngeschäft gehören, aber für dessen Abwicklung wesentlich sind, werden zunehmend ausgelagert. Dies kann zu Kostenersparnis und Kostentransparenz, zu einer Konzentration von Technologie-Know-how[1] und zu Qualitätsverbesserungen führen.[2] Dies sind die Rosinen, die den Outsourcing-Kuchen versüßen.

Wer einen solchen Kuchen kostet, kann aber auch auf bittere Mandeln beißen. Im Schlepptau einer Auslagerung kann es zu einer problematischen

---

1 Stichworte: Economies of Scale, Professionalität, selektiver Einkauf von Wissen.

2 Vgl. *Jahresbericht der EBK* 1997, 48; Jahresbericht 1998, 37 f.

Abhängigkeit von einem Dienstleister kommen. Nehmen wir als Beispiel den IT-Bereich: Die Systeme werden immer komplexer und ändern sich immer rascher. Dies erhöht das Abhängigkeitsrisiko. Die auslagernde Bank kann die Kontrolle verlieren, Integrität, Verfügbarkeit und Vertraulichkeit von Bankdaten (v.a. von Bankkundendaten) können gefährdet werden. Als Folge davon drohen der Bank ein finanzieller und ein Reputationsschaden, im schlimmsten Fall kann ihre Existenz auf dem Spiel stehen.[3]

Im Vordergrund stehen die Auswirkungen einer Auslagerung für die Kunden der Bank. Deren Stellung darf nicht beeinträchtigt werden; dies gilt nicht nur in bezug auf das Bankgeheimnis und den Datenschutz, sondern für sämtliche von der Bank geschuldeten Leistungen.[4]

Angesichts dieses Risiko-Cocktails kann es den Aufsichtbehörden nicht gleichgültig sein, welche Bereiche eine Bank auslagert und wie sie dabei vorgeht. Die Regulatoren müssen sich darum kümmern, daß die ihrer Aufsicht unterstellten Unternehmen nicht die Kontrolle über den ausgelagerten Bereich verlieren und damit indirekt auch sie.

Die Eidgenössische Bankenkommission (EBK), der die Aufsicht über die Banken, die Effektenhändler und die Anlagefonds obliegt, gehört hier zu den Pionieren. Sie war eine der ersten Aufsichtsbehörden, welche dieses Gebiet, und zwar umfassend, geregelt hat.[5] Es ist für mich erstaunlich, wie viele Länder bis heute auf diesem Gebiet keine oder nur eine rudimentäre Regelung kennen.

II. Definition

Was versteht man unter Outsourcing? Von Auslagerung spricht man, wenn ein Unternehmen eine Tätigkeit nicht selbst ausübt bzw. eine Dienstleistung nicht selbst produziert, sondern hierfür einen Dritten heranzieht.

Ob dies von Anfang an geschieht – man könnte dies als originäre Auslagerung bezeichnen – oder ob dies erfolgt, nachdem ein Unternehmen zuerst selbst in einem bestimmten Bereich tätig war und diesen dann nachträglich

---

3 *Czurda/Dörig*, Der Schweizer Treuhänder 1997, 309 ff.

4 *Dieselben*, 315.

5 *Bernhard Berger*, Outsourcing vs. Geheimnisschutz im Bankgeschäft, recht 2000, 182.

auslagert, kann nicht entscheidend sein, da die Folgen, aus der Sicht der Aufsichtsbehörde, dieselben sind.[6]

Die Auslagerung kann an eine Konzerngesellschaft erfolgen oder an einen Dritten. Letzterer kann eine Bank oder ein anderer Finanzintermediär sein oder an ein Unternehmen, das in einem anderen Bereich tätig ist (v.a. Informatik, Logistik). Der Dienstleister kann einer behördlichen Aufsicht unterstehen oder nicht.[7]

III. Die Praxis der EBK vor dem 1.11.99

Zum 1. November 1999 trat ein Rundschreiben der EBK in Kraft, welches Grundsätze für die Auslagerung von Dienstleistungen durch Banken und Effektenhändler aufstellt.[8] Was galt vor diesem Zeitpunkt?

Für die Zeit vor dem Inkrafttreten des Rundschreibens sind in Literatur und Praxis sieben Fälle behandelt, wo die EBK zu Auslagerungsvorhaben von Banken Stellung zu beziehen hatte.

Fall 1 aus dem Jahr 1974[9]

Mit Verfügung vom 26. Juni 1974 wies die EBK ein Gesuch einer ausländisch beherrschten Bank ab, die ihre Daten im Ausland bearbeiten lassen wollte.

Eine Buchhaltung, die teilweise außerhalb des Zuständigkeitsbereiches der EBK geführt werde, genüge den aufsichtsrechtlichen Anforderungen nicht. Die Überwachung werde erschwert oder gar verunmöglicht, wenn die Aufsichtsbehörde nicht jederzeit auf die entsprechenden Daten zugreifen könne. Eine Verletzung des Bankgeheimnisses lasse sich bei einer Datenverarbeitung im Ausland nicht völlig ausschließen.

---

6 *Rundschreiben* der Eidgenössischen Bankenkommission: Auslagerung von Geschäftsbereichen (Outsourcing) vom 26. August 1999, EBK-RS 99/2, Rz. 3.
7 EBK-RS 99/2, Rz. 17.
8 EBK-RS 99/2, Rz. 57.
9 EBK-*Bulletin* 1991, S. 27 E. 1.

Fälle 2 bis 4 vermutlich aus den Jahren 1990/91.[10]

Der vorher erwähnte erste Fall und die Fälle 2 bis 4 werden in einem von Matthäus Den Otter, einem Mitarbeiter der EBK, im Schweizerischen Treuhänder publizierten Artikel erörtert.[11] In allen vier Fällen wollten Zweigniederlassungen und Tochtergesellschaften von ausländischen Bank- und Finanzkonzernen Daten ihrer Schweizer Kundschaft in einem konzerneigenen Rechenzentrum im Ausland verarbeiten lassen. Während die EBK im ersten Fall aus dem Jahr 1974 eine Auslagerung untersagt hatte, bewilligte sie eine solche in den Fällen 2 bis 4. Ich nehme an, weil sie einsah, daß in der Zwischenzeit eine Entwicklung stattgefunden hatte, welche nach einer liberaleren Praxis seitens der Aufsichtsbehörde rief.

Im folgenden gehe ich auf den im Bulletin veröffentlichten Entscheid näher ein.

Eine Bank mit Sitz in den USA plante, die Datenverarbeitung für ihre schweizerische Zweigniederlassung in Großbritannien vorzunehmen. Die EBK bewilligte dieses Outsourcing mit Verfügung vom 2. Juni 1990 unter den folgenden Voraussetzungen:

- Die Revisionsstelle der schweizerischen Zweigniederlassung muß uneingeschränkt in der Lage sein, ihrer gesetzlichen Prüfungspflicht im Auftrag der EBK nachzukommen.
- Die Revisionsstelle und die EBK müssen sich jederzeit vergewissern können, daß die Datenfernverarbeitung ordnungsgemäß abläuft und hierzu von der englischen Aufsichtsbehörde die erforderlichen Auskünfte erhalten.
- Die englischen und die amerikanischen Aufsichtsbehörden müssen dieser Auslagerung zustimmen und bestätigen, daß ein angemessenes Sicherheitsdispositiv vorliegt.

10 Einer davon publiziert in: EBK-*Bulletin* 1991, S. 23 ff.

11 *Matthäus J. Den Otter*, Elektronische Datenverarbeitung von Schweizer Banken im Ausland, Schweizerischer Treuhänder1-2/92, 29 ff.

Fall 5 aus dem Jahr 1993[12]

Eine in den USA domizilierte Bank mit Zweigniederlassungen in Genf und Zürich wollte die Tranksaktionen ihrer institutionellen und Kommerzkundschaft einer EDV-Firma in London anvertrauen.

Das Rechenzentrum soll in zwei bankeigenen Gebäuden betrieben werden. Umfassende Vorkehrungen gewährleisten die Betriebs- und die Datensicherheit. Ein umfangreicher Vertrag zwischen der Bank und dem Dienstleister stellt die Qualitätsstandards sicher.

Die interne Revision, die bankengesetzliche Revisionsstelle des Hauptsitzes und der schweizerischen Zweigniederlassungen haben das Recht, das vom Dienstleister betriebene Rechenzentrum jederzeit zu prüfen.

Die beauftragte EDV-Firma verpflichtet das von ihr eingesetzte Personal schriftlich zur Einhaltung des Bankgeheimnisses in bezug auf die betroffenen Daten.

Die Bank of England und die amerikanischen Aufsichtsbehörden hatten diesem Outsourcing zugestimmt.

Die EBK stellte fest, die im Fall 2 festgelegten Voraussetzungen seien erfüllt und bewilligte die beantragte Auslagerung mit Verfügung vom 14. Dezember 1993 unter folgenden Bedingungen:

- Für sämtliche von der EBK aufgestellten Bedingungen trägt die auslagernde Bank gegenüber der schweizerischen Aufsichtsbehörde die Verantwortung. Es gelten dieselben Standards, wie wenn die Bank die Verarbeitung selbst durchführen würde.
- Wesentliche Änderungen des Outsourcingvertrages sind der EBK unverzüglich mitzuteilen.
- Die bankengesetzliche Revisionstelle hat in ihrem jährlichen Bericht zu bestätigen, daß die Auslagerung gesetzes- und ordnungsmäßig gehandhabt wird.

IV. Das EBK-Rundschreiben vom 26. August 1999

Während Banken in der Schweiz ursprünglich vorwiegend bankfremde Tätigkeiten ausgelagert hatten wie z.B. Bewachung und Gebäudeunterhalt,

12 EBK-*Bulletin* 1994, S. 31 ff.

dehnten sie als Folge der rasanten Entwicklung in Technologie, Informatik und Kommunikation das Outsourcing immer mehr auch auf banktypische Bereiche aus. Nachdem die Tendenz bei den Banken, bestimmte Tätigkeiten bzw. Dienstleistungen auszulagern, ständig zunahm, entschloß sich die EBK, ein Rundschreiben zu erlassen, in dem die Grundvoraussetzungen für ein sicheres Outsourcing festgelegt werden.

Die EBK schreibt dazu in ihrem Jahresbericht 1991:[13]

> „In den letzten Jahren mußte sich die EBK vermehrt mit Outsourcing-Lösungen auseinandersetzen, die nicht nur Hilfs- oder Unterstützungsfunktionen betrafen, sondern auch wesentliche Teilbereiche der angestammten Banktätigkeiten. Angesichts der materiellen Bedeutung, der Abhängigkeiten sowie Risiken und der erschwerten Prüfung und Aufsicht durch die Revisionsstellen bzw. die Bankenkommission, erarbeitete diese ein Rundschreiben, das generelle Voraussetzungen für ein sicheres Outsourcing festhält.
>
> Mit diesem Rundschreiben soll sichergestellt werden, daß die auslagernden Unternehmen über die erforderlichen Weisungsbefugnisse gegenüber ihren Service-Erbringern verfügen und die extern erbrachten Dienstleistungen in das eigene Kontrollsystem einbezogen werden, um so die ordnungsgemäße Geschäftsführung jederzeit aufrecht erhalten zu können. Nicht zuletzt geht es auch darum, eine effiziente Aufsicht in Zusammenarbeit mit den Revisionsstellen sicherzustellen."

Sie tat dies mit dem Rundschreiben 99/2 vom 26. August 1999, das zum 1. November 1999 in Kraft trat.

1. Der Zweck des Rundschreibens[14]

Das Rundschreiben legt die Voraussetzungen fest, die zu erfüllen sind, damit eine Auslagerung dem Erfordernis einer angemessenen Organisation entspricht und die Bestimmungen über das Bankgeheimnis und den Datenschutz eingehalten werden.

Entspricht ein Auslagerungsprojekt den im Rundschreiben aufgestellten Grundsätzen, so kann es ohne weiteres realisiert werden. Es bedarf weder einer Meldung, noch einer Bewilligung durch die Aufsichtbehörde.

---

13 Zitat S. 38.

14 EBK-RS 99/2, Rz. 1.

2. *Definition*[15]

Wie grenzt das Rundschreiben den Begriff der Auslagerung ab? Outsourcing im Sinne des Rundschreibens liegt vor, wenn ein Unternehmen einen Dritten beauftragt, eine für seine Geschäftstätigkeit wesentliche Dienstleistung dauernd selbst zu erbringen oder durch einen Unterakkordanten erbringen zu lassen.

Was ist mit „wesentlich" gemeint? Die EBK versteht darunter Dienstleistungen, die sich auf die Erfassung, den Umgang mit und die Überwachung von Risiken auswirken. Das Rundschreiben zählt als Beispiele auf, Markt-, Kredit-, Ausfall-, Abwicklungs-, Liquiditäts- und Imagerisiken sowie operationelle und rechtliche Risiken. Als Anwendungsfälle erwähnt es Auslagerungen im Bereich Informatik, Administration und Rechnungswesen, dagegen fallen z.B. ein Restaurationsbetrieb oder Reinigungsdienst nicht darunter.

Die Beschränkung auf wesentliche Dienstleistungen soll vermeiden, daß für ein Unternehmen nicht maßgebende und für die Aufsicht unproblematische Auslagerungen berücksichtigt werden müssen.[16]

3. *Der Geltungsbereich*

Welches ist der persönliche Geltungsbereich? Auf welche Unternehmungen findet das Rundschreiben Anwendung?

Das Rundschreiben gilt für schweizerische Banken und Effektenhändler sowie für schweizerische Niederlassungen ausländischer Banken und Effektenhändler.[17]

Welches ist der örtliche Geltungsbereich? Das Rundschreiben ist maßgebend für Zweigniederlassungen und konsolidierungspflichtige Konzerngesellschaften schweizerischer Unternehmen im Ausland, falls keine vergleichbare ausländische Regelung über die Auslagerung existiert.[18] Wir haben hier einen für die Schweiz ungewöhnlichen Fall extraterritorialer Rechtsanwendung vor uns.

---

15 EBK-RS 99/2, Rz. 2, 3.

16 So die EBK in ihrem Begleitschreiben zum Vernehmlassungsentwurf vom 25.9.98.

17 EBK-RS 99/2, Rz. 4.

18 EBK-RS 99/2, Rz. 5.

Für das Outsourcing innerhalb eines Konzerns und einige andere Spezialfälle ist das Rundschreiben nur teilweise anwendbar. So gelten die nachfolgend dargelegten Grundsätze 1 – 4, 7 und 9 nicht für Auslagerungen

- durch Zweigniederlassungen ausländischer Unternehmen an den Hauptsitz oder umgekehrt oder an andere Zweigniederlassungen des Unternehmens,[19]
- an konzerninterne Dienstleister oder an eine zentrale Organisation von Unternehmungen,[20]
- an einen schweizerischen Dienstleister, an dem mehrere Unternehmen gemeinsam beteiligt sind und dessen Geschäftstätigkeit ausschließlich darin besteht, Dienstleistungen für die beteiligten Unternehmungen zu erbringen, sog. Gemeinschaftsunternehmen.[21]

Diese teilweise Ausnahme gilt indes nur unter den folgenden beiden Bedingungen:

- Der Dienstleister läßt die für den Auslagerer erbrachte Dienstleistung durch eine von der EBK anerkannte Revisionsstelle prüfen.[22]
- Der Dienstleister verpflichtet sich gegenüber der EBK, ihrer Revisionsstelle, dem auslagernden Unternehmen, dessen interner und externer Revisionsstelle sowie der EBK alle Informationen offenzulegen, sowie der EBK und den Revisionsstellen des auslagernden Unternehmens den Revisionsbericht zur Verfügung zu stellen.[23]

4. *Verfahren*

Erfüllt ein Auslagerungsprojekt die Bedingungen des Rundschreibens, so kann es ohne weiteres realisiert werden.[24] Wenn nicht, ist das Projekt unpräjudiziert der EBK zu unterbreiten. Diese kann im Einzelfall Abweichungen bewilligen.

---

19 EBK-RS 99/2, Rz. 6,7.
20 EBK-RS 99/2, Rz. 6,8.
21 EBK-RS 99/2, Rz. 6,9.
22 EBK-RS 99/2, Rz. 10.
23 EBK-RS 99/2, Rz. 11.
24 EBK-RS 99/2, Rz. 13.

5. *Auslagerungsverbot*

Nicht ausgelagert werden dürfen die Oberleitung, Aufsicht und Kontrolle durch den Verwaltungsrat sowie die zentralen Führungsaufgaben der Geschäftsleitung. Dasselbe gilt für Entscheide, eine Geschäftsbeziehung aufzunehmen oder abzubrechen.[25]

6. *Die Voraussetzungen für eine Auslagerung (9 Grundsätze)*

Grundsatz 1: Umschreibung des Auslagerungsobjektes

Die auszulagernde Tätigkeit und die vom Dienstleister geschuldete Leistung sind zu definieren. Die Leistung sollte wenn möglich quantitativ oder qualitativ gemessen und beurteilt werden können.[26]

Grundsatz 2: Auswahl, Instruktion & Kontrolle

Der Auslagerer muß den Dienstleister sorgfältig auswählen, instruieren und überwachen.[27]

Der Dienstleister muß Gewähr für eine sichere und dauerhafte Leistung bieten; er muß über die hierzu nötigen professionellen Fähigkeiten sowie finanziellen und personellen Ressourcen verfügen.[28]

Die gegenseitigen Kompetenzen sind genau festzulegen und gegeneinander abzugrenzen.[29]

Der ausgelagerte Bereich ist in das interne Kontrollsystem der Unternehmung zu integrieren. Das auslagernde Unternehmen bezeichnet eine Stelle, welche für die Überwachung und Kontrolle des Dienstleisters verantwortlich ist. Dessen Leistungen sind fortlaufend zu beurteilen und zu überwachen. Die dazu nötigen Einsichts-, Weisungs- und Kontrollrechte muß sich der Auslagerer vertraglich sichern.[30]

---

25 EBK-RS 99/2, Rz. 16.
26 EBK-RS 99/2, Rz. 19, 20.
27 EBK-RS 99/2, Rz. 21.
28 EBK-RS 99/2, Rz. 22.
29 EBK-RS 99/2, Rz. 23.
30 EBK-RS 99/2, Rz. 24, 25.

Grundsatz 3: Verantwortung

Gegenüber der Aufsichtsbehörde bleibt die auslagernde Unternehmung für den ausgelagerten Bereich verantwortlich, wie wenn sie diesen selbst wahrnehmen würde.[31]

Diese Regelung beschränkt sich aus das Aufsichtsrecht. Zivilrechtlich – z.B. im Verhältnis zu einem Kunden – gelten die Bestimmungen des Obligationenrechts, in der Regel OR 398 (3) (persönliche Besorgung) und OR 399 (Substitution). Im Zivilrecht ist die Situation eine andere, haftet doch der Beauftragte bei befugter Unterbeauftragung nur für gehörige Sorgfalt bei der Auswahl und Instruktion des Dritten. Wird trotzdem der Vertrag nicht oder nicht richtig erfüllt, kann der Auftraggeber den Beauftragten nicht haftbar machen.

Grundsatz 4: Sicherheit

Die auslagernde Unternehmung und der Dienstleister müssen Sicherheitsanforderungen festlegen und ein Sicherheitsdispositiv aufstellen. Dieses gewährleistet, daß der ausgelagerte Geschäftsbetrieb weitergeführt werden kann, sollte der Dienstleister ausfallen.[32]

Kundendaten sind gegen eine unbefugte Bearbeitung zu schützen. Der Datenschutz ist sicherzustellen. Die gespeicherten Daten müssen richtig und verfügbar sein, die Vertraulichkeit muß gewahrt werden. Die zu diesem Zweck getroffenen Maßnahmen sind periodisch zu überprüfen.[33]

Grundsatz 5: Bank- und Geschäftsgeheimnis

Der Dienstleister muß sich vertraglich verpflichten, Daten der Unternehmung, die dem Berufs- oder Geschäftsgeheimnis unterliegen und von denen er wegen der Auslagerung Kenntnis erhält, vertraulich zu behandeln.[34]

Arbeitet ein Dienstleister für mehrere Unternehmen, so muß er sicherstellen, daß die Vertraulichkeit der Daten auch im Verhältnis zwischen den verschiedenen Auslagerern gewährleistet ist.[35]

---

31 EBK-RS 99/2, Rz. 26, 27.
32 EBK-RS 99/2, Rz. 29.
33 EBK-RS 99/2, Rz. 33.
34 EBK-RS 99/2, Rz34, 35.

Dieser Anforderung ist relativ einfach nachzukommen, wenn sich eine Auslagerung auf das Gebiet der Schweiz beschränkt. Praktisch immer wird zwischen der auslagernden Unternehmung und dem Dienstleister ein Auftrag vorliegen. Weil das Bankengesetz den von einer Bank beauftragten Dritten dem Bankgeheimnis unterstellt, ist in diesem Fall die Bedingung sozusagen automatisch erfüllt.[36]

Ganz anders bei einer Auslagerung ins Ausland. Untersteht ein ausländischer Dienstleister einer analogen, gleich strikt geregelten Geheimhaltungspflicht, wie dies in der Schweiz gilt, kann das Berufsgeheimnis von der auslagernden Unternehmung an den Dienstleister weitergegeben werden. Diese Lösung ist dagegen nicht gangbar, wenn das Domizilrecht des Dienstleisters kein Berufsgeheimnis kennt oder dieses weniger strikt schützt als das schweizerische Recht.[37]

Zivilrechtlich ist die Rechtslage anders. Die Vorschrift im Bankengesetz über das Bankgeheimnis will die Privatsphäre des Kunden in finanziellen Angelegenheiten schützen. Sie ist in dessen Interesse erlassen worden, weshalb man zutreffender vom Bankkundengeheimnis als vom Bankgeheimnis spricht. Weil dem so ist, kann der Kunde auf das Bankkundengeheimnis verzichten. Dafür bedarf es keiner besonderen Form. Der Verzicht kann schriftlich, mündlich oder sogar durch schlüssiges Verhalten erklärt werden.[38]

---

35 EBK-RS 99/2, Rz. 36.

36 Art. 47 Ziff. 1 BankG unterstellt unter anderem auch den von einer Bank Beauftragten dem Bankgeheimnis; anderer Meinung *B. Berger* (Gn. 5), 189 f. Er vertritt die Ansicht, diese Bestimmung rechtfertige es nicht, einem beigezogenen Beauftragten geheimnisgeschützte Daten bekannt zu geben, ohne daß der betroffene Kunde vorher zugestimmt hat. *Berger* steht mit dieser Meinung allein; denn die übrige Doktrin bekennt sich zur in diesem Artikel vertretenen gegenteiligen Meinung (vgl. *Beat Kleiner/Renate Schwob*, Bodmer/Kleiner/Lutz, Kommentar zum schweizerischen Bankengesetz, Zürich, N 102 zu Art. 47 BankG; *Urs Zulauf*, Bankgeheimnis und historische Forschung, ZSR 113 I (1994), 115.

37 *S. Hayim* empfiehlt in einem solchen Fall, das ausländische Bankpersonal, welches mit den Daten in Berührung kommt, ebenfalls an das Bankgeheimnis zu binden (vgl. *Sami Hayim*, Bankgeheimnis – Ist Datentransfer ins Ausland gesetzeskonform?, in: Der Schweizer Treuhänder 3/92, 113).

38 *Berger* (Fn. 5), 191, III, 2a.

Grundsatz 6: Kundenorientierung

Dieser Grundsatz folgt im wesentlichen den Bestimmungen des Datenschutzgesetzes, geht aber, was die Form der Information angeht, darüber hinaus. Auf die Problematik aus der Sicht des Datenschutzes wird hier nicht näher eingegangen.[39] Eine Auslagerung, welche die bankengesetzliche Bestimmung über das Bankgeheimnis respektiert, genügt auch den Anforderungen des Datenschutzgesetzes.[40]

Werden Kundendaten ausgelagert, so sind die betroffenen Kunden zu orientieren. Bei einem Outsourcing innerhalb der Schweiz kann die Orientierung in allgemeiner Form erfolgen, z.B. durch eine Klausel in den AGB[41] oder einen Text in einem Kontoauszug.[42] Diese Orientierung braucht nicht innerhalb der Übergangsfrist von zwei Jahren seit Inkrafttreten des Rundschreibens, also bis zum 1. November 2001 zu erfolgen, sondern kann anläßlich der nächsten Änderung bestehender Geschäftsbedingungen vorgenommen werden.[43]

Gelangen hingegen Daten an einen Dienstleister im Ausland, so müssen die Kunden in einem besonderen Schreiben und detailliert informiert werden. Der Kunde muß die Möglichkeit haben, die Geschäftsbeziehung ohne Nachteile aufzulösen, falls er mit dieser Auslagerung nicht einverstanden ist.[44]

Das Rundschreiben verlangt diese individuelle Information unabhängig davon, ob die Daten unverschlüsselt oder verschlüsselt ins Ausland gelangen. Noch offen ist die Frage, ob diese strenge Regelung sogar dann gelten soll, wenn die Daten codiert ins Ausland gelangen und dort nicht entschlüsselt werden können, weil der Schlüssel im Ausland nicht verfügbar ist. Für mich steht fest, daß sich bei diesem Sachverhalt eine Information des Kunden

---

39 Dazu ausführlich und rechtsvergleichend: *Martin Amman*, Datenschutz im Bank- und Kreditbereich, Zürich 1987.

40 Vgl. zum Aspekt des Datenschutzes *Beat Kleiner*, Datenschutz und Bankgeschäft, FS Pedrazzini, Bern 1990, 397 ff.

41 Zu den Anforderungen an den Konkretisierungsgrad der AGB findet man in der in der Literatur nur Äußerungen, welche auf die *Einwilligung* des Kunden in die Datenauslagerung abzielen (so z.B. bei *Thierry Tissot*, Beschränkungen von grenzüberschreitenden Datenflüssen im Bankbereich, Schweizer Schriften zum Bankrecht, Zürich 1991, 123).

42 EBK- RS 99/2, Rz. 37, 38.

43 EBK-RS 99/2, Rz. 56.

44 EBK-RS 99/2, Rz. 39.

erübrigt. Werden anonymisierte Daten übermittelt, so kann die Verbindung zum Kunden nicht hergestellt werden, so daß eine Verletzung des Bankgeheimnisses ausgeschlossen ist. Diese Meinung wird von der Doktrin einhellig geteilt.[45]

Grundsatz 7: Revision und Aufsicht

Eine Auslagerung darf die Regulierung und die Aufsicht durch die EBK nicht beeinträchtigen. Dies gilt auch für Auslagerungen ins Ausland und – aus der Sicht der konsolidierten Aufsicht – für Auslagerungen durch ausländische Konzerngesellschaften.[46]

Die auslagernde Unternehmung, die interne und die externe Revision sowie die Bankenkommission müssen den ausgelagerten Geschäftsbereich jederzeit und vollumfänglich einsehen und prüfen können.[47]

Die Prüfung kann an die externe Revisionsstelle des Dienstleisters delegiert werden, wenn diese über die nötigen fachlichen Kenntnisse verfügt.[48]

Die Prüfung wird überwiegend durch die interne und die externe Revision erfolgen. Die Revisionsorgane müssen Zugang zu den Dokumenten, Datenträgern und Systemen des Dienstleisters haben, um die nach dem Rundschreiben verlangten Prüfungen durchführen zu können. Die EBK fordert eine Zusammenarbeit und Koordination zwischen den Revisionsstellen des Auslagerers und des Dienstleisters.[49] Eine direkte Prüfung durch die EBK ist nur in außerordentlichen Fällen von großer Tragweite denkbar.

---

45 *Den Otter* (Fn. 11), *Berger* (Fn. 5), 191.
Nach Ansicht von *T. Tissot* kann ein grenzüberschreitender Datenfluß wegen des Bankgeheimnisses und des Datenschutzgesetzes nur unter folgenden zwei Alternativvoraussetzungen rechtmäßig erfolgen: Die Bank ist im Besitz der *Einwilligung des Kunden* (eine Information des Kunden reicht also nicht aus) oder die zu exportierenden Daten sind *anonymisiert* (vgl. *T. Tissot*, a.a.O., 117, 121 – 125).

46 EBK-RS 99/2, Rz. 46.

47 EBK-RS 99/2, Rz. 40.

48 EBK-RS 99/2, Rz. 41.

49 EBK-RS 99/2, Rz. 42 – 45.

Untersteht ein Dienstleister nicht der Aufsicht der EBK, muß er sich gegenüber dem Auslagerer verpflichten, der EBK die für die Beaufsichtigung des ausgelagerten Geschäftsbereiches nötigen Einsichtsrechte zu gewähren.[50]

Grundsatz 8: Auslagerungen ins Ausland

Bei einem Outsourcing ins Ausland muß die auslagernde Unternehmung nachweisen, daß die Prüfungen nach Grundsatz 7 durchgeführt und durchgesetzt werden können, und zwar durch eine legal opinion oder eine Bestätigung der ausländischen Aufsichtsbehörde.[51]

Grundsatz 9: Vertrag

Jede Auslagerung, die dem Rundschreiben untersteht, muß in einem schriftlichen Vertrag zwischen der auslagernden Unternehmung und dem Dienstleister sauber geregelt sein und den Voraussetzungen des Rundschreibens entsprechen.[52]

Das Unternehmen hat festzulegen, wer eine Auslagerung bewilligt und wer einen entsprechenden Vertrag abschließen darf.[53]

7. *Revision*

Die Revisionsstelle überprüft im Rahmen der ordentlichen Revision, ob das Rundschreiben von den unterstellten Unternehmen eingehalten wird und nimmt dazu im Revisionsbericht Stellung.[54]

8. *Ausnahmen*

Die EBK kann in besonderen Fällen zusätzliche Auflagen machen oder Ausnahmen bewilligen.[55]

50 EBK-RS 99/2, Rz. 47.
51 EBK-RS 99/2, Rz. 48 – 50.
52 EBK-RS 99/2, Rz. 51, 52.
53 EBK-RS 99/2, Rz. 53.
54 EBK-RS 99/2, Rz. 54.

9. *Übergangsbestimmung*

Bei Erlaß des Rundschreibens bereits bestehende Outsourcing-Vereinbarungen sind innerhalb von zwei Jahren anzupassen. Das Rundschreiben sieht also kein Grandfathering vor, wie dies die Amerikaner nennen.[56]

Bei der Umsetzung dieser Regelung können Schwierigkeiten auftreten, insbesondere bei Auslagerungsverträgen mit längerer fester Laufzeit. Akzeptiert der Dienstleister aufgrund des Rundschreibens nötige Anpassungen des Outsourcingvertrages nicht, so ergeben sich keine rechtlichen Probleme, wenn die Aufsichtsbehörde lediglich eine Auflösung der Vereinbarung auf den vertraglich nächstmöglichen Zeitpunkt verlangt. Eine andere Frage ist es, ob es so leicht möglich sein wird, einen anderen Dienstleister, der die Bedingungen des Rundschreibens zu erfüllen bereit ist, zu finden oder die ausgelagerte Dienstleistung selbst zu erbringen. Bestünde dagegen die EBK auf einer vorzeitigen Auflösung des Auslagerungsvertrages, so müßte das betroffene Unternehmen wohl mit u.U. substantiellen Schadenersatzforderungen des Dienstleisters rechnen.

V. Schwierigkeiten bei der Umsetzung

1. *Anwendbarkeit*

Wann liegt eine im Sinne des Rundschreibens wesentliche Dienstleistung vor?

Im Einzelfall wird es oft nicht einfach sein zu beurteilen, ob eine auszulagernde oder bereits ausgelagerte Tätigkeit als wesentlich im Sinne des Rundschreibens einzustufen ist. Es ist deshalb damit zu rechnen, daß sich die EBK bis zum Ablauf der zweijährigen Übergangsfrist relativ häufig mit Zweifelsfällen herumzuschlagen haben wird. Sobald eine repräsentative Kasuistik besteht, sollte dies abnehmen. Um dies zu fördern, haben die Aufsichtsbehörde und die Schweizerische Bankiervereinigung in Aussicht genommen, die beurteilten Fälle unter dem Rundschreiben den Betroffenen bekannt zu geben, z.B. über das Internet.

---

55 EBK-RS 99/2, Rz. 55.

56 EBK-RS 99/2, Rz. 56.

Auf welche Auslagerungen findet das Rundschreiben Anwendung, auf welche nicht?

- Es muß sich um aus aufsichtsrechtlicher Sicht wesentliche Tätigkeiten handeln, die ausgelagert werden. Der Fokus liegt auf dem Risikomanagement der Bank.
- Es muß sich um einer dauernde Auslagerung handeln, eine zeitlich begrenzte fällt nicht darunter.

Für welche Einheiten innerhalb eines Konzerns gilt das Rundschreiben?

- Ausgeklammert sind Konzerngesellschaften, die nicht im Finanzbereich tätig sind (z.B. Immobiliengesellschaften).
- Ausgenommen sind kleine Konzerngesellschaften und Zweigniederlassungen sowie Vertretungen.[57] So gilt das Rundschreiben der EBK nur für Konzerngesellschaften, die nach den Eigenmittelunterlegungsvorschriften der Bankenverordnung (Art. 13a BankV) bzw. der Verordnung zum Börsengesetz (Art. 29 BEHV) zu konsolidieren sind.

Wann beansprucht das Rundschreiben extraterritoriale Geltung?

- Der extraterritoriale Geltungsanspruch erscheint aus aufsichtsrechtlicher Sicht legitim.
- Aus kollisionsrechtlicher Sicht und unter dem Aspekt der schweizerischen Rechtstradition weckt das Prinzip Bedenken.
- Immerhin zeigen erste Äußerungen der EBK, daß diese in bezug auf die Anerkennung ausländischer Regelungen eine liberale Haltung einzunehmen scheint. Zwei interessante Präzedenzfälle sind zur Zeit schwebend:
  - Ein bestimmtes Land reguliert die Auslagerung für Banken, unterstellt aber vorbestandene Outsourcing-Vereinbarungen nicht den neuen Regeln.
  - Ein anderes Land verfügt über eine Outsourcing-Regelung; diese beschränkt sich indes auf den Bereich der Information Technology.

57 Dort können kaum aufsichtsrechtlich relevante Risiken entstehen.

- In beiden Fällen stellt sich die Frage, ob das schweizerische Rundschreiben teilweise anwendbar ist. M.E. müßte eine ausländische Regulierung, auch wenn sie vom Inhalt der schweizerischen Lösung (u.U. erheblich) abweicht, anerkannt werden, da ansonsten unlösbare Abgrenzungsprobleme voraussehbar sind und die Rechtssicherheit nicht mehr zu gewährleisten wäre.

2. *Zweifels- und Ausnahmefälle*

Es wird Fälle geben, wo eine auslagerungswillige Unternehmung nicht weiß, ob ein Outsourcing-Projekt unter das Rundschreiben fällt oder nicht. Solche Projekte sind der EBK unpräjudiziert zu unterbreiten.

Es wird Fälle geben, wo eine auslagerungswillige Unternehmung die Voraussetzungen des Rundschreibens nicht einhalten kann, z.B. weil der Dienstleister verlangte vertragliche Verpflichtungen nicht eingehen will. Auch solche Fälle sind der EBK zu unterbreiten; diese kann im Einzelfall eine Ausnahme bewilligen. Es ist zu hoffen, daß die EBK in diesem Punkt eine pragmatische Praxis einschlagen wird, da ansonsten schweizerische Banken und Effektenhändler gegenüber ausländischen Konkurrenten einen Wettbewerbsnachteil erleiden könnten.

Datenschutz und Funktionsauslagerung

Dr. Markus Deutsch, Rechtsanwalt, Frankfurt am Main

I. Einleitung

Auslagerung ist nichts Neues.[1] Bereits in den fünfziger Jahren wurden Leistungen extern vergeben, weil Preisvergleiche zeigten, daß die selbst erstellten Produkte oder Dienstleistungen teurer waren als die am Markt angebotenen der jeweiligen Spezialisten. In Deutschland gab es einen Schub an Unternehmensausgliederungen in den achtziger Jahren. Hintergrund war die Absicht, das Haftungsrisiko eines Unternehmens zu minimieren. Die zunehmende Globalisierung der Wirtschaft verstärkt diesen Trend. Unternehmen besinnen sich zunehmend auf ihre Kernkompetenzen. Sie konzentrieren bestimmte Funktionen auf einzelne Konzerndienstleistungsgesellschaften, anstatt sie in jedem Konzernunternehmen vorzuhalten. Die Komplexität der vernetzten Datenverarbeitungssysteme ist ein weiterer Grund dafür, daß Unternehmen zunehmend auf externes Know-how zurückgreifen. Kurz: Die Auslagerung von Funktionen ist alltäglich; sie ist in einer modernen arbeitsteiligen Wirtschaft zwingend. Auch der Bankensektor bleibt von ihr nicht verschont.

Daß der Trend zu Auslagerungen gerade in regulierten Wirtschaftssektoren wie der Bankwirtschaft den Gesetzgeber auf den Plan ruft (vgl. § 25 a Abs. 2 KWG), ist nicht verwunderlich. Daneben gibt es aber eine andere Rechtsmaterie, die bei Auslagerungsvorgängen eine bedeutende Rolle spielt. Dies ist das Datenschutzrecht. Jede Auslagerung von Funktionen aus dem eigenen Unternehmen heraus betrifft regelmäßig personenbezogene Daten. Ihre Erhebung, Verarbeitung und Nutzung unterliegt den Schranken des Datenschutzrechts. Diese Rechtsmaterie spielte lange Zeit keine große Rolle. Im Zeitalter der Globalisierung und einer globalen Kommunikation findet sie aber auf einmal verstärkte Aufmerksamkeit. Welche Bedeutung sie erlangt hat, zeigt etwa die Diskussion zwischen der Europäischen Union und den Vereinigten Staaten von Amerika über die Zulässigkeit des grenzüberschreitenden Datenverkehrs.[2] Datenschutz ist Persönlichkeitsschutz; er schützt die freie Entfaltung der Persönlichkeit. Datenschutz hat aber zunehmend auch eine wirtschaftliche Komponente. Zum einen erfordert eine datenschutz-

---

1 Dazu und zum folgenden *Müthlein/Heck*, Outsourcing und Datenschutz, 2. Aufl. 1997, S. 1 ff.

2 *Eul*, FLF 1999, 112 ff.; *Eul/Godefroid*, RDV 1998, 65 ff.; *Brühann*, in: *Büllesbach* (Hrsg.): Datenverkehr ohne Datenschutz?, 1999, S. 35 ff. zu dem Safe Harbor Konzept jüngst *Klug*, RDV 2000, 212.

rechtskonforme Ausrichtung eines Unternehmens – gerade eines internationalen Konzerns – oft einen hohen finanziellen Aufwand, der mittlerweile mehrstellige Millionenbeträge erreicht. Zum anderen ist der drohende Image-Verlust bei Datenschutzrechtsverstößen gewaltig. Welche wirtschaftliche Rolle der Datenschutz spielt, zeigt exemplarisch der Bereich E-Commerce: Die Marktbeobachter von Jupiter Communications aus New York prophezeien für Europa im Jahr 2003 eine Halbierung der Umsätze um fast € 8,3 Milliarden, wenn der Datenschutz nicht den Wünschen der Verbraucher angepaßt wird.[3] Diese Befindlichkeit läßt sich auch auf andere Wirtschaftsbereiche übertragen. Unternehmen müssen sich daher zwangsläufig mit dem Thema Datenschutz auseinandersetzen. Dies gilt auch und gerade bei der Auslagerung von Funktionen auf Drittunternehmen.

Bei Banken kommt noch ein weiterer Aspekt hinzu: Die Verletzung datenschutzrechtlicher Vorschriften kann sich als Mißstand im Sinne des § 6 KWG darstellen und aufsichtsrechtliche Maßnahmen auslösen (§ 6 Abs. 2 KWG). Bezeichnenderweise verlangen sämtliche bisherigen Entwurfsfassungen des Rundschreibens des Bundesaufsichtsamtes für das Kreditwesen zur Auslagerung von Bereichen auf ein anderes Unternehmen nach § 25 a Abs. 2 KWG die Einhaltung der datenschutzrechtlichen Vorgaben.[4] Ein Verstoß gegen datenschutzrechtliche Bestimmungen steht daher einer Auslagerung entgegen; die Ordnungsmäßigkeit der Geschäfte wäre durch die Auslagerung entgegen § 25 a Abs. 2 KWG unzulässigerweise beeinträchtigt.

Zum besseren Verständnis der Problematik werden im folgenden zunächst die zentralen Eckpunkte des Datenschutzrechts skizziert. Bei Banken setzt zudem das Bankgeheimnis einer Weitergabe von Informationen Grenzen. Die Schranken des Datenschutzrechts und des Bankgeheimnisses für die Auslagerung werden dann im folgenden näher erörtert. Besondere Anforderungen stellt das Datenschutzrecht, wenn die Daten ins Ausland übermittelt werden sollen. Abschließend gilt es, diese Vorgaben zu werten.

---

3 *Wirtschaftswoche* vom 10. August 2000.

4 Zuletzt Bundesaufsichtsamt für das Kreditwesen, Entwurf eines Rundschreibens ..../2000 Auslagerung von Bereichen auf ein anderes Unternehmen gemäß § 25 a Abs. 2 KWG (Stand: 14. Juni 2000) – im folgenden: Rundschreiben – Tz. 33.

II. Datenschutzrecht

1. Datenschutzrecht als Verbot mit Erlaubnisvorbehalt

Das deutsche und mittlerweile auch das europäische Datenschutzrecht[5] sind außerordentlich restriktiv.

a) Nationales Recht

Das Bundesverfassungsgericht hat in seinem Volkszählungsurteil[6] den Datenschutz zum Grundrecht gemacht und das Grundrecht auf informationelle Selbstbestimmung entdeckt. Überspitzt formuliert, soll jeder selbst bestimmen können, wer wann was bei welcher Gelegenheit über ihn wissen darf.[7] Es ist daher nur folgerichtig, wenn das Datenschutzrecht jede Verarbeitung personenbezogener Daten verbietet. § 4 Abs. 1 BDSG erlaubt die Verarbeitung personenbezogener Daten nur, wenn dies durch oder aufgrund eines Gesetzes zugelassen ist oder der Betroffene eingewilligt hat. Die grundsätzliche Beschränkung dieses Verbots auf die Datenverarbeitung in oder aus Dateien (§ 1 Abs. 2 Nr. 3 BDSG) spielt angesichts der technischen Entwicklung kaum noch eine Rolle. Der Gesetzgeber des Jahres 1977 mochte zwar noch davon ausgehen, daß er angesichts der vergleichsweise geringen Verbreitung von Großrechnern nur einen geringen Ausschnitt der Informationsverarbeitung regeln würde. Die schnelle Verbreitung der EDV-gestützten Datenverarbeitung führte jedoch dazu, daß der Dateibezug regelmäßig gegeben ist. Ohnehin muß der Dateibezug schon aus gemeinschaftsrechtlichen Gründen weitgehend obsolet werden; künftig wird er nur noch bei den nichtautomatisierten Dateien eine Funktion haben (Art. 3 Abs. 1 EG-

---

5 Richtlinie 95/46/EG des Europäischen Parlaments und des Rates vom 24. Oktober 1995 zum Schutz natürlicher Personen bei der Verarbeitung personenbezogener Daten und zum freien Datenverkehr (EG-Datenschutzrichtlinie); Richtlinie 97/66/EG des Europäischen Parlaments und des Rates vom 15. Dezember 1997über die Verarbeitung personenbezogener Daten und den Schutz der Privatsphäre im Bereich der Telekommunikation.

6 *BVerfGE* 65, 1, 42 ff.; zur Reichweite des Urteils *Deutsch*, Die heimliche Erhebung von Informationen, 1992, S. 67 ff.

7 *BVerfGE* 65, 1, 43.

Datenschutzrichtlinie);[8] in der Praxis – diese Prognose ist zu wagen – wird der Dateibegriff nahezu völlig bedeutungslos werden.

b) Gemeinschaftsrecht

Ähnlich wie § 4 BDSG enthält auch Art. 7 der EG-Datenschutzrichtlinie ein Verbot mit Erlaubnisvorbehalt. Die Bestimmung verlangt von den Mitgliedstaaten Regelungen, die eine Verarbeitung personenbezogener Daten nur in den dort explizit aufgeführten Fällen erlauben. Neben der Einwilligung sind dies – stark vereinfacht gesagt – im wesentlichen die Fälle, die der deutsche Gesetzgeber in § 28 BDSG geregelt hat.

2. *Die Konsequenzen des Verbots: Konflikt mit der Verarbeitungsfreiheit*

Die Konsequenzen eines grundsätzlichen Verbots der Erhebung, Verarbeitung und Nutzung personenbezogener Daten sind außerordentlich weitreichend. Das durch den Datenschutz geschützte allgemeine Persönlichkeitsrecht tritt bei der Rechtsanwendung in den Vordergrund. Die Datenverarbeitung ist dann rechtfertigungsbedürftig. Da dies für jede Verarbeitung personenbezogener Daten gilt, wird sofort das besondere Dilemma des Datenschutzes deutlich: Die Berücksichtigung der Interessen derjenigen, die personenbezogene Daten verarbeiten wollen oder sogar müssen.

a) Grundrechtsschutz des Datenverarbeiters

Dabei handelt es sich nicht um vernachlässigenswerte, weil rechtlich nicht geschützte Belange. Im Gegenteil: Auch die Datenverarbeiter können sich bei der Erhebung, Verarbeitung und Nutzung personenbezogener Daten auf Grundrechte berufen. Gerade im Bereich der Wirtschaft gehört es zu den durch Art. 12 Abs. 1 GG geschützten grundrechtlichen Freiheiten eines jeden Unternehmens, die für seine Tätigkeit erforderlichen Daten – und damit auch die personenbezogenen Daten – zu verarbeiten und zu nutzen. Vom Grundrecht des Art. 12 Abs. 1 GG ist auch das Recht erfaßt, bestimmte Tätigkeiten selbst vorzunehmen oder sich von Dritten zuarbeiten zu lassen.[9] Dieses

---

8 Vgl. *BR-Drucks.* 461/00 vom 18.08.2000, S. 76, 78.
9 *Ehmann*, RDV 1999, 12, 15.

Grundrecht wiegt nicht weniger schwer als das Interesse der von der Datenverarbeitung Betroffenen an der Wahrung ihrer Privatsphäre. Der Konflikt ist offensichtlich. Er führt zwangsläufig zu der Frage, ob die Abgrenzung, die das Bundesverfassungsgericht in seinem Volkszählungsurteil für das Recht auf informationelle Selbstbestimmung vorgenommen hat, nicht einer Präzisierung bedarf. Eine Auseinandersetzung mit diesem Problem tut not, würde aber den hier vorgegebenen Rahmen sprengen.[10] Immerhin: Der Gesetzgeber hat gesehen, daß ein Verbot mit Erlaubnisvorbehalt angesichts der zwangsläufig bestehenden Notwendigkeit, Daten zu verarbeiten, zahlreicher Durchbrechungen bedarf.

b) Verbot der Datenverarbeitung und Generalklauseln

Tatsächlich war der Gesetzgeber genötigt – das gilt sowohl für das deutsche Datenschutzrecht als auch für das Gemeinschaftsrecht –, dieses Verbot durch Generalklauseln zu öffnen. Das deutsche Recht regelt diese Generalklauseln für die Privatwirtschaft in den § § 28, 29 BDSG, das Gemeinschaftsrecht insbesondere in Art. 7 f EG-Datenschutzrichtlinie. Von besonderer praktischer Bedeutung ist dabei die Generalklausel des § 28 Abs. 1 Satz 1 Nr. 2 BDSG:[11] Danach darf der Datenverarbeiter personenbezogene Daten eines Dritten für seine eigenen geschäftlichen Zwecke insbesondere dann verarbeiten, wenn er daran ein berechtigtes Interesse hat, die Verarbeitung der Daten erforderlich (im Sinne von vernünftigerweise geboten) und die schutzwürdigen Interessen des Betroffenen nicht überwiegen.[12] Es liegt auf der Hand, daß die Kombination von Verbot mit Erlaubnisvorbehalt und seine Durchbrechung durch eine Generalklausel zu fast unauflösbaren Anwendungsschwierigkeiten führen. Verläßliche Leitlinien und damit Rechtssicherheit lassen sich damit kaum gewinnen. Eines ist allerdings zu betonen: Bei der nach dieser Bestimmung gebotenen Interessenabwägung sind die grundrechtlich geschützten Belange des Datenverarbeiters mit diesem Gewicht – als verfassungsrechtlich geschützte Belange – in die Abwägung einzustellen. Nicht jede wirtschaftliche Betätigung ist deswegen verboten, weil die

---

10 Vgl. kritisch *Ehmann*, RDV 1998, 235 ff., RDV 1999, 12 ff.; *ders.*, RDV 1997, 3 ff.; kritisch zum Volkszählungsurteil *Deutsch* (Fn. 6), S. 76 ff., 135 ff.

11 Die Bestimmung wird in der überfälligen Novellierung des BDSG von ihrem materiellen Gehalt her unverändert bleiben, *BR-Drucks*. 461/00, S. 31, 105.

12 *Gola/Schomerus*, BDSG, Kommentar, 6. Aufl. 1997, § 28 Anm. 7.

damit verbundene Verarbeitung und Nutzung personenbezogener Daten nicht dem Wunsch oder Interesse des Betroffenen entspricht. Das Verarbeitungsverbot greift erst dann, wenn die Interessen des Betroffenen gewichtiger sind als diejenigen des verarbeitenden Unternehmens. Und das Gewicht seiner Interessen wird ebenfalls durch den grundrechtlichen Schutz seiner Betätigung vorgegeben. Eine wesentliche Rolle spielt dabei der verfassungsrechtliche Verhältnismäßigkeitsgrundsatz: Der Schutz der Privatheit des Betroffenen rechtfertigt keine unverhältnismäßigen Einschränkungen des Datenverarbeiters. Dies ist bei der Auslegung der entsprechenden Erlaubnistatbestände zu berücksichtigen.

3. *Datenverarbeitung und Bankgeheimnis*

Für den Bankensektor kommt ein weiteres Element hinzu, das einer Datenverarbeitung entgegensteht: das Bankgeheimnis.[13] Danach sind Kreditinstitute zur Geheimhaltung über sämtliche Tatsachen verpflichtet, die ihnen im Zusammenhang mit einer Geschäftsverbindung bekannt geworden sind.

a) Grundlage und Reichweite nach herkömmlichem Verständnis

Das Bankgeheimnis hat seine Rechtsgrundlage im Bankvertrag; es ist gesetzlich anerkannt.[14] Das Hauptproblem besteht in der Bestimmung seiner Reichweite. Herkömmlich wird das Bankgeheimnis so interpretiert, daß es auf den tatsächlichen oder – wenn dieser nicht geäußert wurde – auf den mutmaßlichen Willen des Kunden ankommt. Mutmaßlich geht der Kunde – so diese Argumentation – zumindest davon aus, daß die Bank seine Daten nicht an externe Dritte weitergibt. Der mutmaßliche Wille des Kunden richtet sich ferner darauf, daß innerhalb der Bank niemand seine Daten erhält, dem sie nicht zustehen. Diese enge Auffassung hat auch Auswirkungen im datenschutzrechtlichen Bereich. Zum einen ist klar, daß der Betroffene überwiegende schutzwürdige Interessen am Ausschluß einer Verarbeitung seiner Daten geltend machen kann, wenn die Verarbeitung – die Übermittlung der

---

13 Zum Bankgeheimnis *Weber*, in: *Hellner/Steuer*, Bankrecht und Bankpraxis, Bd. 1, Stand: 1996, 2/840 ff.

14 Etwa durch § § 282 Abs. 1 Nr. 6, 384 Nr. 3 ZPO, dazu *Sichtermann u.a*, Bankgeheimnis und Bankauskunft, 3. Aufl. 1984, S. 210 ff.

Daten an Dritte – gegen das Bankgeheimnis verstößt. Zum anderen ergeben sich Restriktionen aus der Rechtsnatur des Bankgeheimnisses: Das Bankgeheimnis ist nämlich Berufsgeheimnis (vgl. § 1 Abs. 4 Satz 2 BDSG). Für besondere Berufsgeheimnisse wird die Auffassung vertreten, daß sie einer Datenweitergabe selbst dann entgegenstehen, wenn datenschutzrechtlich zwar keine Übermittlung im Sinne des BDSG vorliegt, wohl aber eine Offenbarung an einen Dritten, wie es im Fall der Auftragsdatenverarbeitung gegeben ist.[15]

b) Die Konsequenzen des Bankgeheimnisses

Die Konsequenzen dieser Auffassung sind bei genauer Betrachtung außerordentlich weitreichend: Daten, die unter das Bankgeheimnis fallen, könnten nicht an Externe weitergegeben werden. Kreditinstitute, die dem Bankgeheimnis unterliegen, wären regelmäßig gehindert, ihre Organisation zu ändern. Eine Ausgliederung bestimmter Funktionseinheiten wäre ihnen verboten. Jede, auch die kleinste Bank, müßte sich beispielsweise eine eigene Steuerabteilung halten. Die Inanspruchnahme externer Rechtsberatung im Verhältnis zum Kunden wäre in vielen Fällen außerordentlich problematisch. Die Jahresabschlußprüfung würde nahezu unlösbare Probleme aufwerfen, weil ein tatsächlicher oder mutmaßlicher entgegenstehender Wille des Kunden möglicherweise sogar die Prüfung verhindern würde. Bezeichnenderweise geht die herrschende Meinung in diesen Fällen davon aus, daß die Weitergabe von Bankkundendaten an Steuerberater und Wirtschaftsprüfer jedenfalls dann zulässig ist, wenn diese Personen Hilfsfunktionen für die Bank ausführen und ihrerseits auf das Bankgeheimnis verpflichtet werden.[16] Wie dies mit dem entgegenstehenden mutmaßlichen oder tatsächlichen Willen des Kunden zu vereinbaren sein soll, wird dort allerdings nicht erklärt. Es stellt sich daher die Frage, ob diese Sicht zutrifft.

---

15 *Walz*, in: *Simitis/Damann/Mallmann/Walz*, BDSG, Kommentar, Stand: 1992, § 11 Rdnr. 31.

16 *Sichtermann u.a.*, Bankgeheimnis und Bankauskunft (Fn. 14), S. 163.

c) Funktionsbezogene Betrachtung des Bankgeheimnisses

Diese Interpretation des Bankgeheimnisses ist zu eng. Sie verkennt Ursprung und den funktionsbezogenen Charakter des Bankgeheimnisses. Das Bankgeheimnis ergibt sich unmittelbar aus dem Bankvertrag. Es umfaßt alles das, was der Kunde geheimhalten will. Dabei kann allerdings nicht unberücksichtigt bleiben, daß der Kunde heute nicht mehr zwangsläufig davon ausgehen kann, daß seine Bank sämtliche Tätigkeiten hausintern wahrnimmt. Im Gegenteil: Da die Globalisierung und die vielfältige Auslagerung von Funktionen das gesamte gesellschaftliche Leben zunehmend durchdringt, muß (und wird) der Kunde sogar grundsätzlich annehmen, daß bestimmte Funktionen nicht mehr zwangsläufig unmittelbar durch die Bank wahrgenommen werden; er muß (und wird) regelmäßig damit rechnen, daß sich die Bank in gewissem Umfang auch Externer zur Erbringung von Bankdienstleistungen bedient. Seine Erwartungshaltung wird – wie erwähnt – regelmäßig dahingehen, daß dieser Externe die Daten nicht für eigene Zwecke, sondern nur für die der Bank und auch nur dann nutzt, wenn er selbst an das Bankgeheimnis gebunden ist. Dem stehen die Allgemeinen Geschäftsbedingungen der Finanzinstitute nicht entgegen. Auf den ersten Blick scheint es zwar, als untersagten die Banken-AGBs jede Weitergabe, solange dies nicht gesetzlich vorgeschrieben ist, der Kunde eingewilligt hat oder die Bank zur Erteilung einer Bankauskunft befugt ist. Dabei kann es der Sache nach jedoch nur um eine Weitergabe an solche Dritte gehen, die mit der Abwicklung der konkreten Bankgeschäfte, der Erfüllung der konkreten Funktion nichts zu tun haben. Fehlt es daran, müssen diese Voraussetzungen vorliegen, um eine Weitergabe zu rechtfertigen. Sobald sich die Bank aber Dritter bei der Aufgabenerfüllung bedient, kann dies nicht anders beurteilt werden, als wenn sie mit eigenen Mitarbeitern tätig wird.[17] Aus der Sicht des Kunden spielt es insoweit keine Rolle, ob diese Tätigkeit durch die Bank selbst oder durch Dritte wahrgenommen wird. Entscheidend ist für ihn, daß auch der externe Dienstleister diese Daten nur für die Zwecke der Bank verarbeitet, insoweit also selbst an das Bankgeheimnis gebunden ist. Mit anderen Worten: Aus der Sicht des Bankgeheimnisses ist weniger auf die rechtliche Einheit, sondern auf die Funktionseinheit abzustellen. Der Kunde vertraut darauf, daß diese Funktionseinheit seine Daten vertraulich behan-

---

17 So auch *Weber* (Fn. 13), 2/855.

delt; aus seiner Sicht ist es gleichgültig, aus wie vielen juristischen oder natürlichen Personen diese Funktionseinheit besteht.

III. Auslagerung

Dieser Überblick macht die datenschutzrechtliche Problematik der Auslagerung deutlich. Die Auslagerung führt zwangsläufig dazu, daß Daten von dem auslagernden Unternehmen an das Auslagerungsunternehmern weitergegeben werden. Dies ist – jedenfalls prima facie – ein Fall der Datenübermittlung (§ 3 Abs. 5 Nr. 3 BDSG). Das Auslagerungsunternehmen nutzt diese Daten für Zwecke des auslagernden Unternehmens. Auch dies ist datenschutzrechtlich als Datennutzung relevant. Ohne datenschutzrechtliche Rechtfertigung ist eine solche Übermittlung und Nutzung grundsätzlich unzulässig. Diese Rechtfertigung liegt immer dann vor, wenn die Betroffenen eingewilligt haben. Eine solche Einwilligung ist jedoch in vielen Fällen der Auslagerung nicht vorhanden. Hinge eine Auslagerung tatsächlich von einer Einwilligung der Betroffenen ab, würde sie regelmäßig scheitern. Denn wenn selbst nur ein geringer Teil der Betroffenen seine Einwilligung verweigern würde, wäre das auslagernde Unternehmen gezwungen, zumindest noch einen Teil der jeweiligen Funktion selbst wahrzunehmen, da diese mangels Einwilligung ja keinem dritten Unternehmen übertragen werden dürfte. Der gewünschten Effekte der Auslagerung (Konzentration auf das Kerngeschäft, effiziente Nutzung externer Ressourcen, Kostenersparnis) ließen sich nicht erreichen. Aus datenschutzrechtlicher Sicht bedarf es daher einer gesetzlichen Zulassung.

1. Die Privilegierung der Auftragsdatenverarbeitung

Für die Auslagerung von Funktionen löst § 11 BDSG mit der Regelung der Auftragsdatenverarbeitung anscheinend dieses Problem. Diese Bestimmung fingiert, daß der Auftragsdatenverarbeiter nicht Dritter im Sinne des Datenschutzrechts ist (§ 3 Abs. 9 Satz 2 BDSG). Da eine grundsätzlich verbotene Übermittlung aber nur im Verhältnis zu einem Dritten vorliegt, ist die Datenweitergabe insoweit unproblematisch. Folgerichtig bestimmt § 11 BDSG, daß grundsätzlich der Auftraggeber dafür verantwortlich ist, daß bei einer Auftragsdatenverarbeitung die datenschutzrechtlichen Bestimmungen eingehalten werden. Auf den ersten Blick scheint diese Vorschrift die Auslagerung abzudecken. Der zweite Blick zeigt jedoch, daß eine Einschränkung jedenfalls dann gemacht werden muß, wenn der Auftragsdatenverarbeiter nicht in der Bundesrepublik Deutschland, sondern im Ausland sitzt. Hier bestimmt § 3 Abs. 9 BDSG, daß dieser Auftragsdatenverarbeiter eben doch Dritter ist. Die Datenweitergabe ins Ausland bedarf also einer besonderen Rechtfertigung. Das zweite Problem ist etwas versteckter. Es dreht sich um die Frage, was Gegenstand einer Auftragsdatenverarbeitung sein kann. Nur soweit tatsächlich Auftragsdatenverarbeitung vorliegt, kann das Privileg des § 11 BDSG greifen. Und schließlich gibt es noch ein drittes Problem, das sich ebenfalls nicht unmittelbar aus dem Gesetz ergibt. Das sind die besonderen Anforderungen, die die datenschutzrechtlichen Aufsichtsbehörden an eine Auslagerung auf den Bankensektor stellen.

2. *Die Reichweite der Auftragsdatenverarbeitung und die Funktionsübertragung*

Das zentrale Problem ist die Bestimmung der Reichweite der Auftragsdatenverarbeitung. Es wird in der Praxis[18] und in der Literatur[19] unter dem Stichwort der Abgrenzung zur Funktionsübertragung diskutiert.

a) Funktionsübertragung als rechtfertigungsbedürftige Datenübermittlung

Eine solche Funktionsübertragung soll nicht unter die Privilegierung des § 11 BDSG fallen, sondern bedarf nach herrschender Meinung der Legitimation durch eine gesetzliche Ermächtigung oder die Einwilligung des Betroffenen.[20] Danach ist die Auftragsdatenverarbeitung dadurch gekennzeichnet,

---

18 *Aufsichtsbehörde Baden-Württemberg*, Hinweise zum BDSG Nr. 26, St.Anz. 1987 Nr. 1/2 S. 7.

19 *v. Westphalen*, WM 1999, 1810, 1815 f..; *Müthlein/Heck*, a.a.O (Fn. 1), S. 25 ff.; *Gola/Schomerus* (Fn. 12), § 11 Anm. 2.4; *Klebe*, in: *Däubler/Klebe/Wedde*, BDSG, Kommentar, 1996, § 11 Rdnr. 3; *Walz*, in: *Simitis/Dammann/Geiger/Mallmann/Walz*, BDSG, Kommentar (Fn. 14), § 11 Rdnr. 18 ff.; *Schaffland/Wiltfang*, Kommentar, Stand: 1998, BDSG, § 11 Rdnr. 7.

20 *Müthlein/Heck*, a.a.O (Fn. 1), S. 25 ff.; *Gola/Schomerus* (Fn. 12), § 11 Anm. 2.4; *Klebe*, in: *Däubler/Klebe/Wedde*, BDSG (Fn. 19), § 11 Rdnr. 3; *Walz*, in: *Simitis/Dammann/Geiger/Mallmann/Walz*, BDSG, Kommentar (Fn. 14), § 11 Rdnr. 18 ff.; *Hartmann*, in: *Steuer/Hellner*, Bankrecht und Bankpraxis, Bd. 6, Stand: 1999, 17/220; vgl. *BT-Drucks*. 11/4306, S. 43

daß der Auftragnehmer in mindestens einer Phase der Datenverarbeitung unterstützend tätig wird, während im Falle der Funktionsübertragung zusätzlich zur Datenverarbeitung für einen Dritten eine selbständige Erledigung weiterer fremder Aufgaben vorliegt (etwa, wenn ein Meinungsforschungsinstitut ein fremdes Institut mit der Durchführung einer Meinungsumfrage beauftragt, wenn ein Konzernrechenzentrum die Personaldaten verarbeitet und die Personalverwaltung einheitlich für alle Konzernfirmen wahrnimmt oder wenn personenbezogene Daten von der Tochtergesellschaft an die Konzernrechtsabteilung für die Rechtsberatung oder Prozeßführung übermittelt werden).[21] Für eine solche Funktionsübertragung bedarf es – so die herrschende Meinung und Praxis der Aufsichtsbehörden – der Rechtfertigung entweder durch Einwilligung oder durch gesetzliche Ermächtigung.

b) Folgen für die Bankpraxis

Die Folgen für die Bankpraxis sind offensichtlich: Sehr viele Fälle der Auslagerung von Funktionen ließen sich nicht rechtfertigen.

Wegen des Bankgeheimnisses wäre die Übermittlung der Daten an den Auftragnehmer ohne Einwilligung der Kunden unzulässig; sie könnte nicht auf § 28 Abs. 1 Satz 1 Nr. 2 BDSG gestützt werden. In der Praxis scheidet bei Auslagerungsfällen aber die Einholung der Einwilligung von allen Betroffenen als praktikable Lösung aus. Das gilt vor allem dann, wenn die Kunden der Bank nachträglich um eine solche Einwilligung gebeten werden. Nicht nur der damit verbundene Aufwand wäre immens (was ein Absehen von der Einwilligung zunächst nicht rechtfertigen würde), die Auslagerung würde unabhängig davon scheitern, wenn Kunden die Einwilligung verweigerten. Deswegen hilft es auch nicht weiter, wenn die Bank standardmäßig eine derartige Einwilligung verlangen würde. Auch dann werden einige Kunden regelmäßig die Einwilligung verweigern. Eine Teilauslagerung scheidet in diesen Fällen regelmäßig aus; die Bank müßte sich entweder von den Kunden trennen, die ihre Einwilligung verweigert haben oder für diese die ausgelagerten Funktion erneut intern bereitstellen. Der wirtschaftliche Erfolg der Auslagerung ließe sich also nicht erreichen.

Auch bankaufsichtsrechtlich hat diese Auffassung erhebliche Konsequenzen. Nimmt man sie ernst, fehlt es mangels Einwilligung an der auf-

---

21 *Gola/Schomerus* (Fn. 12), § 11 Anm. 2.4.

sichtsrechtlichen Zulässigkeit der Auslagerung. Sie scheitert, weil wegen des Verstoßes gegen die Datenschutzbestimmungen die Ordnungsmäßigkeit der ausgelagerten Geschäfte und Dienstleistungen nicht mehr gewährleistet wäre. Die Voraussetzungen des § 25 a Abs. 2 KWG wären nicht mehr erfüllt. Da aber die meisten Auslagerungsfälle im Anwendungsbereich dieser Vorschrift die Weitergabe personenbezogener Daten voraussetzen, wäre ihr Anwendungsbereich drastisch eingeschränkt. § 25 a Abs. 2 KWG würde für weite Teilbereiche obsolet. Diese unerwünschte Konsequenz wird auch in der Praxis gesehen.[22] Sie plädiert dafür, immer dann, wenn die übrigen Voraussetzungen des § 25 a Abs. 2 KWG erfüllt sind, eine Auftragsdatenverarbeitung anzunehmen. In diesem Fall bedürfte es wegen § 11 BDSG für die Weitergabe weder einer gesetzlichen Ermächtigung noch der Einwilligung der Betroffenen. Die Auffassung verdient vom Ergebnis her Beifall. Konsequent zu Ende gedacht führt sie zu der Erkenntnis, daß die Figur der Funktionsübertragung obsolet ist.

c) Funktionsübertragung ist Auftragsdatenverarbeitung

So klar die Abgrenzung zwischen der Auftragsdatenverarbeitung als der weisungsgebundenen Datenverarbeitung für Dritte einerseits und der Funktionsübertragung als der (auch weisungsunterworfenen) Wahrnehmung zusätzlicher Aufgaben andererseits auf den ersten Blick erscheint, so schwierig ist sie in der Praxis. Dabei geht es weniger um die Abgrenzungsfragen, so viele Probleme sie auch aufwerfen mögen.[23] Tatsächlich fragt sich, wodurch die Unterscheidung gerechtfertigt ist.[24]

Der Wortlaut des § 11 BDSG gibt für eine solche Differenzierung nichts her. Er privilegiert die personenbezogene Datenverarbeitung im Auftrag, besagt aber nicht, daß der Auftragsdatenverarbeiter in diesem Zusammenhang keine weiteren Aufgaben des Datenverarbeiters wahrnehmen darf.

Auch der Sinn und Zweck der Privilegierung der Auftragsdatenverarbeitung zwingt nicht zu dieser Differenzierung. § 11 BDSG privilegiert die Fälle, bei denen der Auftragnehmer dem Auftraggeber weisungsgebunden Unterstützung leistet und Hilfsfunktionen für die Aufgabenerfüllung und

---

22 *Hartmann* (Fn. 20), 17/222.
23 *Müthlein/Heck* (Fn. 1), S. 26 f.
24 kritisch auch *Fassbaender*, RDV 1994, 12 ff.; *Hartmann* (Fn. 20), 17/222.

Geschäftszwecke des Auftraggebers leistet. Es ist nicht recht ersichtlich, warum diese Konstellation allein auf Fälle beschränkt sein soll, in denen der Auftragnehmer keine zusätzlichen Aufgaben für den Auftraggeber – wie etwa die Durchführung der Personalverwaltung – wahrnimmt. Es bringt auch keinen zusätzlichen Gewinn, wenn man diese Fälle dem Verbot mit Erlaubnisvorbehalt und damit den gesetzlichen Ermittlungsvorschriften unterwirft. Soweit das Schrifttum sich zu diesen Punkten überhaupt äußert, liegt in den Fällen, die nicht unter § 11 BDSG fallen, regelmäßig – und nicht überraschend – eine zulässige Datenverarbeitung vor.

Der Schutz des Betroffenen, dessen Daten verarbeitet werden, zwingt ebensowenig zur Differenzierung zwischen Auftragsdatenverarbeitung und Funktionsübertragung. Der Betroffene ist hinreichend geschützt, wenn er sich bei Verletzung datenschutzrechtlicher Vorschriften an den Auftraggeber halten und ihn in Anspruch nehmen kann.[25] Sein Schutz wird bei Annahme einer Auftragsverarbeitung sogar noch gestärkt, da der Auftragnehmer in keinem Fall das Recht hat, die Daten entgegen den Weisungen des Auftraggebers zu verarbeiten und sie so zweckzuentfremden.

Für die Qualifizierung der Funktionsübertragung als Auftragsdatenverarbeitung sprechen auch verfassungsrechtliche Wertungen. Die Bestimmungen des § 28 Abs. 1 BDSG schränken die unternehmerische Freiheit des Auftraggebers ein. Ihm wird vorgegeben, wie er im Falle einer Auslagerung betrieblicher Funktionen mit bisher intern verarbeiteten und genutzten Daten umzugehen hat. Dieser Eingriff in Art. 12 Abs. 1 GG ist nur gerechtfertigt, wenn er unter Berücksichtigung des damit bezweckten Schutzes des allgemeinen Persönlichkeitsrechts des betroffenen „Inhabers der Daten“ verhältnismäßig ist. Es darf also unter anderem keine weniger einschneidende, unter dem Gesichtspunkt des Persönlichkeitsschutzes aber gleich wirksame Einschränkung dieser unternehmerischen Freiheit geben. Genau das ist aber der Fall: Die Anwendungen der Regeln der Auftragsdatenverarbeitung tragen – wie gezeigt – den datenschutzrechtlichen Belangen des Betroffenen nicht nur in gleich wirksamer Weise, sondern sogar noch besser Rechnung. Die Unterscheidung zwischen Auftragsdatenverarbeitung und Funktionsübertragung kann daher auch unter dem Gesichtspunkt der ver-

25 *Hartmann* (Fn. 20), 17/222.

fassungsrechtlich geschützten Berufsfreiheit jedenfalls für Auslagerungsfälle in der Privatwirtschaft nicht aufrecht erhalten werden.

Die Differenzierung ist aufzugeben. Immer dann, wenn der Auftragnehmer die Daten nur für die Zwecke des Auftraggebers verarbeitet und bei dieser Arbeit weisungsgebunden ist, liegt eine Auftragsdatenverarbeitung vor (jedenfalls, solange der Auftragnehmer im Inland sitzt). Die Grenze ist dann überschritten, wenn der Auftragnehmer die Daten für andere Zwecke als die des Auftraggebers verwenden will oder wenn er damit Zwecke Dritter wahrnimmt. Solange dies nicht der Fall ist, ist die Privilegierung des § 11 BDSG einschlägig. Ausnahmen kommen allenfalls dann in Betracht, wenn die Auslagerung Informationen aus höchstpersönlichen Vertrauensverhältnissen betrifft, die der Betroffene nur mit seiner Vertrauensperson und vielleicht noch mit deren Hilfskräften teilen will (etwa im Gesundheitsbereich). Hier ist die Datenweitergabe unabhängig vom Vorliegen einer Übermittlung regelmäßig unzulässig.

3. *Auftragsdatenverarbeitung und Bankgeheimnis*

Damit ist allerdings nur der datenschutzrechtliche Aspekt geklärt. Es stellt sich die Frage, ob das Bankgeheimnis nicht doch zu einer anderen Beurteilung führt. Das Bankgeheimnis könnte zu einem Ausschluß der Datenweitergabe führen, und zwar unabhängig davon, ob eine Übermittlung im datenschutzrechtlichen Sinne oder eine bloße Weitergabe im Rahmen eines nach § 11 BDSG privilegierten Auftragsverhältnisses vorliegt.

a) Die Haltung der Aufsichtsbehörden

Tatsächlich sind einige Aufsichtsbehörden im Datenschutzbereich dieser Auffassung, wenn nach ihrem Verständnis eine Funktionsübertragung vorliegt. Andere stellen auch bei Annahme einer Auftragsdatenverarbeitung erhöhte Anforderungen.

Bei einer Funktionsübertragung – so die Argumentation der Aufsicht in Baden-Württemberg – sei eine Einwilligung des Bankkunden wegen des Bankgeheimnisses zwingend erforderlich. Der Bankkunde müsse annehmen, seine Daten würden ausschließlich in der Bank verarbeitet, wenn sich aus dem Vertragsverhältnis nicht etwas anderes ergebe. Er habe daher ein überwiegendes Interesse am Ausschluß einer wie auch immer gearteten Datenweitergabe. Allenfalls dann, wenn im Bankvertrag deutlich werde, daß die Bank auch externe Dienstleister einschalte, sei eine Einwilligungserklärung entbehrlich.[26] Die Bedeutung dieser Auffassung liegt auf der Hand: Wenn sie sich durchsetzt, wird sie gerade auf der Basis der herrschenden Meinung zur Funktionsübertragung dazu führen, daß Banken in großem Umfange an der Auslagerung von Aufgaben gehindert sind. Immer dann, wenn keine ausdrückliche Einwilligung eines Großteils der Kunden vorliegt, wird die Auslagerung aus wirtschaftlichen Gründen scheitern.

Doch nicht nur bei der sogenannten Funktionsübertragung, sondern auch bei der Auftragsdatenverarbeitung stellen Landesaufsichtsbehörden zusätzliche Anforderungen. Sie sind der Auffassung, daß die Bank die betroffenen Bankkunden zumindest zu benachrichtigen habe. So hat das baden-württembergische Innenministerium in seinen datenschutzrechtlichen Hinweisen auch bei einer Auftragsdatenverarbeitung (im konkreten Fall wurde eine Kundenbefragung auf ein Marktforschungsinstitut ausgelagert) verlangt, daß die Kunden über die beabsichtigte Befragung zu informieren seien. Die Aufsichtsbehörde hat dabei konkrete Angaben verlangt, welche personenbezogenen Daten zum Zwecke der Kundenbefragung an welche Stellen weitergegeben werden. Sie hat weiter die Offenlegung gefordert, ob die Angaben des Kunden dem auftraggebenden Kreditinstitut zur Beschwerdebearbeitung und Nennung des Kunden zurückgemeldet werden sollen und eine Information über die Frist gefordert, innerhalb der bei welcher Stelle Widerspruch eingelegt werden kann.[27]

Noch radikaler müßte die bereits erwähnte Literaturauffassung sein, die auf den besonderen Charakter des Bankgeheimnisses als Berufsgeheimnis abstellt und deswegen (nach ihrer Prämisse zu Recht) sogar die Weitergabe der Daten im Rahmen eines Auftragsverhältnisses nach § 11 BDSG nicht ohne Einwilligung des Kunden zuläßt.[28]

---

26 *Aufsichtsbehörde Baden-Württemberg*, Hinweise zum BDSG Nr. 37, St.Anz. 1999, S. 1.

27 *Aufsichtsbehörde Baden-Württemberg*, Hinweise zum BDSG Nr. 37, St.Anz. 1999, S. 1.

28 *Walz*, in: *Simitis/Damann/Mallmann/Walz*, BDSG (Fn. 15), § 11 Rdnr. 31.

b) Der funktionsbezogene Charakter des Bankgeheimnisses

Diese Auffassung beruht im Ergebnis auf der überkommenen Sicht, daß der mutmaßliche oder tatsächliche Wille des Kunden die Reichweite des Bankgeheimnisses bestimmt.

Dies trifft jedoch – wie gezeigt – in dieser Ausschließlichkeit nicht zu. Das Bankgeheimnis hat auch eine objektive Komponente. Objektiv gesehen kann der Kunde heute nicht mehr zwangsläufig davon ausgehen, daß die Bank sämtliche Tätigkeiten hausintern wahrnimmt. Die Globalisierung und die Auslagerung von Funktionen durchdringen vielmehr zunehmend das gesamte gesellschaftliche Leben. Der Kunde muß daher regelmäßig annehmen, daß bestimmte Aufgaben durch Bankexterne erbracht werden, zum Teil auch erbracht werden müssen. Seine Erwartungshaltung besteht nicht undifferenziert darin, daß die Bank die Daten nicht an Dritte weitergibt. Sie geht vielmehr dahin, daß die Daten nur für bankspezifische und zwar primär für die Abwicklung seiner Geschäfte, aber auch sonst für die Zwecke der Bank (interne Auswertung, Controlling, Produktentwicklung, Angebote neuer Dienstleistungen) genutzt und verarbeitet werden und daß diese Nutzung und Verarbeitung nur durch solche Personen geschieht, die selbst an das Bankgeheimnis gebunden sind. In diesem Rahmen ist es – wie erwähnt – aus der Sicht des Betroffenen gleichgültig, ob die Aufgaben von der Bank selbst oder von Dritten wahrgenommen werden, die die Bank in die Abwicklung der Tätigkeit eingeschaltet hat.

Datenschutzrechtlich steht daher das Bankgeheimnis einer Auslagerung noch nicht einmal dann entgegen, wenn – so wie die herrschende Meinung annimmt – damit eine Datenübermittlung an Dritte verbunden ist. Der Kunde hat dann keine überwiegenden schutzwürdigen Interessen an dem Ausschluß einer Weitergabe seiner Daten. Das gilt erst recht, wenn es sich um einen klassischen Fall der Auftragsdatenverarbeitung gem. § 11 BDSG handelt, eine Datenübermittlung also gar nicht vorliegt.

Soweit die baden-württembergische Aufsichtsbehörde hier eine besondere Information des Kunden verlangt, gehen ihre Anforderungen zu weit. Die übermittlungsbezogenen Auskunftsvorschriften des § 33 BDSG greifen in diesem Falle nicht, da es gerade an einer solchen Übermittlung fehlt. Wenn die Auftragsdatenverarbeitung eine Datenerhebung durch den Auftragnehmer erforderlich macht, gebietet es zwar eine gemeinschaftsrechtskonforme Auslegung, daß der Betroffene bei der Erhebung der Daten informiert wird.

Dies ergibt sich aus Art. 10 EG-Datenschutzrichtlinie. Der Umfang dieser Information ist jedoch deutlich weniger weitreichend als das, was das Innenministerium Baden-Württemberg in seinen Hinweisen fordert.

4. *Zwischenergebnis*

Als Zwischenergebnis läßt sich daher zunächst festhalten, daß weder das Datenschutzrecht noch das Bankgeheimnis einer Auslagerung von Bankfunktionen auf Dritte entgegenstehen. Richtigerweise stellt die Auslagerung dieser Funktionen keine rechtfertigungsbedürftige Datenübermittlung dar, sondern ist durch § 11 BDSG privilegiert. Auch das Bankgeheimnis schränkt die Datenweitergabe nicht ein, wenn das Auslagerungsunternehmen die Leistung für die Bank erbringt und auf das Bankgeheimnis verpflichtet wird.

IV. Grenzüberschreitende Auslagerung

Damit ist allerdings noch nicht gesagt, wie eine Auslagerung von Funktionen ins Ausland zu beurteilen ist. Wie gezeigt, gilt die Privilegierung des § 11 BDSG nur solange, wie der Auftragnehmer im Inland sitzt. Gerade im Zeitalter der Globalisierung wird sich jedoch die Auslagerungsaktivität regelmäßig nicht auf die Bundesrepublik Deutschland beschränken, sondern das EU-Ausland, aber auch Nichtmitgliedstaaten – zu nennen sind hier insbesondere die USA, aber auch Schwellenländer wie etwa Indien – erstrecken.

1. *Die Auslagerung in EU-Mitgliedstaaten*

Auf den ersten Blick ist die grenzüberschreitende Auslagerung ins EU-Ausland an dem Verbot mit Erlaubnisvorbehalt des § 4 Abs. 1 BDSG zu messen. Da die Fiktion des § 11 BDSG aufgrund des § 3 Abs. 9 Satz 2 BDSG nicht greift, liegt ein Übermittlungsvorgang vor. Diese Auffassung läßt sich allerdings gemeinschaftsrechtlich nicht halten.[29] Ein wesentliches Ziel der EG-Datenschutzrichtlinie war es, auch datenschutzrechtlich einen Binnenmarkt zu schaffen. Nach Art. 1 Abs. 2 der Richtlinie dürfen die

29 So auch *Hartmann* (Fn. 20), 17/237.

Mitgliedstaaten den freien Verkehr personenbezogener Daten innerhalb des Binnenmarkts nicht aus Gründen des Schutzes der Privatsphäre beschränken oder gar untersagen.[30] Damit ist aber eine Bestimmung nicht zu vereinbaren, die die Auftragsdatenverarbeitung nur innerhalb der Bundesrepublik Deutschland, nicht aber in anderen EU-Mitgliedstaaten privilegiert. Hier fällt besonders ins Gewicht, daß die Umsetzungsfrist der EG-Datenschutzrichtlinie bereits seit dem 24. Oktober 1998 abgelaufen ist (Art. 32 Abs. 1 der Richtlinie).[31] Nationale Vorschriften, die mit dem Gemeinschaftsrecht insoweit nicht mehr zu vereinbaren sind, müssen seinem Vorrang weichen: Sie sind nicht mehr anwendbar. Das gilt auch für § 3 Abs. 9 Satz 2 BDSG, soweit diese Bestimmung verhindert, daß die Auftragsdatenverarbeitung in EU-Mitgliedstaaten nicht unter die Privilegierung des § 11 BDSG fällt. Die Bestimmung wird bei der Novellierung des BDSG in diesem Punkt ohnehin angepaßt werden; der neue § 3 Abs. 8 BDSG wird dann auch die Auftragsdatenverarbeitung in anderen Mitgliedstaaten ausdrücklich privilegieren.[32] Bei gemeinschaftsrechtskonformer Anwendung des § 3 Abs. 9 BDSG gilt aber schon derzeit in den gesamten EU-Mitgliedstaaten nichts anderes als für eine Auslagerung in der Bundesrepublik Deutschland. Die damit verbundene Datenübermittlung ist bei Beachtung der oben beschriebenen Vorgaben ohne weiteres zulässig.[33]

2. *Auslagerung in Drittstaaten*

Problematischer stellt sich die Situation dann dar, wenn Funktionen ins Nicht-EU-Ausland ausgelagert werden. Abgesehen von den bankaufsichtsrechtlichen Anforderungen (§ 25 a Abs. 2 KWG) stellt hier auch das Datenschutzrecht erhebliche Hürden auf. Dies ergibt sich zwar nicht unmittelbar aus dem BDSG, wohl aber aus der EG-Datenschutzrichtlinie. Deren Art. 25 Abs. 1 verbietet die Übermittlung personenbezogener Daten in Drittländer, wenn und soweit diese kein angemessenes Schutzniveau haben. Von diesem Verbot enthält Art. 26 EG-Datenschutzrichtlinie allerdings Ausnahmen, die

30 Vgl. auch Erwägungsgrund Nr. 8, 9 der Richtlinie.
31 Zu den Konsequenzen *Haslach*, DuD 1998, 693 ff.
32 *BR-Drucks*. 461/00 S. 7.
33 Davon gehen auch die Aufsichtsbehörden der einzelnen Bundesländer aus.

schon aus Gründen der Praktikabilität erforderlich waren.[34] Von diesen Ausnahmen ist insbesondere die des Art. 26 Abs. 2 von Bedeutung. Danach kann ein Mitgliedstaat eine Übermittlung oder eine Kategorie von Übermittlungen personenbezogener Daten in ein Drittland ohne angemessenes Schutzniveau genehmigen, wenn der für die Verarbeitung Verantwortliche ausreichende Garantien hinsichtlich des Schutzes der Privatsphäre bietet. Diese Garantien können sich insbesondere aus Vertragsklauseln ergeben. Die Kommission kann bestimmte Standardvertragsklauseln generell als ausreichende Garantie anerkennen (Art. 26. Abs. 4 EG-Datenschutzrichtlinie). Ein Punkt bedarf in diesem Zusammenhang der Betonung: Eine Datenübermittlung in Drittstaaten ist auch bei einem angemessenen Datenschutzniveau zulässig. Auch dann, wenn ein solches Schutzniveau festgestellt ist, setzt die Übermittlung das Vorliegen eines Erlaubnistatbestands voraus.[35]

a) Die Angemessenheit des Schutzniveaus

Von zentraler Bedeutung ist daher die Angemessenheit des Schutzniveaus.

Die Datenschutzgruppe nach Art. 29 der Datenschutzrichtlinie hat zunächst Leitlinien für die Beurteilung der Angemessenheit veröffentlicht.[36] Ihre Anforderungen sind sehr weitreichend. Der Sache nach verlangt die Arbeitsgruppe, daß in den Drittstaaten die Grundlinien des Europäischen Datenschutzrechts eingehalten werden. Es geht also weniger um ein angemessenes als vielmehr um ein äquivalentes Datenschutzniveau. Das geht über die Forderungen der Richtlinie hinaus. Sie verlangt, daß das Schutzniveau im Empfängerstaat zwar dem Kernbestand der Schutzprinzipien der Richtlinie gerecht wird, läßt aber Abweichungen zu. Angemessen ist eben nicht *gleichwertig* oder *äquivalent.*[37] Der Richtliniengeber hat entsprechende Änderungswünsche der Konferenz der Datenschutzbeauftragten der EU-

---

34 Allerdings hatte die ursprüngliche Kommissionsvorlage keine generellen Ausnahmen vorgesehen, *Simitis/Dammann*, EG-Datenschutzrichtlinie, 1997; Art. 26 Rdnr. 2.

35 *Klug*, RDV 2000, 212, 214, unklar *Ehmann/Hettrich* EG-Datenschutzrichtlinie, Kommentar, 1999, Art. 25 Rdnr. 24 f.

36 Gruppe für den Schutz der Rechte von Personen bei der Verarbeitung personenbezogener Daten, Arbeitsunterlage: Übermittlung personenbezogener Daten an Drittländer: Anwendung von Art. 25 und 26 der Datenschutzrichtlinie der EU, ED XV D 5025/98 – WP12.

37 *Simitis/Dammann* (Fn. 34), Art. 25 Rdnr. 8.

Mitgliedstaaten bezeichnenderweise nicht akzeptiert. Wenn man allerdings weiß, daß sich die Art. 29-Arbeitsgruppe vor allem aus Mitarbeitern der nationalen Datenschutzaufsichtsbehörden zusammensetzt, scheint die Annahme nicht ungerechtfertigt, daß sich auf diesem Wege der Wunsch der Datenschutzbeauftragten eben doch durchsetzen könnte.

Gemeinschaftsrechtlich sind diese Anforderungen – ohne daß dies näher dargelegt werden kann – im Detail zum Teil zu weitreichend. Ob und inwieweit sich die Forderungen der Arbeitsgruppe auf Dauer bewähren, bleibt noch abzuwarten. Immerhin hat die Arbeitsgruppe mittlerweile für Ungarn[38] und für die Schweiz[39] die Gleichwertigkeit des dortigen Datenschutzniveaus anerkannt und so den Weg für die unproblematische Datenübermittlung an Empfänger in diesen Länder eröffnet.

b) Vertragliche Regelungen

Als Mechanismus zur Erreichung eines angemessenen Schutzniveaus nennt die Richtlinie in Art. 26 Abs. 2 beispielhaft den Vertrag.[40] Ohne daß hier auf Einzelheiten eingegangen werden kann: Die Kommission hat am 29. September 2000 und damit fünf Jahre nach Inkrafttreten der Datenschutzrichtlinie einen Entwurf für Vertragsklauseln vorgelegt, die ein angemessenes Datenschutzniveau auch ohne ausdrückliche gesetzliche Regelungen im Empfängerstaat gewährleisten sollen.[41] Hat die Kommission erst einmal solche Standardvertragsklauseln gebilligt, kann die Übermittlung in Drittstaaten entsprechend diesen Vorgaben erfolgen; die nationalen Behörden der Mitgliedstaaten können die Übermittlung nicht mehr mangels fehlender Angemessenheit des Schutzniveaus im Empfängerstaat untersagen.

---

38 Entscheidung der Kommission vom 26. Juli 2000 gemäß der Richtlinie 95/46/EG des Europäischen Parlaments und des Rates über die Angemessenheit des Schutzes personenbezogener Daten in Ungarn, (K(2000) 2305).

39 Entscheidung der Kommission vom 26. Juli 2000 gemäß der Richtlinie 95/46/EG des Europäischen Parlaments und des Rates über die Angemessenheit des Schutzes personenbezogener Daten in der Schweiz, (K(2000) 2304).

40 *Eul/Godefroid*, RDV 1998, 185 ff.; auf S. 191 Hinweise zu verschiedenen Initiativen zu Standardvertragsklauseln.

41 Standardvertragsklauseln für den Export personenbezogener Daten an Empfänger in Nicht-EU-Mitgliedsstaaten, Art. 29 Data Protection Working Party, 5044/00/EN, kritisch dazu die Stellungnahme des Informationsrechtsausschusses des Deutschen Anwaltsvereins Nr. 33/2000.

c) Selbstregulierung

Neben Verträgen kommen Selbstregulierungsmechanismen in Betracht. Nach Art. 25 Abs. 2 der Richtlinie ist bei der Beurteilung der Angemessenheit des Schutzniveaus auch das im Empfängerstaat geltende Standesrecht zu berücksichtigen. Zu diesem Standesrecht gehören auch für einzelne Wirtschaftszweige verbindliche Selbstverpflichtungsregelungen. Auf diesem Hintergrund haben die USA und die Kommission schon seit 1998 diskutiert, inwieweit solche Mechanismen zu einem angemessenen Datenschutzniveau führen können.[42] Diese Diskussionen haben am 27. Juli 2000 trotz einer kritischen Stellungnahme der Artikel 29-Arbeitsgruppe[43] und trotz einer ebenfalls sehr kritischen Resolution des Europäischen Parlaments. zur Annahme der sogenannten *Safe-Harbor-Principles* geführt.[44] Bei diesen *Principles* handelt es sich – stark vereinfacht gesagt – im wesentlichen um einen effizienten Selbstregulierungsmechanismus. US-amerikanische Unternehmen, die sich diesem Selbstregulierungsmechanismus unterwerfen, gelten dann als sicherer Hafen mit einem angemessenen Datenschutzniveau, sie sind geeigneter Empfänger für personenbezogene Daten aus Europa. Das gilt allerdings nur, sofern diese Unternehmen der Aufsicht der Federal Trade Commission bzw. des Department of Transport unterliegen. Für andere Wirtschaftszweige wie Finanzdienstleister haben diese Regeln derzeit also noch keine praktische Bedeutung. Soweit allerdings eine Auftragsdatenverarbeitung in den USA durchgeführt werden soll, bleibt es wegen der Verantwortlichkeit des Auftraggebers ohnehin bei der Notwendigkeit, einen Vertrag abzuschließen.[45]

d) Konzerninterne Maßnahmen

Neben diesen Selbstregulierungsmechanismen spielen konzerninterne Organisationsanweisungen und konzernweite Selbstverpflichtungen eine Rolle.

---

42 Dazu *Heil*, DuD 1999, 458 ff.

43 Siehe Fn. 36.

44 Entscheidung der Kommission gemäß der Richtlinie 95/46/EG des Europäischen Parlaments und des Rates über die Angemessenheit des von den Grundsätzen des „sicheren Hafens“ und der diesbezüglichen „Häufig Gestellten Fragen“ (FAQ) gewährleisteten Schutzes, vorgelegt vom Handelsministerium der USA); ausführlich *Klug*, RDV 2000, 212 ff.

45 *Klug*, RDV 2000, 212, 215.

Auch sie sind geeignet, durch entsprechende inhaltliche Vorgaben ein angemessenes Datenschutzniveau sicherzustellen.[46] Datenschutzrechtlich läßt sich auch mit ihnen die Auslagerung über die Grenze hinweg angemessen gestalten.

e) Die Effizienz des Datenschutzes

Eine Einschränkung ist mit der Artikel 29-Arbeitsgruppe allerdings zu machen.[47] Es versteht sich von selbst, daß der Datenschutz – auch der angemessene Datenschutz im Nicht-EU-Ausland – effektiv sein muß. Dies wird in all den Staaten regelmäßig der Fall sein, die ein den westlichen Demokratien ähnliches Rechtsstaatssystem mit effizienten Rechtsschutzmöglichkeiten für den Betroffenen kennen und in denen der Betroffene auch gegen Hoheitsakte vorgehen kann. Problematisch wird die Effektivität und damit die Angemessenheit des Schutzes aber dort, wo Datenschutzrechte mehr oder minder auf dem Papier stehen und insbesondere die Sicherheitsbehörden ohne allzu große Restriktionen auf Daten zugreifen können. Hier können Selbstregulierungsmechanismen oder vertragliche Vereinbarungen nicht weiterhelfen. In derartigen Fällen hat der Betroffene, dessen Daten im Zuge einer Auslagerung in einen solchen Staat übermittelt werden, ein überwiegendes Interesse am Ausschluß einer solchen Übermittlung; sein Recht auf informationelle Selbstbestimmung überwiegt. Die ebenfalls verfassungsrechtlich geschützten Interessen des auslagernden Unternehmens treten dann zulässigerweise zurück. Eine Auslagerung in einen solchen Empfängerstaat ist datenschutzrechtlich nur zulässig, wenn der Betroffene in Kenntnis der Risiken eingewilligt hat.

3. *Zwischenergebnis*

Auch die Auslagerung ins Ausland wirft damit eigentlich weniger datenschutzrechtliche Probleme auf, als dies auf den ersten Blick zu erwarten war. Die Auslagerung von Funktionen ins EU-Ausland ist regelmäßig zulässig, nach richtiger Auffassung sogar nach § 11 BDSG privilegiert. Und soweit eine Auslagerung in Drittstaaten vorgenommen werden soll, lassen sich die

---

46 *Eul*, FLF 1999, 112, 118.
47 Siehe Fn. 36.

notwendigen Voraussetzungen, insbesondere ein angemessenes Datenschutzniveau regelmäßig, vor allem durch Vertragsgarantien schaffen.

V. Ausblick

Die Auslagerungsproblematik ist datenschutzrechtlich also lösbar. In vielen Fällen – und zwar in mehr als von der herrschenden Meinung zugelassen – ist sie sogar über § 11 BDSG privilegiert. Die Diskussion zeigt jedoch das grundlegende Dilemma des Datenschutzrechts. Die Konstruktion eines grundsätzlichen Verbots der Verarbeitung personenbezogener Daten führt dazu, daß die ebenfalls verfassungsrechtlich geschützten Belange des auslagernden Unternehmens aus dem Blick geraten zu drohen. Dieses Gewicht der Belange des auslagernden Unternehmens wird in der Diskussion um die Zulässigkeit einer Auslagerung oft übersehen. Tatsächlich läßt sich ein Verbot der Auslagerung verfassungsrechtlich für den Regelfall nicht aufrechterhalten. Eine sachgerechte Interpretation der einschlägigen Bestimmungen ist zwingend erforderlich. Es bleibt abzuwarten, ob die überkommene Auffassung von der notwendigen Abgrenzung der Auftragsdatenverarbeitung zur Funktionsverlagerung verabschiedet werden kann. Erforderlich ist sie – wie gezeigt – nicht; eine wesentliche Verbesserung des Datenschutzes stellt sie nicht dar. Auch die Auslagerung ins Nicht-EU-Ausland sollte nicht dramatisiert werden, solange dort ein angemessenes, effizientes Datenschutzniveau vorhanden ist.

Tagungsbericht[1]

Der diesjährige Bankrechtstag war einem Gedanken- und Erfahrungsaustausch über die Fragen des Outsourcing von Funktionen durch Kreditinstitute gewidmet. Einen Schwerpunkt bildete dabei die vorgesehene Regelung durch den Entwurf eines Rundschreibens des Bundesaufsichtsamts für das Kreditwesen zur „Auslagerung von Bereichen auf ein anderes Unternehmen gemäß § 25a Abs. 2 KWG". Dieser Entwurf vom 14. Juni 2000 stellt einen wichtigen Markstein in der Rechtsdiskussion dar, die bereits mit einem ersten Rundschreibenentwurf im Jahre 1998 begonnen hatte. Des weiteren beschäftigten sich Vorträge und Diskussionen mit gesellschaftsrechtlichen und datenschutzrechtlichen Aspekten des Outsourcing sowie mit der Rechtslage in Österreich und in der Schweiz.[2]

In den beeindruckenden Räumlichkeiten des Palais Ferstel versammelten sich rund 230 Teilnehmer. Prof. Dr. Dr. Dres. h.c. *Klaus J. Hopt*, Direktor am Max-Planck-Institut für Ausländisches und Internationales Privatrecht in Hamburg und zugleich Vorstand der Bankrechtlichen Vereinigung, Wissenschaftliche Gesellschaft für Bankrecht e.V. (BrV), hob einführend die außerordentliche Aktualität des Themas hervor. Gerade rechtzeitig zum Bankrechtstag nämlich hat das Bundesaufsichtsamt für das Kreditwesen (BAKred) einen überarbeiteten Entwurf eines Rundschreibens an die Banken und Finanzdienstleistungsinstitute in Deutschland veröffentlicht, der sich eingehend mit aufsichtsrechtlichen Anforderungen an eine Funktionsauslagerung bei Kreditinstituten befaßt. Das Timing der BrV war damit einmal mehr außerordentlich glücklich.

Hopt kam sodann der traurigen Pflicht nach, eines prominenten Mitglieds im Kuratorium der BrV zu gedenken, nämlich des am 20. April 2000 im Alter von 57 Jahren überraschend verstorbenen Vorsitzenden Richters am BGH Dr. *Bernd-Arthur Paulusch*.

---

1 Auszüge aus *J. Hennrichs*, Funktionsauslagerung (Outsourcing) bei Kreditinstituten – Bericht über den Bankrechtstag 2000 der Bankrechtlichen Vereinigung e.V. am 30. Juni 2000 in Wien, WM 2000, 1561; *H. Zerwas/M. Hanten*, Bankrechtstag 2000 der Bankrechtlichen Vereinigung e.V. am 30. Juni 2000 in Wien, ZBB 2000, 276.

2 *Zerwas/Hanten*, ZBB 2000, 276.

Für die Bank Austria AG, den diesjährigen Förderer der Tagung, sprach die Chefökonomin, Frau Mag. *Marianne Kager*, ein Grußwort an die Teilnehmer.

Unter seiner Leitung eröffnete Dr. *Klaus Kohler*, Chefsyndikus der Deutsche Bank AG und Kuratoriumsmitglied der BrV, das eigentliche Tagungsprogramm in der ersten Abteilung mit Beiträgen zu gesellschafts- und bankrechtlichen Problemen des Outsourcing.

Die Verzahnung von Aufsichts- und Gesellschaftsrecht beleuchtete Prof. Dr. *Peter O. Mülbert*, Universität Mainz.[3]

[Referat Mülbert, S. 3 ff.]

Im Rahmen der sich anschließenden Diskussion wies Prof Dr. *Siegfried Kümpel* darauf hin, daß sich im Bereich der Auslagerung auch die zivilrechtliche Frage nach dem Verhältnis zwischen der auslagernden Bank und dem Kunden stelle; überwiegend finde Auftragsrecht Anwendung, weshalb Leistungspflichten überwiegend höchstpersönlich seien. Dies ergebe sich aus dem in § 664 Abs. 1 Satz 1 BGB normierten grundsätzlichen Verbot an den Auftragnehmer, Aufträge auf Dritte zu übertragen. Eine Ausnahme bestehe nur, soweit die Bank zur höchstpersönlichen Erbringung nicht in der Lage sei, wie etwa im Fall der Aufbewahrung ausländischer Wertpapiere. *Kohler* meinte hierzu, daß dies unter dem Gesichtspunkt des weitergeleiteten Auftrags wohl nicht problematisch sei, während Prof. Dr. *Norbert Horn*, Universität Köln, die Ansicht vertrat, daß hier die Haftung des § 278 BGB im Vordergrund stehen solle. Prof. Dr. *Horst Hammen*, Universität Gießen, wies ergänzend auf eine mögliche Haftung des Vorstands aus § 76 und § 93 Abs. 2 AktG hin. Prof. Dr. *Wolfgang Wiegand*, Universität Bern, teilte mit, daß die Verletzung zivilrechtlicher Pflichten nach der Praxis der Eidgenössischen Bankenkommission (EBK) aufsichtsrechtliche Sanktionen auslösen könne.[4]

Mit den bankaufsichtsrechtlichen Aspekten des Outsourcing beschäftigte sich sodann *Gerhard Hofmann*, Hauptabteilungsleiter Bankaufsicht, Mindestreserven der Deutschen Bundesbank.[5]

[Referat Hofmann, S. 41 ff.]

---

3 *Hennrichs*, WM 2000, 1561.
4 *Zerwas/Hanten*, ZBB 2000, 278.
5 *Hennrichs*, WM 2000, 1563.

In dem sich unmittelbar anschließenden Referat von *Hermann Josef Lamberti*, Vorstandsmitglied der Deutsche Bank AG, Frankfurt/M., – Funktionsauslagerung und deutsche Bankenpraxis – ging es um die Themen Outsourcing, *outtasking, carveout* und die Errichtung einer *web-centric bank* als Werkzeuge moderner Bankenorganisation, die am Beispiel der European Transaction Bank AG erläutert wurden.[6]

[Referat Lamberti, S. 59 ff.]

In der nachfolgenden von Rechtsanwalt Dr. *Uwe Eyles*, Frankfurt/M., eingeleiteten Diskussion wurden die Aufsichtsprobleme bei Multikanalbanken besonders betont. *Eyles* stellte heraus, daß eine Totalauslagerung, die eine Bank auf die Geschäftsleiter und eine Bankerlaubnis beschränke, sicherlich unzulässig sei; er regte jedoch an, daß man sich an den gesetzlich geregelten Auslagerungsverboten, wie etwa der Gewährung von Groß- oder Organkrediten, und an § 10 Abs. 1 KAGG orientieren sollte. Er zog in Zweifel, daß weitere, nicht auslagerungsfähige Bereiche beständen, und war der Meinung, daß die im Rundschreibensentwurf zum Ausdruck kommende Kernbereichslösung zu restriktiv sei. Er wies ferner darauf hin, daß die Auslagerungsmöglichkeiten im Versicherungsbereich viel liberaler gehandhabt würden, und verwies auf die Regelung des § 5 Abs. 3 Nr. 4 VAG, der sich mit der Funktionsausgliederung befaßt.

[Referat Eyles, S. 73 ff.]

Hans-Joachim Dohr, Bundesaufsichtsamt für das Kreditwesen, Berlin, wies darauf hin, daß § 25a Abs. 2 KWG eine Konkretisierung zu § 25a Abs. 1 KWG und als Ausprägung des Grundsatzes der Alleinverantwortung der Geschäftsleiter zu verstehen sei. Letztgenannter Grundsatz folge aus dem Gesellschaftsrecht. Das Bundesaufsichtsamt übernehme diesen Ansatz für das Kreditwesengesetz. *Hofmann* meinte ergänzend, daß diese Geschäftsleitereigenschaft verlorenginge, wenn man die Auslagerung des Kernbereichs gestatte. Als Beispiel einer aus seiner Sicht zulässigen vollständigen Auslagerung des Kernbereichs, führte *Eyles* den Fall an, daß eine Universalbank ihr gesamtes Sortengeschäft auslagere. Rechtsanwalt *Andreas Steck*, Frankfurt/M., wies darauf hin, daß die Auslagerungsvorschrift sich auf Bankgeschäfte und Finanzdienstleistungen beschränke, die Aktivitäten von Finanzunternehmen indes nicht umfasse. Auch werde durch die von *Hofmann* vertretene Auffassung eine Erlaubnispflicht für den Insourcer begründet.

6 *Zerwas/Hanten*, ZBB 2000, 279.

Steck stellte als Beispiel dar, daß die Auslagerung der Identifizierung durch das Post-Identverfahren zu einer Bankerlaubnispflicht der Poststellen führe, auf die ausgelagert werde. *Hofmann* teilte die Ansicht, daß § 25a Abs. 2 KWG sich nicht auf Unternehmen i.S.v. § 1 Abs. 3 KWG beziehe, und war hinsichtlich des Post-Identverfahrens der Auffassung, daß es sich hier nicht um wesentliche Hilfsfunktionen handelte. Rechtsanwalt Dr. *Jürgen Than*, Chefsyndikus der Dresdner Bank AG, Frankfurt/M., wies darauf hin, daß die derzeitige Praxis der virtuellen Bank nicht so fern sei, weil jeder Unternehmensbereich einzeln gemanagt werde. Dem fügte *Hofmann* hinzu, daß der Bankkonzern über die Möglichkeiten, die das Gesellschaftsrecht bietet, gesteuert werde.

Dr. *Markus Wehinger*, Landesbank Hessen/Thüringen, Frankfurt/M., wies darauf hin, daß die Geschäftsleiterfunktion nichts mit rechtsgeschäftlichen Bindungen, die auch innerhalb des Unternehmens möglich seien, zu tun habe. Demgegenüber meinte *Hofmann*, daß die Geschäftsleiter die Verantwortung für die Übernahme und Steuerung bankgeschäftlicher Risiken trügen, unabhängig davon, wer im Institut konkrete Arbeiten ausführe. Zentrale Risiken dürften nicht von Dritten gesteuert werden; er erwähnte noch einmal Kreditscoring als Beispiel für eine Ausnahme vom nicht auslagerungsfähigen Kernbereich und hielt die Frage für offen, ob die Bearbeitung der Kontoeröffnung im Massengeschäft ausgelagert werden dürfe. Dazu empfahl *Kobler*, die Größe der Einzelrisiken zum Maßstab der Auslagerungsfähigkeit zu nehmen. Er sprach sich dafür aus, daß hier in Ansehung von Risikoportfoliostrukturen Auslagerungen durchaus möglich sein sollten. Demgegenüber wandte *Hofmann* ein, daß dann möglicherweise keine Grenze der Auslagerung mehr zu erkennen sei. *Eyles* warf die Frage auf, wo denn etwa bei der ablehnenden Kreditentscheidung das Risiko zu sehen sei.

Dr. *Klaus-Wilhelm Knauth*, Gesamtverband der deutschen Versicherungswirtschaft, Berlin, zog die Parallele zur Versicherungswirtschaft und gab zu erwägen, ob die Schaffung von Holdingstrukturen eine Lösung darstellen könnte. Ferner wurde Tz. 9 des Rundschreibenentwurfs angegriffen, wonach, soweit die ausgelagerte Tätigkeit nach § 32 Abs. 1 Satz 1 KWG erlaubnispflichtig sei, das Auslagerungsunternehmen als Institut lizenziert sein und die ihm erteilte Erlaubnis materiell die ausgelagerte Tätigkeit decken müsse. *Hofmann* wies darauf hin, daß der § 25a Abs. 2 KWG auch unter dem Aspekt des *level playing field* beizubehalten sei, da anderenfalls die Kombination von Nichtbanken und Banken zu einer Wettbewerbsverzerrung führe.

Dr. *Andreas Früh*, HypoVereinsbank, München, äußerte die Ansicht, daß die Auslagerung der Kreditentscheidung auf eine andere Bank jedenfalls dann möglich sein sollte, wenn die Geschäftsleiter die Kreditentscheidung nicht persönlich zu treffen hätten. In diesem Zusammenhang erinnerte *Hofmann* an die die Konzernunternehmen privilegierende Tz. 47 des Rundschreibenentwurfs. Allerdings bestehe bei der Auslagerung der Kreditentscheidung das Problem einer möglichen faktischen Exkulpation der Geschäftsleitung und, sich hieraus ergebend, der Zuordnung von Verantwortlichkeiten. Rechtsanwalt *Jochen Appell*, Chefjustitiar der Commerzbank AG, Frankfurt/M., verwies darauf, daß bei jeder Kreditvergabe ähnlich wie beim Scoring-Verfahren Entscheidungsbäume aufgestellt würden. Soweit aufgrund des Detaillierungsgrades der jeweiligen Entscheidungsbäume nur ein kleiner Entscheidungsspielraum verbleibe, sollte es möglich sein, die Kreditentscheidung auszulagern.

Hopt warf das Problem auf, daß sich bei Outsourcing im Ausland Wettbewerbsverzerrungen ergeben könnten. *Hofmann* wies darauf hin, daß insoweit Harmonisierungsbemühungen unterhalb der EU-Richtlinienebene im Gang seien. Nach Aussage von *Andreas Kunze-Neugebauer*, Bundesaufsichtsamt für das Kreditwesen, Berlin, bestehe hinsichtlich der Tz. 9 (Erlaubnispflicht des Insourcers) und Tz. 16 (Generell nicht auslagerbarer Bereich) noch Diskussionsbedarf innerhalb der Aufsicht. Im folgenden stellte *Kohler* noch einmal die Frage, ob die von *Lamberti* beschriebene Struktur einer *web-centric bank* aufsichtsrechtlich zulässig sei. *Lamberti* beschrieb die Struktur als Kombination von Geschäften mit konzernangehörigen, und nicht konzernangehörigen Unternehmen und meinte, daß es kaum mehr möglich sei, zu entscheiden, wann ein erlaubnispflichtiges Geschäft vorliege und wann nicht. Er wies ferner darauf hin, daß die regulatorischen Bedingungen in den Zeiten der *web-centric bank* an Bedeutung für den Wettbewerb gewännen.

Dohr erwiderte hierauf, daß er die Deutsche Bank ohnehin als virtuelle Holding ansehe, daß die Frage, wann ein Insourcer zur Bank werde, sich nach § 1 KWG richte und daß Schwierigkeiten dann nicht beständen, wenn die outsourcende Bank dem Auslagerungsunternehmen keinen Ermessensspielraum einräume; im übrigen sei er der Auffassung, daß die Entscheidung im Rahmen eines Scoring-Verfahrens überhaupt nicht als Kreditgeschäft im Sinne des Kreditwesengesetzes zu qualifizieren sei. Hinsichtlich der Harmonisierung bemerkte *Dohr*, daß die Umsetzungsspielräume wegen der zahlreichen Wahlrechte in der Kapitaladäquanzrichtlinie und der Großkreditrichtlinie sehr weit seien. Er glaube nicht, daß es zu einer schnellen Harmonisierung im Bereich des Outsourcing komme, weise aber darauf hin, daß die *supervisory convergence*, also eine Annäherung der Aufsichten, die ihre Schwerpunkte im *supervisory review process* und in *provisioning practices* hätten, unter den europäischen Aufsehern zunehmend diskutiert würden. Allerdings müßten nationale Spielräume beibehalten werden.[7]

Unter der Leitung von o. Univ.-Prof. Dr. *Helmut Koziol*, Universität Wien, diskutierte sodann die 2. Abteilung des Bankrechtstages über Outsourcing in Österreich und in der Schweiz sowie über Probleme des Datenschutzes.

Dr. *Fritz Sommer*, Chefsyndikus der Raiffeisen Zentralbank Österreich AG, Wien, skizzierte die rechtlichen Rahmenbedingungen einer Funktionsauslagerung bei Kreditinstituten in Österreich.[8]

[Referat Sommer, S. 73]

Prof. Dr. *Hanspeter Dietzi*, Advokat und stv. Rechtskonsulent der UBS AG, Zürich, erläuterte sodann rechtliche Aspekte der Funktionsauslagerung bei Kreditinstituten in der Schweiz.[9]

[Referat Dietzi, S. 111]

Zum Abschluß stellte Rechtsanwalt Dr. *Markus Deutsch*, Frankfurt/M., die datenschutzrechtlichen Implikationen des Outsourcing in Deutschland dar.[10]

[Referat Deutsch, S. 129]

Im Zuge der folgenden Diskussion merkte *Wulf Hartmann*, Bundesverband deutscher Banken, Berlin, an, daß nur ein Gleichklang von § 25a Abs. 2 KWG und Bundesdatenschutzgesetz sinnvoll sei. In bezug auf die Frage, ob Auftragsdatenverarbeitung oder Funktionsübertragung vorliege, werde zunehmend auf die Intensität der Weisungsrechte abgestellt. Im Rahmen der Abwägung in § 28 Abs. 1 Nr. 2 BDSG sei das Bankgeheimnis zu berücksichtigen. Sei dieses nicht verletzt, seien regelmäßig überwiegende Interessen des Betroffenen zu verneinen. Eine Verletzung des Bankgeheim-

---

7 *Zerwas/Hanten*, ZBB 2000, 279 f.
8 *Hennrichs*, WM 2000, 1565.
9 *Hennrichs*, WM 2000, 1565.
10 *Zerwas/Hanten*, ZBB 2000, 281.

nisses läge dann nicht vor, wenn das Auslagerungsunternnehmen das Bankgeheimnis aufgrund vertraglicher Bindung beachte.[11]

Vorstand und Kuratorium der Bankrechtlichen Vereinigung ist es mit dem zehnten Bankrechtstag in Wien einmal mehr gelungen, ein besonders aktuelles Thema zur Diskussion zu stellen und hierzu hochkarätige Referenten zu gewinnen. Prof. Dr. *Walther Hadding*, Direktor des Instituts für deutsches und internationales Recht des Spar-, Giro- und Kreditwesens an der Johannes Gutenberg-Universität, Mainz, bezeichnete es in seinem Schlußwort mit Recht als „Glücksfall", daß das BAKred gerade rechtzeitig zur diesjährigen Tagung seinen überarbeiteten Entwurf über eine Funktionsauslagerung bei Kreditinstituten vorgelegt hat. Die Referate zu den einzelnen Aspekten gaben einen hervorragenden Einblick in die Problematik und dürften der weiteren Diskussion vielfältige Impulse geben. Da die Regulierungsdichte zunehmend auch zum Wettbewerbs- und Standortfaktor wird, war es außerordentlich begrüßenswert, auch die Sichtweise europäischer Nachbarstaaten einzubeziehen. Daß der Auslagerung vor allem in Österreich, teilweise aber auch in der Schweiz, mit einer liberaleren Grundkonzeption begegnet wird als in Deutschland, mag für das BAKred Anlaß sein, seinen strengen Standpunkt zu überdenken. Weiterer Diskussionsbedarf besteht vor allem hinsichtlich des von den deutschen Aufsichtsbehörden befürworteten „Tabu-Kernbereichs", der nicht auslagerungsfähig sein soll. Die Berechtigung einer solchen „Tabuzone" ist unter dem Gesichtspunkt der mit der Bankaufsicht verfolgten Schutzzwecke noch näher auszuleuchten. Der nächste Bankrechtstag findet am 29. Juni 2001 statt, dann voraussichtlich in Kiel.[12]

---

11 *Zerwas/Hanten*, ZBB 2000, 282.
12 *Hennrichs*, WM 2000, 1566.

Anhang

Bundesaufsichtsamt für das Kreditwesen: Entwurf eines Rundschreibens zum Outsourcing*

Bundesaufsichtsamt für das Kreditwesen
Geschäftsnummer: 13-272A-2/98
Entwurf: Rundschreiben ... /2000
An alle Kreditinstitute und Finanzdienstleistungsinstitute in der Bundesrepublik Deutschland
Auslagerung von Bereichen auf ein anderes Unternehmen gemäß § 25a Abs. 2 KWG

I. Vorbemerkung

1 § 25a Abs. 2 KWG trägt dem Anliegen der Kredit- und Finanzdienstleistungsinstitute Rechnung, zur Stärkung ihrer Wettbewerbsfähigkeit die Unternehmensfunktionen und -prozesse durch die Beauftragung externer Dienstleister zu optimieren. Zugleich soll die Vorschrift der Gefahr entgegenwirken, daß durch die Auslagerung von aufsichtlich sensiblen Bereichen auf Dritte die Steuerungs- und Kontrollmöglichkeiten der Geschäftsleitung und die aufsichtlichen Einwirkungsmöglichkeiten faktisch gelockert werden.

2 Die in § 25a Abs. 2 KWG normierten Spezialregelungen für die Auslagerung von Unternehmensbereichen sind Ausfluß der allgemeinen Grundsätze ordnungsgemäßer Geschäftsführung und ergänzen und konkretisieren die Anforderungen an eine ordnungsgemäße Organisation, die der Gesetzgeber in § 25a Abs. 1 KWG im Kern nunmehr ebenfalls ausdrücklich normiert hat. § 25a Abs. 2 KWG ist deshalb nicht isoliert zu betrachten. Anforderungen und Grenzen der Auslagerung sind vielmehr an diesen allgemeinen Organisationsregeln und den mit ihnen verfolgten aufsichtsrechtlichen Zielen zu messen.

3 § 25a Abs. 2 KWG formuliert allgemeine Qualitätsstandards, die den Instituten auch als Orientierungsrahmen und Maßstab für Auslagerungslösungen dienen sollten, die von der Vorschrift unmittelbar nicht berührt werden.

4 Die in § 25a Abs. 2 KWG festgelegten Anforderungen berühren nicht den Grundsatz der Alleinverantwortung der Geschäftsleitung, der dem KWG systemimmanent ist. Die Geschäftsleitung des auslagernden Instituts trägt gegenüber dem Bundesaufsichtsamt weiterhin in vollem Umfang die Verantwortung für den ausgelagerten Bereich. Sie hat deshalb fortlaufend sicherzustellen, daß die ausgelagerten Bereiche nach der Auslagerung weiter den Leistungs- und Qualitätsstandards genügen, wie sie bei einer Leistungserbringung im Institut selbst einzuhalten wären. Dies gilt insbesondere für die Einhaltung und Beachtung der aufsichtsgesetzlichen Vorgaben und Pflichten sowie die Anordnungen des Bundesaufsichtsamtes.

---

* Abgedr. in ZBB-Dokumentation, ZBB 2000, 282.

II. Anwendungsbereich

5 § 25a Abs. 2 KWG gilt für alle Kreditinstitute und Finanzdienstleistungsinstitute, die der Aufsicht des Bundesaufsichtsamtes unterstehen, einschließlich der rechtlich unselbständigen Zweigniederlassungen im Ausland. Er ist nicht auf inländische Zweigniederlassungen von Einlagenkreditinstituten oder Finanzdienstleistungsinstituten mit Sitz in einem anderen Staat des europäischen Wirtschaftsraums (§ 53b KWG) anzuwenden.

6 Von § 25a Abs. 2 KWG nicht erfaßt ist die Verlagerung bestimmter Geschäftsbereiche innerhalb des Instituts, von der Hauptniederlassung auf eine rechtlich unselbständige Zweigniederlassung (auch wenn diese im Ausland ist), von Zweigniederlassungen auf andere rechtlich unselbständige Zweigniederlassungen des Instituts oder von Zweigniederlassungen auf die Hauptniederlassung. Derartige Verlagerungen können jedoch nach § 25a Abs. 1 KWG von Bedeutung sein. Exemplarisch sei insofern auf die Anforderungen an die grenzüberschreitende Datenfernverarbeitung in der Verlautbarung – 13363-3/82 – vom 1. Oktober 1992 hingewiesen.

III. Definitionen

7 Eine im Rahmen des § 25a Abs. 2 KWG relevante **Auslagerung** von Geschäftsbereichen liegt vor, wenn ein Institut ein anderes Unternehmen (Auslagerungsunternehmen) damit beauftragt, auf Dauer oder zumindest auf längere Zeit eine für die Geschäftstätigkeit des Instituts <u>wesentliche</u> Tätigkeit oder Funktion (Dienstleistung) wahrzunehmen. Unerheblich ist dabei, ob die Tätigkeit oder Funktion bisher von dem Institut selbst erbracht wurde oder ob das Institut sie erst zukünftig von dem Auslagerungsunternehmen beziehen will.

8 Als **anderes Unternehmen (Auslagerungsunternehmen)** ist jede andere Stelle, Einheit oder Person anzusehen, die formal und arbeitsrechtlich nicht dem auslagernden Institut zuzurechnen und organisatorisch von ihm abgegrenzt ist, ohne daß es auf die Kaufmannseigenschaft, Rechtsfähigkeit oder Rechtsform ankommt. Eine auch räumliche Trennung des ausgelagerten Bereichs von den organisatorisch im Institut verbleibenden Funktionseinheiten erfordert der Tatbestand der Auslagerung nicht.

9 Sind die ausgelagerten Tätigkeiten nach § 32 Abs. 1 Satz 1 KWG erlaubnispflichtig, muß das Auslagerungsunternehmen als Institut lizenziert sein und die ihm erteilte Erlaubnis materiell die ausgelagerte Tätigkeit abdecken.

10 In den Anwendungsbereich des § 25a Abs. 2 KWG fallen diejenigen Bereiche, die für die ordnungsgemäße Durchführung der von dem auslagernden Institut betriebenen Bankgeschäfte oder erbrachten Finanzdienstleistungen **wesentlich** sind. „Wesentlich" sind zum einen alle Handlungen und Arbeitsabläufe, die unmittelbar auf die Durchführung und Abwicklung der betriebenen Bankgeschäfte und erbrachten Finanzdienstleistungen ausgerichtet bzw. für ihre Durchführung und

Abwicklung notwendig sind (**Teilakte**) und die bankaufsichtlich relevante Risiken, insbesondere Markt-, Kredit-, Ausfall-, Abwicklungs-, Liquiditäts- aber auch Reputationsrisiken sowie operationelle und rechtliche Risiken für das Institut begründen oder sie nachhaltig beeinflussen. Darüber hinaus sind wesentlich auch diejenigen Regelungen und Unternehmensbereiche, die ein Institut vorhalten bzw. über die es verfügen muß, um den organisatorischen Mindestanforderungen nach § 25a Abs. 1 KWG zu genügen. Dazu gehören Tätigkeiten und Funktionen, welche für die Erfassung, Begrenzung und Überwachung der genannten bankgeschäfts- und finanzdienstleistungsspezifischen Risiken erforderlich sind, ebenso wie diejenigen Organisationseinheiten, die erforderlich sind, um eine lückenlose Aufsicht durch das Bundesaufsichtsamt gewährleisten zu können (**wesentliche Hilfsfunktionen**).

11 Nicht wesentlich im Sinne des § 25a Abs. 2 KWG sind demgegenüber Tätigkeiten, die mit der Durchführung und Abwicklung der betriebenen Geschäfte nicht notwendigerweise unmittelbar verbunden sind und keinen unmittelbaren Bezug zu den Bankgeschäften oder Finanzdienstleistungen aufweisen, insbesondere also auch für Unternehmen erbracht werden (können), die keine Institute sind und die auch sonst keine unmittelbare Relevanz für die Risikolage und für die Solvenz des Instituts haben, mögen auch einzelne dieser Bereiche für die Funktionsfähigkeit des Unternehmens insgesamt wichtig sein. Dazu zählen neben allgemeinen Service- und Unterstützungsleistungen (wie z.B. Kantinenbetrieb, Reinigungsdienst, Wachschutz, Betriebsarzt, betriebspsychologische Betreuung, Baudienst, Unfallverhütung, Brandschutz usw.) auch solche Dienstleistungen, die zwar in einem sachlichen Zusammenhang zu Bankgeschäften oder Finanzdienstleistungen stehen, ohne jedoch jenen unmittelbaren bank- oder finanzdienstleistungsspezifischen Bezug aufzuweisen (wie z.B. das Inkassowesen, die Geldautomatenversorgung, reine Geld- und Werttransporte, Wartung technischer Geräte, Kreditkarten-Processing etc.).

12 Ebenfalls nicht wesentlich im Sinne des § 25a Abs. 2 KWG sind reine Beratungsleistungen. Dies gilt insbesondere für die Beratung in Rechts- und Steuerangelegenheiten, und zwar auch dann, wenn sich die Beratung nicht auf Einzelaspekte bzw. -Projekte beschränkt. Die vollständige Auslagerung der Funktionen der Rechts- oder der Steuerabteilung ist kein an § 25a Abs. 2 KWG zu messender Fall der Auslagerung.

IV. Zulässigkeit der Auslagerung

13 Nicht auslagerbar sind zentrale Führungsaufgaben der Geschäftsleiter. So sind die Entscheidungen über die Unternehmenspolitik und den Einsatz und die Koordinierung der Unternehmensressourcen als originäre Leitungsaufgaben von den Geschäftsleitern selbst wahrzunehmen. Diesen obliegt es auch, allgemeine Weisungen und Entscheidungen im Rahmen der Konzernsteuerung und -überwachung für nachgeordnete Institute zu treffen.

14 Im übrigen ist grundsätzlich die Auslagerung jedes Tätigkeitsbereichs eines Instituts möglich, sofern durch die Auslagerung weder die Ordnungsmäßigkeit der betriebenen Bankgeschäfte oder der erbrachten Finanzdienstleistungen, die Steuerungs- und Kontrollmöglichkeiten der Geschäftsleitung noch die Prüfungsrechte und Kontrollmöglichkeiten des Bundesaufsichtsamtes beeinträchtigt werden. Dabei ist es dem Grunde nach unerheblich, ob die Auslagerung auf ein Konzernunternehmen oder ein rechtlich und wirtschaftlich unabhängiges Unternehmen erfolgt.

15 Eine Beeinträchtigung in diesem Sinne liegt ausnahmslos bei solchen Auslagerungslösungen vor, die dazu führen, daß die von einem Institut nach § 25a Abs. 1 KWG zwingend verlangten Mindestanforderungen an eine ordnungsgemäße Organisation nicht mehr bejaht werden kann.

16 Nicht auslagerbar sind deshalb die Entscheidungen über die Begründung neuer und Veränderung bestehender bank- und finanzdienstleistungsspezifischer Risiken, da hierdurch die Fähigkeit der Geschäftsleitung zur angemessenen Risikosteuerung unterlaufen würde. Eine Ausnahme gilt insoweit nur für Auslagerungslösungen, die dem Auslagerungsunternehmen für die Begründung und Beeinflussung bank- und finanzdienstleistungsspezifischer Risiken exakt vorherbestimm- und nachprüfbare objektive Beurteilungs- und Ergebnisfindungskriterien zwingend vorgeben und ihm keinen eigenen Entscheidungsspielraum belassen, wie es beispielsweise bei den im standardisierten Mengenkreditgeschäft gebräuchlichen Scoring-Verfahren oder diesen materiell und qualitativ gleichwertigen Verfahren der Fall ist.

17 Unter dem Gesichtspunkt des Erfordernisses einer angemessenen Geschäftsorganisation im Sinne von § 25a Abs. 1 Nr. 2 KWG unzulässig sind ferner Auslagerungslösungen, die dazu führen, daß das Institut sämtliche Geschäfte durch Dritte durchführen und abwickeln läßt und über keine nennenswerten bzw. allenfalls noch in rudimentären Bereichen eigenen sachlich und personell hinreichend ausgestatteten Unternehmenseinheiten verfügt.

18 Dies gilt insbesondere für Auslagerungsmaßnahmen von Spezialkreditinstituten wie Kapitalanlagegesellschaften, Bausparkassen oder Hypothekenbanken. Bei diesen Instituten ist zur Wahrung des Spezialbankprinzips nicht nur die rechtliche und finanzielle, sondern auch die organisatorische Unabhängigkeit zu gewährleisten. Deshalb sind Auslagerungsmaßnahmen unzulässig, wenn und soweit der betreffende Bereich unter dem Gesichtspunkt des Spezialitätsgrundsatzes wesensmäßig unabdingbare Voraussetzung für die Qualifikation als Spezialkreditinstitut ist. Dies ist der Fall, wenn die Wahrnehmung einer Funktion mit eigenen betrieblichen Mitteln für die wirtschaftlich und organisatorisch selbständige Durchführung der typischen Geschäfte des jeweiligen Spezialkreditinstituts erforderlich ist, dem in ausreichendem Maße die selbständige Wahrnehmung der entscheidenden betrieblichen Funktionen mit personell und sachlich hinreichend ausgestatteten eigenen Betriebseinheiten möglich bleiben muß.

19 Ebenfalls nicht oder nur eingeschränkt auslagerungsfähig sind wesentliche Elemente des Kontrollapparats.

20 So ist eine vollständige Auslagerung der **Internen Revision** lediglich bei kleinen Instituten nach Maßgabe meines Rundschreibens 1/2000 vom 17. Januar 2000 – 14-42-5/97 – zulässig. Soweit (kleine) Finanzdienstleistungsinstitute ihre Interne Revision auslagern, sind die Tz. 40 und 41 des Rundschreibens 1/2000 entsprechend anzuwenden.

21 Eine vollständige Auslagerung der **laufenden internen Kontrollverfahren,** d.h. derjenigen Formen von Überwachungsmaßnahmen, die unmittelbar oder mittelbar in die zu überwachenden Arbeitsabläufe integriert sind (prozeßabhängige Überwachung) und die von Personen oder Organisationseinheiten durchgeführt werden, die an den jeweiligen Arbeitsabläufen beteiligt sind, ist ebenfalls ausgeschlossen.

22 Auch **andere Controllingfunktionen** sind nur insoweit auslagerbar, als es sich um Aufgaben in Teilbereichen des operativen Controlling, also Funktionen zur Unterstützung bankbetrieblicher Steuerungsprozesse handelt. Unzulässig ist eine Auslagerung lenkender oder steuernder Entscheidungen der Geschäftsleitung (strategisches Controlling).

V. Anforderungen an zulässige Auslagerungen

23 Soweit Auslagerungslösungen nicht im Sinne des Abschnitts IV. unzulässig sind, sehe ich die gesetzlichen Anforderungen als erfüllt an, wenn Auslagerungsmaßnahmen den nachfolgend aufgestellten Grundsätzen angemessen Rechnung tragen.

1. Bestimmung des auszulagernden Tätigkeitsbereiches

24 Der auszulagernde Tätigkeitsbereich ist zu definieren; die genauen Anforderungen für die Leistungserbringung sind unter Berücksichtigung der Zielsetzung der Auslagerungslösung festzulegen und zu dokumentieren. Dem Anforderungsprofil des auslagernden Instituts entsprechend muß die Leistung des Auslagerungsunternehmens im vorhinein sowohl unter quantitativen als auch qualitativen Gesichtspunkten beurteilbar sein.

2. Auswahl, Instruktion und Kontrolle des Auslagerungsunternehmens

25 Das Institut hat das Auslagerungsunternehmen mit der erforderlichen Sorgfalt auszuwählen, in seine Aufgabe einzuweisen und fortlaufend zu kontrollieren. Das Auslagerungsunternehmen muß Gewähr für eine sichere und dauerhafte Leistungserbringung bieten. Die Auswahl des Auslagerungsunternehmens hat deshalb unter Berücksichtigung seiner professionellen Fähigkeiten sowie finanziellen und personellen Ressourcen zu erfolgen.

26 Die Zuständigkeiten von Institut und Auslagerungsunternehmen sind genau festzulegen und abzugrenzen. Schnittstellen, Verantwortlichkeiten, Zuständigkeiten und Haftungsfragen sind vertraglich zu regeln.

27 Die Leistungserbringung des Auslagerungsunternehmens ist fortlaufend zu überwachen und zu beurteilen, so daß notwendige Korrekturmaßnahmen sofort ergriffen werden können. Die interne Kontrolle des ausgelagerten Bereichs durch die Geschäftsleitung des Auslagerungsunternehmens (Prüfung sowie Identifizierung und Beseitigung von Mängeln) und die Verpflichtung zur laufenden Berichterstattung an das auslagernde Institut und zur Abgabe von Fehlermeldungen ist vertraglich vorzusehen. Änderungen der für das Institut maßgeblichen oder von ihm vorgegebenen Leistungs- und Qualitätsstandards müssen ohne langwierige Umsetzungsprozeduren und ohne jeden Ermessensspielraum auch vom Auslagerungsunternehmen berücksichtigt werden. Dies ist vertraglich und durch interne Sicherungsvorkehrungen, laufende Kontrollen und nachträgliche Prüfungen sicherzustellen und zu überwachen. Der ausgelagerte Geschäftsbereich ist darüber hinaus in das interne Kontrollsystem des Instituts zu integrieren. Es ist institutsintern eine verantwortliche Stelle zu definieren, die für die Überwachung und Kontrolle des Auslagerungsunternehmens zuständig ist.

28 Das Institut hat sich die zur Wahrnehmung seiner Überwachungsfunktionen notwendigen Auskunfts-, Einsichts-, Zutritts- und Zugangsrechte (auch zu Datenbanken) sowie Weisungs- und Kontrollrechte vom Auslagerungsunternehmen vertraglich einräumen zu lassen. Weisungsrechte müssen so abgesichert sein, daß sie unmittelbar und unabhängig von etwaigen konkurrierenden Weisungsrechten durchsetzbar sind.

29 Zu einer effektiven Steuerung und Kontrolle der ausgelagerten Bereiche gehört die Möglichkeit, sich aus dem abgeschlossenen Vertrag zu lösen, wann immer dies geboten erscheint, und den ausgelagerten Bereich auf ein anderes Unternehmen zu übertragen oder ihn wieder in das Institut einzugliedern. Dies setzt hinreichend flexible Kündigungsrechte voraus, die sich das auslagernde Institut im Auslagerungsvertrag vorbehalten muß. Kündigungsfristen sind so zu bemessen, daß dem auslagernden Institut auch im Falle einer Kündigung durch das Auslagerungsunternehmen genügend Zeit verbleibt, Alternativlösungen umzusetzen.

30 Weiterverlagerungen ausgelagerter Tätigkeiten auf Dritte (Subunternehmer) sind nur zulässig, wenn sichergestellt ist, daß die Weiterverlagerung nicht ohne Kenntnis und Zustimmung des auslagernden Instituts erfolgen darf und gewährleistet ist, daß der Subunternehmer den zwischen auslagerndem Institut und Auslagerungsunternehmen bestehenden Verpflichtungen ebenfalls nachkommt. Die Erfüllung dieser Voraussetzungen ist vertraglich durch einen Zustimmungsvorbehalt des auslagernden Instituts zu Möglichkeit, Umfang und Modalitäten einer Weiterverlagerung sowie die Verpflichtung des Auslagerungsunternehmens abzusichern, seine vertraglichen Vereinbarungen mit dem Subunternehmer nur im Einklang mit den

Regelungen des Vertrages mit dem auslagernden Institut auszugestalten. Eine Weiterverlagerung von Funktionen der Internen Revision ist ausgeschlossen.

3. Sicherheit, Datenschutz

31 Das Institut und das Auslagerungsunternehmen haben die Sicherheitsanforderungen, die das Auslagerungsunternehmen zu erfüllen hat, zu bestimmen und vertraglich festzuhalten. Das Institut hat die Einhaltung fortlaufend zu überwachen. Die festzulegenden Sicherheitsanforderungen müssen insbesondere Regelungen enthalten, welche die Weiterführung des ausgelagerten Bereichs sicherstellen, falls das Auslagerungsunternehmen verhindert ist, seine Leistung zu erbringen. Die ordnungsmäßige Geschäftsführung muß jederzeit gewährleistet sein. Dem Umstand, daß andere Auslagerungsunternehmen als Ersatz nicht zur Verfügung stehen, ist durch geeignete Vorkehrungen Rechnung zu tragen.

32 Kundendaten müssen durch angemessene technische und organisatorische Maßnahmen vor unbefugtem Umgang geschützt werden.

33 Das Institut und das Auslagerungsunternehmen haben einen angemessenen Datenschutz im Sinne der datenschutzrechtlichen Bestimmungen zu gewährleisten und für die Vertraulichkeit, die Verfügbarkeit und die Richtigkeit der Daten zu sorgen. Insbesondere sind die Systeme zu schützen gegen unbefugte oder zufällige Vernichtung, zufälligen Verlust, technische Fehler, Fälschung, Diebstahl, widerrechtliche Verwendung, unbefugtes Ändern, Kopieren, Zugreifen und andere unbefugte Bearbeitungen.

4. Geschäfts- und Bankgeheimnis

34 Das Auslagerungsunternehmen ist dem Geschäftsgeheimnis des Instituts und, soweit ihm Kundendaten bekannt sind, dem Bankgeheimnis des auslagernden Instituts zu unterstellen. Das Auslagerungsunternehmen hat sich ausdrücklich zu verpflichten, die Vertraulichkeit der Kundendaten zu wahren.

35 Bietet das Auslagerungsunternehmen seine Dienstleistungen mehreren Instituten an, so ist durch besondere technische, personelle und organisatorische Maßnahmen sicherzustellen, daß die Vertraulichkeit der Daten nicht nur gegenüber Dritten, sondern auch zwischen den verschiedenen auslagernden Instituten gewahrt bleibt.

5. Kundeninformation

36 Kunden, deren Daten durch eine Auslagerungslösung an ein Auslagerungsunternehmen gelangen, sind in geeigneter Form über die Möglichkeit von Auslagerungslösungen zu informieren (z.B. in den Allgemeinen Geschäftsbedingungen).

6. Interne Revision, Abschlußprüfung und Aufsicht

37 Das auslagernde Institut, seine Interne Revision und sein Abschlußprüfer sowie das Bundesaufsichtsamt müssen den ausgelagerten Geschäftsbereich jederzeit vollumfänglich und ungehindert einsehen und prüfen können.

38 Die Interne Revision des Instituts und der Abschlußprüfer müssen in der Lage sein, die Einhaltung der bankaufsichtsrechtlichen Bestimmungen sowie die Einzelvorgaben des Bundesaufsichtsamtes beim Auslagerungsunternehmen zu prüfen. Ihnen ist deshalb im Auslagerungsvertrag ein jederzeitiges, vollumfängliches und ungehindertes Einsichts- und Prüfrecht einzuräumen. Sie müssen Zugang zu allen Dokumenten, Datenträgern und Systemen beim Auslagerungsunternehmen haben, sofern diese den ausgelagerten Bereich betreffen. Sie haben ihre Revisions- und Prüfungstätigkeiten mit der Internen Revision und dem Abschlußprüfer des Auslagerungsunternehmens zu koordinieren. Vertraglich ist sicherzustellen, daß Personen, die im Rahmen einer Prüfung tätig werden, von einer etwaigen Schweigepflicht entbunden werden. Darüber hinaus ist sicherzustellen, daß alle Prüfungsrechte nach Beendigung der Auslagerung für einen Zeitraum von mindestens zwei Jahren fortbestehen, beginnend mit dem Ablauf des Geschäftsjahres, in dem der Auslagerungsvertrag beendet wird.

39 Ein Auslagerungsunternehmen, das nicht der Aufsicht des Bundesaufsichtsamtes untersteht, hat sich gegenüber dem Institut zu verpflichten, dem Bundesaufsichtsamt und der Deutschen Bundesbank in bezug auf den ausgelagerten Geschäftsbereich sämtliche Auskünfte zu erteilen und Unterlagen auszuhändigen, die diese für ihre Aufsichtstätigkeit benötigen. Falls eine Prüftätigkeit an die Interne Revision des Auslagerungsunternehmens delegiert wird, ist deren Bericht dem Bundesaufsichtsamt und der Deutschen Bundesbank sowie der Internen Revision und dem Abschlußprüfer des auslagernden Instituts auf Anfrage zur Verfügung zu stellen.

40 Soweit die Funktion der Internen Revision nach Maßgabe des Rundschreibens 1/2000 auf das Auslagerungsunternehmen oder einen externen Revisor delegiert wird, ist sicherzustellen, daß die Qualitätsanforderungen an die Prüfungstätigkeit und die Berichterstattung dieser Revisoren denen des auslagernden Instituts entsprechen. Durch wen die Funktion der Internen Revision ausgeübt wird, ist vertraglich festzulegen; die notwendige Kooperation anderer Prüfer mit der Internen Revision des auslagernden Instituts, insbesondere im Hinblick auf die Vorlage der Prüfungsergebnisse, ist sicherzustellen. Die Delegation der Funktion der Internen Revision entbindet die Interne Revision des auslagernden Instituts nicht von der Pflicht, ggf. eigene Prüfungshandlungen in dem Auslagerungsunternehmen vorzunehmen. Das Recht zu eigenen Ergänzungsprüfungen der Internen Revision des auslagernden Instituts ist vertraglich sicherzustellen.

41 Bei Auslagerungen auf Mehrmandantendienstleister gelten die Sonderregelungen nach Maßgabe des Abschnitts 6c (Tz. 29) des Rundschreibens 1/2000 vom 17. Januar 2000.

7. Auslagerung ins Ausland

42 Auslagerungen ins Ausland sind vom Nachweis der Prüfmöglichkeiten abhängig zu machen. Bei einer Auslagerung in einen Drittstaat muß ein Institut nachweisen können, daß seine Interne Revision, sein Abschlußprüfer sowie das Bundesaufsichtsamt ihre Prüfrechte ungehindert wahrnehmen und nach dem Recht des Auslagerungsstaates auch durchsetzen können. Dieser Nachweis kann z.B. mittels Rechtsgutachten oder Bestätigungen der dortigen Aufsichtsbehörde erbracht werden. Das Institut hat den Nachweis vor der Auslagerung durch seinen Abschlußprüfer prüfen zu lassen (vgl. auch Nummer 13 ff. der Verlautbarung zur grenzüberschreitenden Datenfernverarbeitung).

8. Vertrag

43 Jede Auslagerungslösung muß auf einem klaren schriftlichen Vertrag beruhen, der mindestens den vorstehenden generellen Anforderungen Rechnung trägt. Neben der Fixierung und Dokumentation der Rechte des auslagernden Instituts dient der Vertrag dem nach § 20 Satz 3 Nr. 1 AnzV zu führenden schriftlichen Nachweis über die Einhaltung der Anforderungen nach § 25a Abs. 2 KWG.

VI. Bereichsausnahmen, Erleichterungen

44 Obwohl tatbestandlich ebenfalls unter § 25a Abs. 2 KWG subsumierbar, nehme ich die Einschaltung anderer Institute oder sonstiger Dritter von der Anwendung der Vorschrift aus, sofern dies aufgrund der Natur des Ablaufs des jeweiligen Geschäfts für die vollständige Durchführung des Geschäftes unumgänglich ist. Dies gilt z. B. für die Funktion der Clearingstellen im Rahmen des Zahlungsverkehrs und der Wertpapierabwicklung (Lombardkasse, Kassenverein) oder die Nutzung der Börsenhandelssysteme durch Makler.

45 Den ggf. auch längerfristigen Einsatz von Leiharbeitnehmern, die für die Dauer ihrer Tätigkeit vollumfänglich in die Betriebs- und Ablauforganisation des Instituts eingegliedert sind, sehe ich ebenfalls nicht als Auslagerung im Sinne des § 25a Abs. 2 KWG an.

46 Auf nach deutschem Recht organisierte Auslagerungsunternehmen, die von Instituten eines Finanzverbundes getragen werden und deren Geschäftstätigkeit im wesentlichen darin besteht, standardisierte Dienstleistungen im Massengeschäft für die Institute dieses Finanzverbundes zu erbringen, namentlich die Rechenzentralen und Wertpapierservicebanken im Sparkassen- und Genossenschaftssektor, ist Abschnitt V. mit der Maßgabe anzuwenden, daß die unabhängige Durchführbarkeit und Befolgbarkeit von Weisungen sowie die Einräumung unabhängiger Prüfungsbefugnisse für die Interne Revision eines jeden Verbundinstituts nicht vertraglich ausbedungen werden müssen.

Diese Erleichterung setzt voraus, daß ein solches Auslagerungsunternehmen

- die ordnungsgemäße Durchführung der erbrachten Dienstleistungen im Interesse des auslagernden Instituts von einer inländischen Wirtschaftsprüfungsgesellschaft im Rahmen der Prüfung des Jahresabschlusses prüfen läßt, den Prüfer verpflichtet, im Prüfungsbericht nach Maßgabe der Tz. 47 zu berichten und den Prüfungsbericht dem Bundesaufsichtsamt und der Deutschen Bundesbank auf Anforderung zur Verfügung stellt
- und sich verpflichtet, auch darüber hinaus Auskünfte zu erteilen und Prüfungen des Bundesaufsichtsamtes zu dulden.

47 Bei Auslagerungen innerhalb eines Konzerns sind die Grundsätze nach Abschnitt V., Ziffern 2., 6. und 7. nur insoweit umzusetzen, als sie nicht bereits aufgrund der konzernmäßigen Verflechtung mit dem auslagernden Institut als erfüllt anzusehen sind.

VII. Berichterstattung der Abschlußprüfer

48 Der Abschlußprüfer hat im Prüfungsbericht im Abschnitt über die Darstellung der rechtlichen, wirtschaftlichen und organisatorischen Grundlagen zur Ordnungsmäßigkeit der Auslagerung Stellung zu nehmen. Dabei sind Art und Umfang der verschiedenen Auslagerungslösungen in den Grundzügen zu beschreiben. Die Einhaltung der materiellen Voraussetzungen des § 25a Abs. 2 KWG und der Anforderungen dieses Rundschreibens ist festzustellen.

VIII. Anzeigen

49 Gemäß § 25a Abs. 2 Satz 3 KWG hat das Institut die Absicht der Auslagerung sowie ihren Vollzug dem Bundesaufsichtsamt und der Deutschen Bundesbank unverzüglich anzuzeigen. In der Absichtsanzeige sind der auszulagernde Bereich, das Auslagerungsunternehmen und der voraussichtliche Zeithorizont bis zur Umsetzung der Auslagerungslösung anzugeben; die Einhaltung der vorstehenden Voraussetzungen ist unter Vorlage des Auslagerungsvertrages darzulegen.

50 Die Vollzugsanzeige kann sich auf die Angabe des Vollzugs beschränken; Abweichungen von der Absichtsanzeige sind darzustellen.

IX. Übergangsbestimmung

51 Bestehende Auslagerungslösungen sind innerhalb von zwei Jahren nach Bekanntgabe dieses Rundschreibens an die dargelegten Grundsätze anzupassen. Die Kundeninformation gemäß Tz. 36 kann auch später, z.B. anläßlich einer Änderung bestehender Allgemeiner Geschäftsbedingungen, erfolgen.

Rundschreiben der Eidg. Bankenkommission: Auslagerung von Geschäftsbereichen (Outsourcing) vom 26. August 1999

1. Zweck

Das vorliegende Rundschreiben umschreibt die Voraussetzungen, unter denen Outsourcing-Lösungen den Erfordernissen einer angemessenen Organisation, des Bankgeheimnisses und des Datenschutzes entsprechen und deshalb ohne separate Bewilligung der Bankenkommission zulässig sind. 1

2. Definition

Outsourcing (Auslagerung von Geschäftsbereichen) im Sinne des vorliegenden Rundschreibens bedeutet, dass eine Unternehmung einen Dienstleister beauftragt, eine für ihre Geschäftstätigkeit wesentliche Dienstleistung dauernd in seiner eigenen Organisation oder unter seiner Verantwortung bei Dritten für sie zu erbringen. „Wesentlich" im Sinne dieses Rundschreibens sind Dienstleistungen, welche sich insbesondere auf die Erfassung, Begrenzung und Überwachung von Markt-, Kredit-, Ausfall-, Abwicklungs-, Liquiditäts-, und Imagerisiken sowie operationellen und rechtlichen Risiken auswirken können, z.B. Auslagerungen im Bereich Informatik, Administration oder Rechnungswesen. Nicht anwendbar ist das Rundschreiben auf die Auslagerung unwesentlicher Tätigkeiten (z.B. Restaurationsbetrieb, Reinigungsdienst, usw.). 2

Outsourcing umfasst einerseits die Auslagerung von Dienstleistungen, die bisher von der Unternehmung selber erbracht wurden. Andererseits gehören dazu auch Dienstleistungen, die die Unternehmung neu von einem Dienstleister bezieht und welche sie somit selber bis anhin nicht erbracht hat. 3

3. Geltungsbereich

3.1. Sachlicher Geltungsbereich

Dieses Rundschreiben gilt für nach schweizerischem Recht organisierte Banken und Effektenhändler sowie schweizerische Zweigniederlassungen ausländischer Banken und Effektenhändler. Diese werden nachfolgend als „Unternehmungen" bezeichnet. 4

3.2. Örtlicher Geltungsbereich

5 Die Unternehmungen, soweit sie nach schweizerischem Recht organisiert sind, sorgen dafür, dass auch ihre konsolidierungspflichtigen ausländischen Konzerngesellschaften sowie Zweigniederlassungen die Grundsätze des vorliegenden Rundschreibens befolgen, sofern keine vergleichbare lokale Regeln existieren.

3.3. Teilweise Anwendbarkeit des Rundschreibens

6 Die Grundsätze 1-4, 7 und 9 (vgl. Kapitel 5) sind nicht anwendbar auf Auslagerungen

7 • durch Zweigniederlassungen ausländischer Unternehmungen an den Hauptsitz (oder umgekehrt) oder an andere Zweigniederlassungen,

8 • an Dienstleister innerhalb eines Konzerns oder einer zentralen Organisation von Unternehmungen, oder

9 • an nach schweizerischem Recht organisierte Dienstleister, welche von einer Gruppe von Unternehmungen gemeinsam gehalten werden, deren Geschäftstätigkeit ausschliesslich darin besteht, Dienstleistungen für diese Unternehmungen zu erbringen.

In den Fällen von Rz. 7-9 gilt die Ausnahme nur, wenn die Dienstleister

10 • die erbrachten Dienstleistungen im Interesse der auslagernden Unternehmungen von einer durch die Bankenkommission anerkannten Revisionsstelle prüfen lassen und

11 • sich gegenüber der Bankenkommission verpflichten, ihrer Revisionsstelle, den auslagernden Unternehmungen und ihren internen und externen Revisionsstellen und der Bankenkommission alle verlangten Informationen offenzulegen, sowie der Bankenkommission und den internen und externen Revisionsstellen der auslagernden Unternehmungen auf Anfrage den Revisionsbericht zur Verfügung zu stellen.

12 Die Bankenkommission kann einer Unternehmung verbieten, irgendwelche Geschäftsbereiche an einen Dienstleister auszulagern, sofern dieser die Bestimmungen von Rz. 10 und 11 dieses Rundschreibens nicht einhält.

4. Zulässigkeit

13 Grundsätzlich ist die Auslagerung jedes Geschäftsbereiches ohne Bewilligung durch die Bankenkommission möglich. Dies bedingt jedoch, dass das Bundesgesetz vom 19. Juni 1992 über den Datenschutz (Datenschutzgesetz, DSG; SR

23 5. 1) gemäss Rz. 30ff und die nachfolgenden Voraussetzungen für ein sicheres Outsourcing eingehalten und im Falle einer Auslagerung ins Ausland die geforderten Nachweise erbracht werden.

Kann eine Unternehmung diese Anforderungen nicht erfüllen, so hat sie der Bankenkommission vor der Auslagerung ein begründetes Gesuch um einzelne Abweichungen einzureichen. 14

Falls in anderen Rundschreiben der Bankenkommission deren Zustimmung für die Auslagerung eines bestimmten Bereiches (beispielsweise EBK-RS 95/1 Interne Revision, Rz. 7 und 8) vorausgesetzt wird, gehen diese Bestimmungen dem vorliegenden Rundschreiben vor. 15

Nicht auslagerbar sind die Oberleitung, Aufsicht und Kontrolle durch den Verwaltungsrat sowie zentrale Führungsaufgaben der Geschäftsführung. Vorbehalten bleiben allgemeine Weisungen und Entscheide im Rahmen der Konzernüberwachung, sofern die Unternehmung Teil einer im Finanzbereich tätigen Gruppe bildet, welche einer angemessenen konsolidierten Aufsicht durch Aufsichtsbehörden untersteht (Art. 7 Abs. 4 BankV). Ebenfalls nicht auslagerbar sind die Entscheide über die Aufnahme und den Abbruch von Geschäftsbeziehungen. 16

Die Auslagerung kann an einen Dienstleister erfolgen, der entweder zum Konzern gehört oder der rechtlich und wirtschaftlich unabhängig ist. In beiden Fällen kann dieser eine Bank oder ein Effektenhändler sein oder aber aus einem andern Tätigkeitsbereich stammen. 17

Die nachfolgenden Voraussetzungen für ein sicheres Outsourcing gelangen jedoch unabhängig der rechtlichen oder wirtschaftlichen Stellung und Herkunft des Dienstleisters zur Anwendung. 18

5. Voraussetzungen

Grundsatz 1: Bestimmung des auszulagernden Geschäftsbereiches

Der auszulagernde Geschäftsbereich ist zu definieren. 19

Entsprechend den mit der Auslagerung verfolgten Zielen sind die genauen Anforderungen für die Leistungserbringung festzulegen und zu dokumentieren. Die Leistung des Dienstleisters muss anhand von vordefinierten qualitativen und quantitativen Merkmalen mess- und beurteilbar sein. 20

Grundsatz 2: Auswahl, Instruktion und Kontrolle des Dienstleisters

21 **Die Unternehmung hat den Dienstleister sorgfältig auszuwählen, zu instruieren und zu kontrollieren.**

22 Die für die Auswahl und Zusammenarbeit mit einem Dienstleister massgebenden Kriterien und Faktoren sind vor dem Eingehen einer vertraglichen Beziehung festzulegen. Die Auswahl des Dienstleisters hat unter Berücksichtigung und Prüfung seiner professionellen Fähigkeiten sowie finanziellen und personellen Ressourcen zu erfolgen. Der Dienstleister muss Gewähr für eine sichere und dauerhafte Leistungserbringung bieten.

23 Die Zuständigkeiten von Unternehmung und Dienstleister sind genau festzulegen und abzugrenzen. Schnittstellen, Verantwortlichkeiten, Zuständigkeiten und Haftungsfragen sind vertraglich zu regeln.

24 Der ausgelagerte Geschäftsbereich ist in das interne Kontrollsystem der Unternehmung zu integrieren. Es ist unternehmungsintern eine verantwortliche Stelle zu definieren, die für die Überwachung und Kontrolle des Dienstleisters zuständig ist. Dessen Leistungen sind fortlaufend zu überwachen und zu beurteilen, so dass allfällig nötige Massnahmen sofort ergriffen werden können.

25 Die Unternehmung hat sich die dazu nötigen Einsichts-, Weisungs- und Kontrollrechte vom Dienstleister vertraglich einräumen zu lassen.

Grundsatz 3: Verantwortung

26 **Die Unternehmung trägt gegenüber der Aufsichtsbehörde weiterhin die Verantwortung für den ausgelagerten Geschäftsbereich.**

27 Die Unternehmung ist gegenüber der Aufsichtsbehörde auch für die ausgelagerten Geschäftsbereiche verantwortlich, wie wenn sie diese selbst betreiben würde.

Grundsatz 4: Sicherheit

28 Die Unternehmung und der Dienstleister legen Sicherheitsanforderungen fest und erarbeiten ein Sicherheitsdispositiv.

29 Die Unternehmung und der Dienstleister haben die Sicherheitsanforderungen, die der Dienstleister zu erfüllen hat, zu definieren. Dies ist vertraglich festzuhalten und die Unternehmung hat deren Einhaltung zu überwachen. Die Unternehmung und der Dienstleister arbeiten ein Sicherheitsdispositiv aus, das die Weiterführung des ausgelagerten Geschäftsbereiches erlaubt, falls der Dienst-

leister aus irgendwelchen Gründen verhindert ist, seine Leistung zu erbringen. Die ordnungsmässige Geschäftsführung muss jederzeit aufrecht erhalten werden können.

Kundendaten müssen durch angemessene technische und organisatorische Massnahmen gegen unbefugtes Bearbeiten geschützt werden. 30

Die Unternehmung und der Dienstleister sorgen für die Vertraulichkeit, die Verfügbarkeit und die Richtigkeit der Daten, um einen angemessenen Datenschutz zu gewährleisten. Insbesondere schützen sie die Systeme gegen unbefugte oder zufällige Vernichtung, zufälligen Verlust, technische Fehler, Fälschung, Diebstahl oder widerrechtliche Verwendung, unbefugtes Ändern, Kopieren, Zugreifen oder andere unbefugte Bearbeitungen. 31

Die technischen und organisatorischen Massnahmen müssen folgenden Kriterien Rechnung tragen: 32

- Zweck der Datenbearbeitung,
- Art und Umfang der Datenbearbeitung,
- Einschätzung der möglichen Risiken für die betroffenen Kunden und
- gegenwärtiger Stand der Technik.

Diese Massnahmen sind periodisch zu überprüfen. Bei der automatisierten Bearbeitung von Kundendaten trifft der Dienstleister die technischen und organisatorischen Massnahmen, die geeignet sind, namentlich die Zugangs-, Personendatenträger-, Transport-, Bekanntgabe-, Speicher-, Benutzer-, Zugriffs- und Eingabekontrolle (vgl. Art. 7 DSG und Art. 8-9 der Verordnung vom 14. Juni 1993 zum Bundesgesetz über den Datenschutz; VDSG; SR 235.11) gerecht zu werden. 33

Grundsatz 5: Geschäfts- und Bankgeheimnis

Der Dienstleister ist dem Geschäftsgeheimnis der Unternehmung und, soweit ihm Kundendaten bekannt sind, dem Bank- oder dem Berufsgeheimnis der auslagernden Unternehmung zu unterstellen. 34

Der Dienstleister untersteht in bezug auf alle Daten, die er von der auslagernden Unternehmung erhält, deren Geschäftsgeheimnis und, soweit Kundendaten betroffen sind, dem Bankgeheimnis (Art. 47 BankG) oder dem Berufsgeheimnis (Art. 43 BEHG). Er hat sich ausdrücklich zu verpflichten, die daraus folgende Vertraulichkeit zu wahren. 35

Bietet der Dienstleister seine Dienstleistungen mehreren Unternehmungen an, so ist durch besondere technische, personelle und organisatorische Massnahmen sicherzustellen, dass die Vertraulichkeit der Daten nicht nur gegenüber Dritten, 36 sondern auch zwischen den verschiedenen auslagernden Unternehmungen gewahrt bleibt.

Grundsatz 6: Kundenorientierung

37 **Kunden, deren Daten durch eine Outsourcing-Lösung an einen Dienstleister gelangen, sind über die Auslagerung zu informieren.**

38 Die Kunden sind in allgemeiner Form über die Möglichkeit (z.B. in den Allgemeinen Geschäftsbedingungen) und das Ausmass (z.B. durch Hinweise auf Bankdrucksachen oder Informationsbroschüren) von Outsourcing-Lösungen zu informieren, wenn ihre Daten an einen Dienstleister übermittelt werden.

39 Die Kunden sind mit besonderem Schreiben und detailliert zu informieren und auf die getroffenen Sicherheitsvorkehrungen hinzuweisen, bevor im Rahmen einer Outsourcing-Lösung Daten über Kunden in codierter oder uncodierter Form ins Ausland (vgl. Grundsatz 8) gehen. In diesem Falle muss den Kunden die Möglichkeit offeriert werden, innert einer angemessenen Frist und ohne Nachteile die Vertragsverhältnisse abzubrechen.

Grundsatz 7: Revision und Aufsicht

40 **Die auslagernde Unternehmung, deren interne und externe Revision sowie die Bankenkommission müssen den ausgelagerten Geschäftsbereich vollumfänglich, jederzeit und ungehindert einsehen und prüfen können.**

41 Prüftätigkeiten können an die externe Revisionsstelle des Dienstleisters delegiert werden, sofern diese über die notwendigen fachlichen Kompetenzen verfügt, um die Prüfung vorzunehmen.

42 Die interne und externe Revision der Unternehmung müssen in der Lage sein, die Einhaltung der banken- und börsengesetzlichen Bestimmungen beim Dienstleister zu prüfen. Ihnen ist vertraglich ein jederzeitiges, vollumfängliches und ungehindertes Einsichts- und Prüfrecht einzuräumen, damit sie ihre Prüfungshandlungen vornehmen können. Beim Einsichts- und Prüfrecht sind jedoch die Bestimmungen von Rz. 36 zu beachten.

43 Sie müssen Zugang zu allen Dokumenten, Datenträgern und Systemen beim Dienstleister haben, sofern diese den ausgelagerten Bereich betreffen.

44 Sie können insbesondere auf die Tätigkeit der Revisionsstellen von Dienstleistern abstellen, welche nach schweizerischem Recht organisiert sind und die Voraussetzungen von Rz. 10 und 11 dieses Rundschreibens erfüllen.

Sie haben ihre Revisionstätigkeiten mit der Revisionsstelle des Dienstleisters zu koordinieren. 45

Die Auslagerung eines Geschäftsbereiches darf die Regulierung und Aufsicht durch die Bankenkommission nicht beeinträchtigen, insbesondere auch nicht bei einer Auslagerung ins Ausland oder durch Konzerngesellschaften im Ausland. 46

Ein Dienstleister, der nicht der Aufsicht der Bankenkommission untersteht, hat sich gegenüber der Unternehmung vertraglich zu verpflichten, der Bankenkommission sämtliche Auskünfte und Unterlagen, bezogen auf den ausgelagerten Geschäftsbereich, zu geben, die sie für ihre Aufsichtstätigkeit benötigt. Falls die Prüftätigkeiten an die Revisionsstelle des Dienstleisters delegiert werden, ist ihr Bericht der Bankenkommission und der internen und externen Revisionsstelle der auslagernden Unternehmung auf Anfrage zur Verfügung zu stellen. 47

Grundsatz 8: Auslagerungen ins Ausland

Auslagerungen ins Ausland sind vom ausdrücklichen Nachweis der Prüfmöglichkeiten abhängig zu machen. 48

Bei einer Auslagerung ins Ausland muss eine Unternehmung nachweisen können, dass sowohl sie selber wie auch ihre banken- oder börsengesetzliche Revisionsstelle sowie die Bankenkommission ihre Prüfrechte wahrnehmen und rechtlich auch durchsetzen können. 49

Dieser Nachweis kann z.B. mittels Rechtsgutachten oder Bestätigungen einer entsprechenden Aufsichtsbehörde erbracht werden. Die banken- oder börsengesetzliche Revisionsstelle hat den Nachweis vor der Auslagerung zu prüfen. 50

Grundsatz 9: Vertrag

Es ist ein schriftlicher und klarer Vertrag zwischen der Unternehmung und dem Dienstleister abzuschliessen. 51

Jede Outsourcing-Lösung muss auf einem schriftlichen Vertrag beruhen, der mindestens den vorstehenden generellen Voraussetzungen umfassend Rechnung trägt. 52

Die Unternehmung hat die internen Bewilligungsverfahren für Outsourcing-Projekte sowie die Zuständigkeiten für die entsprechenden Vertragsabschlüsse festzulegen. 53

6. Berichterstattung der banken- und börsengesetzlichen Revisionsstellen

54 Die Revisionsstellen haben im Rahmen ihrer ordentlichen Revisionstätigkeit zu prüfen, ob die Unternehmungen dieses Rundschreiben einhalten. Über Prüfung und Ergebnis ist im Revisionsbericht Bericht zu erstatten. Dabei sind Art und Umfang der verschiedenen Outsourcing-Lösungen in den Grundzügen zu beschreiben und auf die Einhaltung der Voraussetzungen dieses Rundschreibens sowie vorgenommenen Prüfungshandlungen im einzelnen einzugehen.

7. Ausnahmen

55 Die Bankenkommission kann einer Unternehmung in besonderen Fällen andere Auflagen machen und/oder sie von der Einhaltung dieses Rundschreibens ganz oder teilweise befreien.

8. Übergangsbestimmung

56 Bestehende Outsourcing-Lösungen sind innerhalb von zwei Jahren nach Inkrafttreten an das vorliegende Rundschreiben anzupassen. Die Kundenorientierung gemäss Rz. 38 kann auch später anlässlich der nächsten Änderung bestehender Allgemeiner Geschäftsbedingungen erfolgen.

9. Inkrafttreten

57 Datum des Inkrafttretens: 1. November 1999

Rechtliche Grundlagen:
- BankG: Art. 3 Abs. 2 Bst. a, Art. 23bis Abs. 1
- BankV: Art. 9 Abs. 2
- BEHG: Art. 10 Abs. 2 Bst. a, Art. 35 Abs. 1
- BEHV: Art. 26 Abs. 2 und 3
- DSG: Art. 6-7, Art. 12-14
- VDSG: Art. 8ff

Financial Services Authority, London

OUTSOURCING*

1 INTRODUCTION

1.1 Legal sources

1 Paragraph 4 of Schedule 3 to the Banking Act 1987 ('the Act') requires that an authorised institution ('a bank') has adequate systems and controls. In considering any outsourcing proposal, a bank should consider whether the outsourcing meets the material outsourcing definition below. Where the proposal meets these criteria, the bank should take into account the system and control implications, including adequate anti-money laundering systems, and the degree to which management control of the task will be relinquished to the supplier. The FSA continues to hold a bank's management accountable for the adequacy of systems and controls for the outsourced activity.

2 The FSA also has powers under Section 39 of the Act to require a bank to provide documents to the FSA for supervisory purposes. This power is also exercisable against any person who appears to be in possession of the required documents, such as a company providing outsourcing facilities to the bank. The power only relates to documents that the FSA can demand from a bank; the FSA cannot demand under section 39, from a third party a document that it cannot demand from a bank itself. If a third party produces a document to which the bank is not entitled, the FSA does not have a power under Section 39 to ask for it from that third party. Additional steps need to be taken, therefore, to protect the FSA's access to information in relation to outsourced activities.

3 Material outsourcing is the use of third parties to provide services to a bank which are of such importance to the bank that:

(a) a weakness or failure in any of the activities outsourced would cast into serious doubt the bank's

* Date issued: 30th June 1999; http://www.fsa.gov.uk/pubs/supervisor/os01.pdf.

continuing compliance with the minimum criteria for authorisation in Schedule 3 to the Act; and

(b) the outsourcing is by business units which are *significant units.*

a) A significant unit is one which is covered by the FSA risk assessment.

i) The first step in the FSA's RATE approach is to agree with banks exactly which units are significant: this process is described in paragraphs 26 to 30 (UK incorporated banks) and 31 to 33 (non-EEA incorporated banks) of the FSA's June 1998 paper "Risk based approach to supervision of banks".

b) The purchase of a standardised service from, for example, Bloombergs or Reuters and the provision of custody arrangements fall outside of the definition of material outsourcing.

4 This definition is solely for the purpose of determining how the policy on outsourcing is to be applied. It is not intended to restrict discussion with the FSA, nor is it intended to limit the issues that the FSA considers as part of the RATE process. A bank should apply its normal tests in deciding which issues should be raised with the FSA.

5 If in doubt as to whether a function would be considered material the bank should discuss the definition of material outsourcing with the FSA.

6 Although the principles in Section 4 apply to both intra- and extra-group outsourcing, the FSA has discretion to apply them flexibly where the outsourcing is intra-group or to another regulated entity, particularly where the outsourced activity is a regulated core business function carried out by the supplier for its own purposes, e.g. cheque clearing.

1.2 Scope of obligations

7 The requirements set out in this chapter apply to all banks except European Authorised Institutions ('EAIs').

a) An EAI is a bank incorporated outside the UK, but within the European Economic Area (EEA').

b) The FSA is not empowered to monitor, from a prudential standpoint, the systems and controls of a UK branch of an EAL However, if formally requested to do so by the EAFs home supervisory authority, the FSA can use its section 39 and 41 powers under the Act to assist that authority in discharging its prudential responsibility.

8 A bank which has outsourcing arrangements in place on 30 June 1999 or which is close to completing outsourcing arrangements on or after this date, is exempt from the application of this policy until the existing contracts become due for renewal. At that time the FSA expects a bank to discuss with it how the bank intends to apply this policy to the renewal of its existing arrangements.

1.3 How this chapter is organised

9 Section 2 sets out the basic scope and range of the FSA's approach to outsourcing proposals. Section 3 summarises the a bank's obligations and notification requirements.

10 Section 4 details the minimum criteria placed on a bank when it intends to outsource. These range from its due standard of care, to its obligations to the FSA and to its customers.

11 Section 5 sets out some points for further consideration regarding the structure of a bank's relationship with the supplier of the outsourced function. It stresses particularly the standards the bank should expect a supplier to meet and how the bank should monitor the relationship. This section does not represent additional minimum criteria, but a bank still needs to have considered the issues raised; the FSA may ask the outsourcing bank what procedures have been put in place to address relevant concerns.

12 Section 6 is an appendix setting out the FSA's general approach to *central booking.* It also explains when the

FSA regards central booking as a form of material outsourcing for the purposes of sections 2 to 5.

a) *Central booking is* where the business is carried out in one location or legal entity within a group and booked in the accounting records of another. In some cases, the risks arising from such business may be managed in a third location.

2 THE FSA'S APPROACH TO OUTSOURCING

1 Banks frequently decide to outsource aspects of their operations, either to other group companies or to independent third parties. This is sometimes done on grounds of cost, sometimes because the other party can deliver a better service than can be provided in-house, and sometimes a combination of both.

2 The FSA recognises that outsourcing can bring significant benefits to banks and their customers. However, the FSA is concerned that when an important function is performed outside a bank, the bank may lose or have reduced control of the outsourced activity. Furthermore, the FSA's ability to exercise its supervisory powers to gather information or to require changes in the way that the outsourced function is carried out may be affected adversely. In addition, there may be some circumstances in which the FSA will need to assess the fitness and properness of certain staff of the service provider. This policy is designed to address these concerns without impeding unduly banks' ability to use outsourcing to further their business objectives.

3 The FSA recognises that some of this policy will not be appropriate to intra-group outsourcing. Where a particular principle applies only to outsourcing either solely within or alternatively outside the consolidated group this has been clearly stated. Where there is no such statement it should be assumed that the policy applies to both intra- and extra-group outsourcing.

4 Whether or not the FSA carries out consolidated supervision, the policy applies only to the bank

authorised under the Act.

3 THE MAIN OBLIGATIONS

This section summarises the main obligations applying in relation to outsourcing banks. It does not cover every obligation and should be read in conjunction with Section 4 below.

3.1 Informing the FSA

See s4.1 1 A bank must make the FSA aware, through its normal supervisory channels, of its intention to outsource a task which, materially, either impacts on its systems and controls or affects its risk profile. This must take place in reasonable time to allow the FSA to consider the proposal and to raise any concerns.

2 During the course of the outsourcing agreement a bank must make the FSA aware of any material problems encountered with the outsourcing supplier.

3.2 The obligations on banks in respect of material outsourcing

See s4 3 The FSA expects a bank to be able to analyse the impact outsourcing a particular function will have on its overall risk profile and the bank's internal systems and controls.

See s4.5 4 A bank must ensure that the FSA has access, for example through the section 39 process, to any information relevant to the outsourced activity required under the Act.

See s4.6 5 A bank must ensure that its internal and external auditors have access to any relevant information they require to fulfil their responsibilities.

3.3 The obligations on the FSA

See s4.1 6 The FSA will consider a bank's outsourcing proposal and raise any concerns that it has. The FSA is aware of commercial pressures involved in outsourcing contracts and will agree with the bank a suitable timescale for response.

4 PRINCIPLES OF OUTSOURCING

4.1 General

1 A bank must make the FSA aware of a material outsourcing proposal in reasonable time to allow the FSA to consider the potential impact of the proposal on the bank and to raise any concerns. The FSA is aware of commercial pressures involved in outsourcing contracts and will agree with the bank a suitable timescale for response. Once a bank has notified the FSA of a material outsourcing proposal, the FSA will determine the level of its ongoing scrutiny of the process and ask the bank to provide further information accordingly.

2 Regardless of whether the outsourcing supplier is inside or outside the group, the FSA holds the bank's management responsible for ensuring that the outsourced function is carried out to a proper standard and that the integrity of the bank's systems and controls is maintained.

3 In some, probably very unusual, circumstances it is possible that a person employed by a supplier may be a *director, controller or manager* of the bank as defined under the Act. If so, the bank should seek to ensure that it is notified about any appointments made by the supplier to such positions and should notify the FSA of any such appointments. Every director, controller, manager is required to complete a 'Form 3'so that the FSA can form a view on whether he is 'fit and proper' to carry out his responsibilities in relation to the bank

See BAs105

a) The terms *director, controller, manager* are defined in section 105 of the Act. Staff of a supplier are most likely to fall within the definition of a 'manager', although banks should be alert to the possibility that they may fall within the other categories.

b) The FSA carries out its vetting checks for individual controllers and for managers and directors on the basis of a completed Form 3.

4.2 Principles governing a bank's relationship with its supplier

See s5.2

4 A bank must monitor and manage on an ongoing basis its relationship with the supplier so as to seek to ensure the integrity of its systems and controls is maintained.

5 The supplier must be a competent, financially sound firm with good relevant knowledge and expertise. The bank must be able to demonstrate that it has taken proper steps to verify this and that it also has procedures for assessing the supplier's performance on a continuous basis. Additionally, the bank must be able to satisfy the FSA that the supplier is committed for the term of the contract to devoting sufficient, competent resources to providing the service.

a) Where the supplier is a member of the same group as the bank, the latter is likely to have a greater pre-existing level of knowledge about the former. The level of assessment may therefore be reduced.

6 The agreement between the bank and the supplier must provide that the bank be informed of any developments which may have a material adverse impact on the supplier's ability to meet its obligations. This includes, for example, relevant material control weaknesses identified by the supplier's internal or external auditors. The supplier's auditors do not have a responsibility to report any concerns to the FSA. Nonetheless, the bank must ensure that there is a clear reporting line between the supplier and itself so that any material problems relating to the outsourced activity can be communicated and to enable it (or the FSA) to make any further enquiries of its own into such problems.

a) Where the supplier operates abroad, the Data Protection Act sets out legal requirements governing the transfer of data across borders.

7 For outsourcing outside the group there must be a right to terminate the contract in the event that the supplier undergoes a change of ownership or the supplier becomes insolvent or goes into liquidation or receivership.

4.3 Principles covering service level agreements ('SLAs')

See s5.4 8 An SLA is a negotiated agreement on the standards of service between the supplier and the end-user (the bank). A bank must always have a written SLA in place with its supplier, where the outsourcing is outside the group. The SLA must also provide for periodic reviews and appropriate remedies should problems arise. Such reviews should allow for the relationship to be amended via the SLA or contract as appropriate, on the basis of performance against specified targets.

(a) Banks may be asked to submit SLAs to their supervisors.

9 Where the outsourcing is intra-group an SLA may not always be appropriate. This is particularly the case where a service is supplied on a group wide basis. In such circumstances the supplier may wish to provide a statement of the standard of service to be provided to the whole group. This statement may be supported by a wide range of other existing relationship management systems. Where these provide a sufficient performance measurement structure a SLA may not be required.

4.4 Principles affecting contingency planning

See s5.5 10 A bank must have and regularly review contingency plans to enable it to set up new arrangements as quickly as possible, with minimum disruption to business, if the contract is suddenly terminated or the supplier fails. The level of detail in such plans may vary. For example, if there are large numbers of possible alternative suppliers the outsourcer may simply be able to use one of the alternative supplier(s). However, this may still be a complex and time consuming process and a bank must consider how it would deal with the hand-over process. If, on the other hand, the only option is for the bank to resume the activity itself the plan should be far more detailed.

a) As the contract with an intra-group supplier is highly unlikely to be terminated through the actions of the supplier, the only significant risk is that the service will be interrupted by another unrelated event. Such events should be covered by the supplier's business continuity plan and therefore a separate contingency plan for the bank may not be appropriate.

4.5 Principles governing supervisors' access to information

See s5.6

11 The contract between the bank and the supplier must ensure that the bank can provide the FSA with any information relating to the outsourced activity that the FSA requires in order to carry out effective supervision, whether the outsourcing is within or without the group, for example, through the Section 39 reports.

12 Where the supplier is based outside the UK, the bank must assess the extent to which the local regulator/regulations may restrict access to information about the outsourced activity.

13 The FSA must be informed if any other regulator raises serious concerns with the banks proposal to outsource.

4.6 The auditor's role

14 A bank must have processes in place to identify and deal with any weaknesses in the supplier's procedures which could have a material adverse impact on the service provided to the bank. This could include access for the bank's internal and external auditors, independent reports on the supplier and/or monitoring of detailed performance statistics.

15 In line with the FSA's approach to other areas of banking supervision, where internal or external audit raises material problems the bank is required to alert its supervisor. The bank should also ensure that it has the management capacity to assess and respond to any such concerns so raised.

4.7 Outsourcing internal audit

16 All cases of outsourcing internal audit will be considered material.

17 The FSA will not allow outright outsourcing of a bank's internal audit function to either its reporting accountants or its external directors. The FSA requires an internal audit function independent from external audit and this segregation of responsibilities would be compromised if the same firm fulfilled both functions.

See chR2s4 18 However, the FSA may sanction certain internal audit services being provided by the external auditors /reporting accountants provided the following conditions are met:

(a) the work is carried out under the overall supervision and management of the bank's own internal audit staff;

(b) ultimate responsibility for the adequacy and effectiveness of internal audit lies with the Head of Internal Audit.

(c) the head of internal audit must be a senior and experienced individual who is an employee of the bank, or the group of which the bank is a part.

(d) the FSA is satisfied that the Head of Internal Audit has satisfactory reporting lines. These lines would typically involve unfettered access to the audit committee or at a minimum a non-executive director.

19 A bank wishing to use its external auditor/ reporting accountant to perform any part of internal audit's function must notify the FSA of its intention to do so. The FSA does not, however, require notification where individual employees of a bank's external auditors/reporting accountants are seconded to work within the internal audit function.

20 Where internal audit is outsourced to another firm which is not otherwise involved in the auditing or accounting function of the bank, the independence issue does not arise. Therefore, outsourcing proposals meeting this

criterion are assessed in the same way as any other function.

4.8 Principles covering sub-contracting

21 The contract should state that if the outsourcing supplier decides to sub-contract further the original outsourcing supplier continues to be contractually liable and the level of service and systems and controls will not deteriorate.

a) Sub-contracting is where the supplier of an outsourced function further contracts out that function to a third party unrelated to the bank or supplier.

5 FURTHER AREAS FOR CONSIDERATION

Although the following statements do not represent additional minimum criteria and are only viewed as further areas for consideration, banks still need to have considered the issues raised in this section as the FSA may ask what procedures have been put in place to address these concerns.

5.1 General

1 Any voluntary Codes of Conduct adopted by the bank that would have a direct impact on customers could also be observed by the supplier. This step may help to prevent a deterioration in the service received by its customers.

5.2 A bank's relationship with its supplier

5.2.1 5.2.1 General

See s4.2 2 The bank may wish to be aware of the material risks to which the supplier is exposed in relation to the service provided to the bank by the supplier and the corresponding control procedures in place. There might also be provision for relevant management information so that problems, such as a deterioration in service, are brought to the attention of the appropriate individuals in the bank at an early stage. The bank may wish to take steps to seek to ensure that it is clear who is accountable at the appropriate level in respect of such problems. One such mechanism may be through establishing clear lines of escalation both within the supplier and the bank.

3 It would be prudent for a bank ~ management to provide adequate resources at appropriately senior levels to ensure that the relationship with the supplier is properly managed and monitored against performance targets.

4 Where the outsourcing supplier is in direct contact with the bank's customers, the bank may wish to establish how its customer relations policies will be reflected by the supplier, for example, answering complaints within a certain time period. Such policies could be measured and factored into any consideration of the supplier's performance. This is important to a bank since any material deterioration in customer relations may adversely affect its reputation. This requirement has greater significance if the supplier is external to the group since the supplier might have a different culture.

5.2.2 Termination of contract with the supplier

See s4.2 5 A bank may wish to make provision in the contract to ensure that it does not lose any work or records which are material to the bank's business and has been carried out by the supplier, should the contract be terminated. In any case it would be sensible for termination clauses to provide adequate notice for the bank to put in place alternative arrangements.

5.3 Confidentiality

6 Confidentiality may not be a significant issue if the outsourcing is within a bank's group. However, the bank may wish to consider whether the confidentiality constraints below need to be fulfilled.

7 Where a supplier deals with a bank's competitors

distinct procedures (such as Chinese Walls) may be advantageous in seeking to ensure that there is no breach of client confidentiality. Where the supplier operates abroad, the Data Protection Act sets out legal requirements governing the transfer of data across borders.

5.4 Service level agreements ('SLAs')

See s4.3 8 In order to ensure that there is no confusion over respective duties banks may wish to clearly define what is to be outsourced in their SLA. Additionally the SLA may incorporate the capacity for change, (including technological change) or expansion, set out clearly who is responsible for ensuring that work is completed and incorporate details of the reports that the bank might wish to receive from the supplier and their frequency.

9 Where a supplier provides a service for several banks or the bank has peak periods of service, the bank might wish to seek to ensure that a minimum level of resources will be continuously devoted to provide an agreed level of service.

10 For extra-group outsourcing, the contract may provide the option for regular re-tendering. However, for both intra- and extra-group outsourcing, it may be prudent for the relationship to be reviewed, where and when appropriate, but at least annually to take account of all relevant business and environmental changes and the review may also include a financial strength assessment of the supplier.

11 An agreed standard of service between the supplier and the bank might be particularly relevant in the case of extra-group outsourcing. A bank may wish to consider whether the standard of service operated by the supplier needs to be as high as that operated within the bank. Performance targets might be included within the SLA, along with provision for escalation and termination where the targets are not met.

5.5 Contingency planning

See s4.4 12 Daily operations and systems problems, such as

temporary disruption/suspension of the service, could be included within a plan although this could be covered in the supplier's own contingency arrangements.

13 A bank might wish to ask the supplier for information about its own contingency plans, in order to assess the level of comfort it can draw from these plans and consider the implications for its own contingency planning. Where sufficient comfort cannot be drawn the bank may wish to make alternative contingency arrangements either in-house or through an alternative supplier as appropriate.

6 APPENDIX - CENTRAL BOOKING

Central booking is where the business is carried out in one location or legal entity within a group and booked in the accounting records of another location or legal entity. This general description covers a range of different scenarios, as explained in the remainder of this section: in all cases, the overriding objective is that, however a bank chooses to organise its activities, it must continue to comply with the minimum criteria for authorisation in Schedule 3 to the Act and with its other legal and supervisory obligations, including those relating to the provision of information to the FSA. The FSA expects banks to discuss significant new central booking proposals with their supervisors, in the same way as for any other significant change in its organisational arrangements.

6.1 Central booking between different locations of the bank

1 Banks often record transactions in a different physical location to that in which the business is undertaken. This will never fall within the definition of material outsourcing (because a bank cannot, by definition, outsource to itself). A bank must nevertheless satisfy itself that, wherever the various functions associated with its business are physically carried out, the bank complies with its legal and regulatory obligations

including (but not limited to):

(a) the maintenance of adequate accounting and other records and internal control systems;

(b) the adequacy of provisions, liquidity and capital (where relevant); and

(c) the provision of information to the FSA (including periodic reporting such as prudential returns and the notifications on large exposures, controllers and close links, and ad hoc requests for information).

6.2 Central booking between different legal entities

2 A bank should consider both the legal form and the commercial substance of its arrangements with the other entity in order to establish the true nature of the relationship and therefore the procedures which are appropriate to enable the bank to comply with its obligations. The key consideration is the risks to which the bank is exposed as a result of the transactions undertaken and/or its arrangements with the other party.

3 Material outsourcing issues only arises where the bank records, and bears the risk of, business which is initiated by another legal entity in the group acting in the bank's name (so that clients/counterparties believe that they are dealing with the bank's own staff).

a) In contrast, where another legal entity in the group acts as broker/introducer for example, it provides a discrete service in its own name to both the bank and customers/counterparties.

Outsourcing Financial Services Activities: Industry Practices to Mitigate Risks

Federal Reserve Bank of New York
October 1999

Outsourcing Financial Services Activities: Industry Practices to Mitigate Risks

I. MANAGEMENT OVERVIEW

Outsourcing, or the use of third-party service providers, is a business strategy that is being considered more frequently by financial institutions as they respond to an increasingly competitive marketplace. While not new, many of the activities currently being outsourced, such as information systems, business processes and internal audit,[1] are integral to the functioning of the organization, vital to supporting core businesses and create dependencies upon service providers. Given the scale and prevalence of these types of arrangements, outsourcing raises potential supervisory concerns.

Outsourcing arrangements present four key challenges, which if not addressed adequately, introduce significant risks for the financial institution. While other risks exist and are discussed in this paper, the primary concerns are:

- *Selecting a qualified vendor and structuring the outsourcing arrangement* – Failure to choose a qualified and compatible service provider, and to structure an appropriate outsourcing relationship may lead to on-going operational problems or even a severe business disruption. These events may result from service provider employees not having the necessary skills or familiarity with the industry, or from service providers lacking an adequate technical capacity or financial stability. The contract needs to clearly articulate the structure of the outsourcing arrangement and the expectations of both sides, otherwise excessive amounts of management time may be consumed with dispute resolutions or with managing a contentious relationship.

- *Managing and monitoring the outsourcing arrangement – As* management focus shifts from direct to indirect operational control over an activity, there is a risk that undue reliance may be placed upon the service provider by the financial institution. Without active management and monitoring of the relationship, sub-par service may occur or, at the extreme, loss of control over the outsourced activity. Given the customized nature of the service contracts, changing service providers in the face of unsatisfactory responsiveness may not be a viable option. Even when alternatives are available,

[1] In the past, institutions most frequently outsourced non-critical activities such as payroll processing and building maintenance.

switching service providers is likely to be a costly option that adds to operational, legal and other risks.

- *Ensuring effective controls and independent validation* – Given the reliance on a third party for the performance of critical activities, there is the risk that without independent validation of the control environment the institution cannot determine that the controls have been effectively implemented. *A* sound control environment in an outsourcing arrangement encompasses many of the same management concerns as when the activity is performed in-house. However, if not independently validated, the financial institution risks receiving performance monitoring reports that are overly optimistic. The service provider also may not always maintain the necessary capacity, employee skill set or financial capability as agreed to in the contract.

- *Ensuring viable contingency planning* – Given the dependency on a third-party service provider, financial institutions face the challenge of ensuring adequate contingency planning to avoid business disruptions. What contingency plans does the service provider have in place? What contingency plans does the financial institution have in the event of nonperformance by the service provider? Recurring performance problems coupled with the absence of comprehensive contingency plans by the service provider and the financial institution may result in unintended credit exposures, financial losses, missed business opportunities and reputational concerns.

The supervisory assessment of outsourcing risk at a financial institution will depend on several factors: The size and criticality of the outsourced activity, how well the institution manages, monitors and controls outsourcing risk, and how well the service provider manages and controls the inherent risk. In principle, outsourcing may enhance or weaken an institution's overall risk profile. For example, overall risk may be reduced when the service provider's expertise is superior to that of the financial institution and/or when prudent risk mitigating practices are utilized by the financial institution.

Given the trend towards outsourcing, the Federal Reserve Bank of New York formed a team to better understand the related issues and concerns. The team interviewed a cross-section of Second District financial services institutions, service providers, management and process consultants, lawyers and academics. From these meetings, the key risks and prudent business practices developed by financial services institutions to mitigate outsourcing risk were identified and compiled as industry practices.[2] Institutions considering outsourcing may find this paper useful as an overview of the issues and risks that need to be considered. For other institutions, industry practices may serve as a benchmark or suggest refinements to existing practices.

In Section 11, the outsourcing market is briefly reviewed including a definition of outsourcing, potential benefits and risk factors. Section III presents our findings on current industry practices. Existing guidance on outsourcing is briefly reviewed in Appendix A.

II. THE OUTSOURCING MARKET

Background

Outsourcing is the transfer of direct managerial responsibility, but not accountability, to an unaffiliated[3] third-party service provider who performs services previously delivered by internal staff and management.

Outsourcing relationships take many forms. At one end of the spectrum are contractor-like relationships where the choice among capable providers is large. In this case, contracts tend to be relatively short-term, and the cost and inconvenience of switching among vendors is relatively low. At the other end of the spectrum are long-term partnerships/strategic alliances/joint ventures where both parties share in the associated risks and revenues. The intention of these arrangements is for the institution and service provider to be fully integrated in seamless delivery of customized services. Contractor-like relationships are relatively easy to set up and are best for commodity-like services such as procurement operations or mortgage servicing. The large mega deals, such as those involving fall support of information technology efforts, are examples of outsourcing strategic, more complex activities that are not easily transferable. In these cases, staff, equipment and full responsibility for delivering an extensive group of services is outsourced to the service provider.

Although financial institutions have outsourced activities such as payroll processing for years, outsourced activities have recently included information technology, accounting, audit, electronic funds transfer, investment management, and human

---

[2] See a related paper, *Industry Practices to Mitigate Vendor Risk: The Year 2000 Context,* April 1998 (www.ny.frb.org/bankinfo/announce) for a more focused discussion of outsourcing risk pertaining to Year 2000 issues.

[3] Outsourcing may also be defined to include the use of affiliates or, in the case of a U.S branch or agency of a foreign bank, a non-U.S. office or operation of the foreign bank. In this document the focus is on an arrangement with an independent third party, which illustrates outsourcing risk most clearly.

resources. According to published reports[4] thirty-nine percent of all U.S. banks and thrifts outsourced at least some processing activities in 1998. The most frequently outsourced activity, according to a survey[5] of commercial institutions, is some aspect of information technology (e.g., desktop support). Next in importance is business process outsourcing ("BPO"), such as treasury operations, internal audit and human resources, though currently only at one-third the level of information technology expenditures. Industry experts indicate that BPO is the emerging area of growth since it facilitates financial institutions' reengineering of core business processes.

While estimates vary, the outsourcing market is reported to be large and growing (see Figure 1). A business survey indicated that, in 1997, total global expenditures on outsourcing increased 23 percent to $180 billion, with expenditures anticipated to rise another 27 percent to $235 billion in 1998.[6] Some sources predict outsourcing to exceed $300 billion by the year 2001.

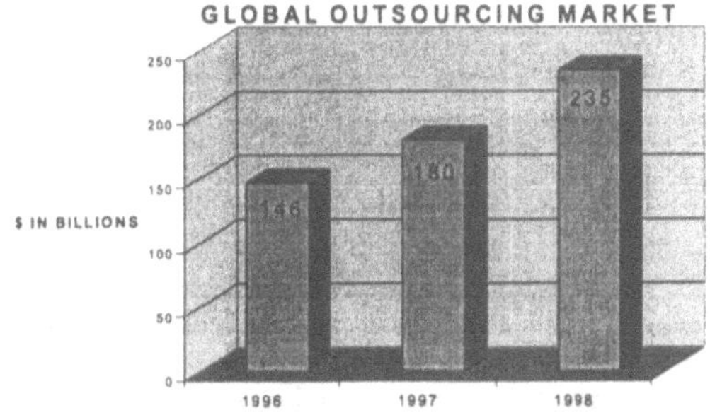

Source: Dun & Bradstreet Barometer Global Outsourcing Survey

Figure 1

Potential Benefits of Outsourcing

Reasons to outsource include reduced costs, enhanced performance, an ability to access superior expertise and industry best practices, and a desire to devote scarce human resources to core businesses.[7] A third-party service provider may provide

---

[4] Adrianna Senior, "40% of New Core Systems Were Outsourced Last Year," *American Banker*, Wednesday July 14,1999,p.14.

[5] See the Dun & Bradstreet Barometer Global Outsourcing Survey in *Fortune, Special Supplement, Outsourcing* '98, July 20, 1998. The survey tracks business-to-business outsourcing by companies with annual revenues of more than $50 million.

[6] Ibid.

[7] Financial institutions may also outsource for strategic reasons or to effect organization changes. For example, they may outsource rather than build a start-up business internally. Outsourcing may be part of an exit strategy for a business that is about to be divested.

better performance at a lower cost than in-house providers because of economies of scale, specialization and tactical focus. Cost savings may be secured by converting fixed costs to a variable cost structure to accommodate fluctuations in labor and equipment needs. Additionally, outsourcing can provide immediate access to expertise and best business practices that may be too expensive to build internally or hire – particularly in areas such as technology.

The choice of which activities to outsource is often determined by the strategic value of the activity and its level of operational performance. Generally, the less strategic the activity and/or the lower the level of internal performance, the more likely to consider it for outsourcing.

Lastly, in the case of certain technology activities, such as desktop support, the cost of keeping current in a rapidly evolving environment is a precipitating factor. Centralized internal support functions, such as internal help desk operations, are other attractive areas to outsource. Such units were typically consolidated to capture internal economies of scale, and are therefore relatively self-contained and easily separable.

Outsourcing Risk Factors

Several factors innate to outsourcing give rise to potential operational, legal and reputational risks. One factor is that outsourcing arrangements are binding contractual relationships with another legal entity, typically an unaffiliated third party. The duration of contracts may be fairly lengthy, often five to ten years, during which time business needs and environments can change significantly and in unanticipated ways. Consequently, there is a risk that financial institutions may be locked into agreements that reflect outdated business realities. The contractual basis of outsourcing coupled with this intrinsic business uncertainty contributes to legal risk.

Another innate factor is that outsourcing almost inevitably results in changes in the financial institution's business practices and processes, which contributes to operational risk. These changes may be required to capture economies of scale and operational efficiencies, or simply reflect a different way of doing business by the service provider. For example, operations that were performed in-house by decentralized units may be consolidated either before or as a part of the outsourcing arrangement. Consequently, business processes that were customized for individual

---

Sometimes, a business acquired during a merger is outsourced as an interim step to deciding whether to integrate it into the institution. Some institutions change their technology environment by outsourcing their large (legacy) computer systems and redeploying in-house resources into newer technology initiatives. In other cases, especially information technology, a business unit may initiate outsourcing because they cannot find or retain people with the desired skills.

business units or for the financial institution may now be changed and converted to a more standardized format.

A third innate risk factor is the unique concerns that arise from giving third parties access to confidential data, strategic technology applications, or the books and records of the institution. The potential for violations of confidentiality by service provider employees contributes to operational, legal and reputational risks.

Fourth, outsourcing requires modifications to the institution's management structures and practices to mitigate operational risk. For example, managers need to be skilled in negotiating and administering outsourcing arrangements, and monitoring the inherent risks at the service provider rather than exercising direct managerial control of departments. If not, the provider may deliver sub-par service or even fail to deliver some critical business activity, possibly resulting in a business disruption. An in-house coordination and communication mechanism may also be needed to coordinate internally among business units, externally among several service providers, and between the internal and external groups. Outsourcing often makes considerable demands on in-house staff to provide relevant information.

A related issue is the outsourcing of functions that are not well managed and effectively controlled when performed in-house. While the temptation to outsource activities that are experiencing problems is considerable, such actions pose significant operational and legal risks. Management needs to understand the nature of their problems before they can define the solutions that will work and select an appropriate service provider. This understanding is also necessary to define realistic performance measures and to engage in effective monitoring of the service provider.

Fifth, outsourcing creates a potential dependency on the third-party service provider, which raises several issues. One concern is ensuring adequate responsiveness from the service provider. For example, if a financial institution needs their service modified in some way, that request may be placed in a queue of requests. Individualized and timely attention from the service provider may be uncertain and may entail significant additional costs. In the face of unsatisfactory responsiveness, changing service providers is likely to be a costly option that adds to operational, legal and other risks.

This potential dependency on the service provider may increase over time since organizational learning is based mostly on experience, and therefore the financial institution's capacity to learn may be diminished. Day-to-day responsibilities, hands-on experience, and responding to changing business needs provide a training environment for managers. As these processes are transferred outside the organization with outsourcing, managers retained at the institution will need to develop alternative channels to keep their knowledge base current and their skills sharp. Moreover, the next generation of managers – those with both technical expertise and knowledge of the business and the institution – will need to be developed.

Outsourcing also poses significant reputational risk. A problem at the service provider is potentially a problem for the client financial institutions. For example, if the service provider has a highly visible problem with one client institution, the adverse publicity of that situation may have contagion effects for other client institutions. Also, in some situations, such as customer service call centers, the service provider's employees interact directly with the financial institution's customers as if they were employees of the financial institution. This direct interaction poses reputational risk for the financial institution if the interaction is not consistent with the financial institution's policies and standards.

Lastly, a factor unique to outsourcing is managing the operational, legal and reputational risks during the transition phase. As mentioned, processes may be modified or systems changed. Internal staff may need training in the service provider's systems. Adjustments to staff size and transfer of employees to the service provider may raise morale and complex labor law issues. Inadequately handled, the transition can cause the loss of personnel who are highly skilled and familiar with the institution's practices and requirements.

III. INDUSTRY PRACTICES FOR OUTSOURCING ARRANGEMENTS

The Federal Reserve Bank of New York team's meetings with industry professionals identified six key elements to mitigate outsourcing risk:

- Managing and monitoring the outsourcing arrangements;
- Selecting a qualified vendor;
- Structuring the outsourcing arrangement;
- Managing human resources;
- Establishing controls, and ensuring independent validation; and
- Establishing a viable contingency plan.

A. Managing and Monitoring the Outsourcing Arrangements

In contrast to in-house provision of services where management attention is directed to managing both the process as well as the results, outsourcing by design separates these two functions. With outsourcing, in-house management needs to focus on managing and monitoring the outsourcing arrangement. Management oversight is directed to obtaining the desired results while relinquishing direct operational control over the activity. Process issues are left to the service provider. To achieve the desired objectives, successful outsourcing requires the financial institution to establish a management framework that reflects this shift in focus and of responsibilities.

1. **The board of directors and senior management must retain accountability for any outsourced activity. They determine the strategic role and objectives for the outsourcing arrangement, and provide necessary approvals.**

In any outsourcing arrangement, the board of directors and senior management of the financial institution retain full accountability for the outsourced activity as if the service were being performed in-house. In no case does outsourcing permit an abdication or transference of management accountability. Only the day-to-day managerial oversight is delegated to a third-party service provider.

At the outset, the financial institution needs to identify the role of outsourcing given their overall business strategy and objectives. Management needs to develop a robust understanding of what outsourcing is capable of achieving for their organization. This analysis requires deep and honest corporate self-assessment as to core competencies, managerial strengths and relative weaknesses, and overall values and future goals of the institution. This assessment is performed at the very highest levels of management and is integral to the institution's strategic planning efforts. Based on this analysis, outsourcing objectives are set and specific outsourcing activities evaluated.

Given the underlying strategic motivation, outsourcing decisions are frequently initiated by senior management. Once made, support from the top of the organization is essential to setting the tone for a successful effort and to building internal support. Articulating the goals and objectives of the outsourcing initiative, and communicating how the effort will benefit the institution are key to building institution-wide support, and to achieving a smooth transition process and successful long-term relationship.

Institutions caution against being over-confident in the service provider and adopting a hands-off management approach, even in the case of standardized activities outsourced to reputable third parties. A hands-off approach frees management time and resources to be redirected to other objectives. However, it may also increase operational risk by leading to an eventual loss of control over the activity or, at the very least, excessive reliance on the service provider's assessment as to the quality of the service being provided.

2. Create a management structure to establish, manage and monitor the outsourcing arrangement.

The critical step to successful outsourcing is establishing an adequate management structure to oversee the process from beginning to end (See Figure 2).

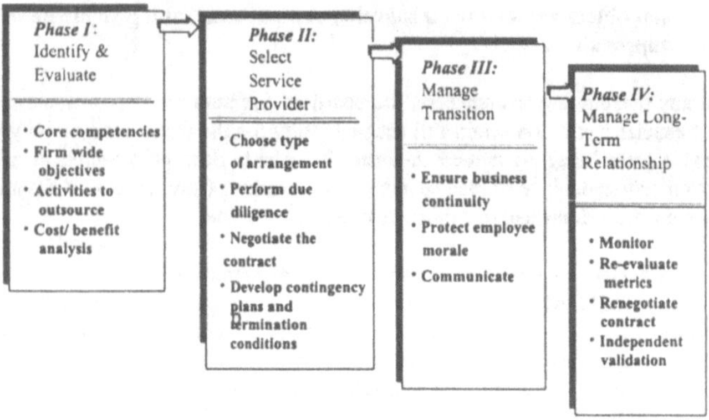

Figure 2

This structure varies across financial institutions. In some cases, a single manager may be adequate. For more complex arrangements, a committee of senior level managers may oversee teams of people responsible for different aspects of the process. The key is that sufficient resources are allocated to the management structure, both in people and time, to enable managers to adequately plan, analyze and oversee the various phases of the outsourcing effort. All of the institutions surveyed noted that underestimating the necessary resources, especially management time and attention, is a common occurrence.

Initially, the managers identify and evaluate the outsourcing options. Once the decision to outsource is approved, the outsourcing plan, including a methodology and timeframe for the effort, is established. The outsourcing plan needs to be comprehensive, detailed and specific. For each phase of the process, goals must be set and the appropriate analytical framework, deliverables, documentation, and the necessary sign-offs identified. A contingency plan and exit strategy for the outsourcing arrangement also needs to be formulated.

To signal commitment, financial institutions frequently appoint a senior officer as a sponsor who will take ownership for the outsourcing effort and provide leadership. The sponsor needs to be very highly regarded and possess excellent communication skills. These qualifications are key to building internal support for the outsourcing arrangement by communicating with the affected business units about the goals and potential benefits of outsourcing. Sometimes, internal business units are reluctant to give up dedicated resources for a more removed, albeit higher quality, service provider. Personnel in the affected units are also likely to be resistant to the change, especially at the mid-management and lower levels.

Resistance to outsourcing can arise for a variety of reasons. Decreased influence and indirect reporting lines are concerns of local management. Business units may be reluctant because direct billing may raise their costs.[8] And, many well-functioning support units genuinely believe that they can meet the needs of their institution better than any third-party service provider.

3. **Create cross-functional teams, including internal audit, information security, human resources, legal and the business units, to ensure a broad representation of viewpoints and to enhance institution-wide support.**

Evaluating an activity for outsourcing requires considerable analysis and input from the affected business lines. Plans and frameworks must be developed. Baseline costs and performance measures must be compiled.

Typically, this analysis is performed by cross-functional teams consisting of representatives from the business unit(s) to be outsourced, internal client units, as well as the audit, legal, information security, and human resources departments (see Figure 3). While team membership frequently changes as the process proceeds, it is recommended that the long-term outsourcing relationship manager – the individual who will manage the arrangement over the long term – be identified early and be a participant throughout the process.

In practice, including the relationship managers from both the financial institution and the service provider in the process from the start yields several benefits. They can develop an early relationship, and provide continuity to the discussions and the arrangement. By being a part of the negotiations, these individuals will better appreciate the various trade-offs that determined the final outcomes, and can reflect this intent in the day-to-day decision making of the relationship. Often, the individuals who negotiated the arrangement move on to other challenges, which frequently places a strain on the outsourcing relationship.

---

[8] In fact, many institutions find that the transfer price for the internally provided service was too low relative to internal costs and that outsourcing often leads business units to modify their business practices. For example, because each customized service costs extra, the number of projects often drop, and requests are prioritized more tightly.

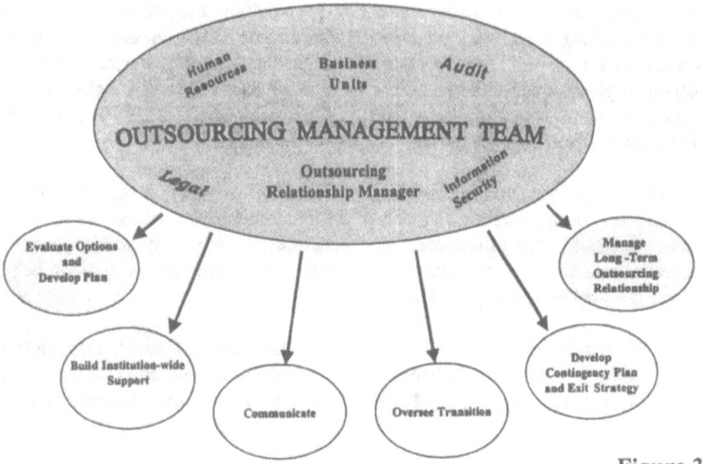

Figure 3

Team members experienced in outsourcing are valuable since such individuals are able to bring a realism and perspective to evaluating and addressing issues. Institutions without such in-house talent, or even those with such talent, often use outside consultants in a variety of ways. Consultants coach internal teams and can conduct some of the actual work such as performing cost analyses and participating in the negotiations. They can provide impartial input, which is especially important for institutions where sensitivities or internal politics are an issue to the outsourcing decision.

If staff is to be transferred as part of the outsourcing arrangement, the cross-functional team devises the plan and oversees the transition from the financial institution to the service provider. The transition plan specifies timeframes for the transfer of staff and other resources, and integration with in-house processes. Financial institutions report that this is an emotionally stressful phase, with many human resource issues (see practices 9 and 10 below). Done right, the transition sets a positive foundation for a successful future relationship as employees feel that they were treated fairly. However, firms frequently underestimate the amount of management resources needed for managing the transition phase satisfactorily.

4. **Retain key individuals from the outsourced function to manage and monitor the outsourcing arrangement, and to provide future strategic direction.**

After the transition of activities to the service provider, a manager is needed to manage, monitor and provide strategic direction to the long-term relationship on an institution-wide basis.[9] Frequently, the manager and support staff are retained personnel from the outsourced department.

Retained managers must have excellent strategic thinking, negotiation and communication skills, rather than the people and process managerial skills needed to run operations day-to-day. Strategic thinking is needed to set the direction for the service provider, who is then responsible for implementing processes to achieve expected goals. Negotiation and communication skills are needed to create and support the web of relationships between the service provider and internal end-users, and to bridge any emerging gaps. Managers need to be able to secure the right services from the service providers and encourage sometimes-reluctant internal managers to use the service.

Functionally, the service provider's representative reports to a senior officer at the financial institution. For example, in the case of IT outsourcing it is usually the chief information officer, and for internal audit outsourcing it would be the general auditor. Depending on the size and complexity of the arrangement, there may also be interaction between counterparts at the business unit levels of the financial institution and the service provider.

At the beginning of an outsourcing arrangement, management from the financial institution and from the service provider often meet regularly (perhaps weekly) to review all major developments. Over time, this frequency may decline. Of course, daily contact at the operational levels is common, depending on the service.

[9] At financial institutions with multiple outsourcing arrangements, responsibility for managing the service provider may be divided. The responsibility for managing the institutional aspects of the relationship may be centralized at an office that manages all outsourcing relationships for the financial institution. However, the responsibility for managing and monitoring the service level performance of the service provider may be delegated to a local manager at the business unit choosing to use that service provider. In such cases, there are typically institution-wide lists of vetted and approved service providers from which the business units may choose.

5. **Monitor the relationship actively, respond to problems and issues aggressively, employ escalation procedures promptly, and engage in conflict resolution.**

As a practical matter, financial institutions realize that the negotiated contract is essential for clarifying and setting expectations and service levels, but that in practice, problems or differences inevitably emerge. The outsourcing relationship manager needs to identify such situations promptly and push for rapid resolution. Managers from both sides should meet and mutually solve business problems rather than try to enforce exact terms of the contract.[10]

However, if differences persist, rapid escalation of the issues is undertaken. (The outsourcing contract specifies the process for problem solving and conflict resolution.) A mistake that many financial institutions caution against is allowing issues to linger. Such delays inevitably erode the relationship and contribute significantly to operational risk.

6. **Identify objective and quantifiable performance measures that are well specified, relevant for the supported business units, mutually agreed to, and are readily comparable with established criteria.**

Objective performance measures are essential for several reasons. When clearly specified, they define the expectations and responsibilities for both sides of the relationship. This mutual understanding is the basis for monitoring on-going performance, and measuring the success of the outsourcing arrangement. Such measures are also used to motivate service provider performance, especially if penalties or incentives are attached for under- or over-performance. Performance measure reports are generated on a regular basis, and sent to both parties for review.

For commodity-like services, such as payroll processing, performance measures are usually standardized by the service provider, with the financial institution setting the service level against which to measure performance. For more customized services or for more complex arrangements, there are no standard measures. Instead, a range of measures needs to be identified and monitored by the outsourcing relationship manager.

The identification and development of performance measures starts in the early phases of the outsourcing process. When evaluating activities to outsource, baselines for internally provided service levels and costs are determined and compared with outsourcing alternatives. These baseline measures identify appropriate performance

---

[10] This approach is often referred to as "manage to the business relationship, not to the contract."

measures, which are then incorporated into service provider requirements and the final contract.

An important step in establishing performance measures is to obtain the input and support of all affected business units who are end-users of the outsourced service. This step will ensure that the measures make sense from a business perspective and not just from a technical perspective. This is especially important for IT outsourcing where there can be a gap between business and technical measures.

7. **Periodically review, renegotiate and renew the contract. Reset target service levels annually.**

Financial institutions regularly review their outsourcing arrangements. For this purpose, they may undertake internal cost-benefit analyses and benchmark performance against industry standards. Any significant internal business changes are reviewed and the implications for the outsourcing arrangement are incorporated into the contract annually.

Performance measures usually incorporate the notion of continuous improvement. In other words, annual service levels reflect an expected improvement from the service provider every year. Only performance above and beyond these expected improvements qualifies for performance incentives.

B. Selecting a Qualified Vendor

Even very reputable service providers may not be the best choice in all situations because they may not have the requisite capacity or capability. For example, they may not have enough experienced staff and/or managers with the necessary skill mix. The service provider may be over-stretched or not have familiarity with the financial services industry. Alternatively, the financial institution may be considered a small client and not have much leverage in getting its needs met in a timely way or in obtaining customized solutions. The risk is that the outsourcing arrangement may create a dependency on an unsatisfactory vendor and finding alternative suppliers and solutions could be costly because of the size of the contract, transition costs, and potential business disruptions.

8. **Perform due diligence on the service provider to ensure technical capabilities, managerial skills, financial viability, familiarity with the financial services industry, and a demonstrated capacity to keep pace with innovation in the marketplace.**

As outsourcing options are evaluated, the requirements for the service provider become readily apparent. These requirements guide the selection process. Any special needs, such as servicing geographically dispersed operations, must be determined and met by specifying suppliers with similar reach or capability. Requests for information (RFI) are sent out after narrowing the number of potential suppliers to a manageable size. From this field, the final few are identified and asked to submit a proposal in response to a request for proposal (RFP) for final negotiations and selection.

In general, institutions recommend that service provider selections emphasize compatibility and performance, and only then consider costs. Turning over a key business activity to a third party requires a degree of trust and comfort that will arise only if there is a good fit between the two parties. A good match as to culture, values and ways of managing and doing business are essential to making the relationship work well in the future. Moreover, institutions that focus on costs often find that they do not necessarily receive the desired quality of service.

Important elements of due diligence include probing for information on intangibles such as the service provider's business strategies, human resources policies, service philosophies, quality initiatives, and policies for managing costs and improving efficiency. Good compatibility on such cultural dimensions is the foundation for a creative, interactive problem-solving approach from both sides.

A service provider's prior track record in providing the necessary service, especially to other institutions in the financial services industry, is another important consideration. Since familiarity with the business is an important qualifier for certain types of activities, some financial institutions prefer to outsource to other financial institutions over commercial firms. Asking the service provider for references and contact names is a recommended practice. Conversations with past clients may uncover areas or business practices that may give rise to conflicts or problems, and provide some indication of how well the service provider handles client issues.

To assess the service provider's financial viability, information such as market share can supplement current financial statements and annual reports, A search as to pending or threatened financial or legal claims that may affect the provider's financial stability are also important areas to explore.

Institutions report that making the final selection is one of the more difficult steps in the process. Utilizing objective measurement criteria that reflect the institution's overall objectives for outsourcing are useful guides. In anticipation of this step, the RFI and RFP should be designed to capture these criteria and values, with all results normalized so as to compensate for any quality or definitional differences among the service providers.

Many institutions recommend that the final field consist of no fewer than two service providers in order to learn from them and to bring competitive pressures to the negotiations. For smaller outsourcing arrangements, however, financial institutions often engage service providers with whom they have prior experience or an on-going relationship. A few institutions recommend vetting a service provider by entering into a small contract, which can then be expanded into a wider or deeper relationship. However, this option is not always feasible because of time constraints.

C. *Structuring the Outsourcing Arrangement*

The most frequent cause of unsuccessful arrangements is that the service provider did not meet the financial institution management's expectations – usually because these expectations were poorly understood or articulated by both parties involved. Such a situation may arise in IT outsourcing, for example, because end-users may not be sure of their needs, the technology may be new or untested, business requirements change frequently, or implementation did not occur as expected.

In some situations, senior management may have conflicting objectives for the arrangement, or unrealistic expectations as to what problems the outsourcing can solve. For example, if outsourcing is undertaken primarily to reduce costs or to convert fixed costs to variable costs, it may result in an arrangement that compromises quality, timeliness and level of service, which may be unanticipated by management and lead to disappointment with the arrangement. In such cases, as the situation deteriorates, outsourcing risk increases.

Since every aspect of a contractual relationship is governed by the contract, the expectations of both sides should be clearly and fully documented in a formal, executed contract. The contract acts as a map to the relationship and defines its structure.

9. **Negotiate a written contract that is operationally flexible and that clearly articulates the expectations and responsibilities of both sides.**

The contract for the relationship must articulate the mutual expectations of both parties, including performance measures and incentives. Also, the right type of outsourcing arrangement, ranging from contractor-like to partnership, must be selected. Lastly, the approvals of the board of directors and senior management need to be obtained.

Institutions emphasize that negotiating a fair and reasonable contract is in the interests of both parties. Contracts that are overly aggressive on cost may be short-sighted because they can result in contracts that are not viable for the service provider in the long run and result in deficient service in the interim.

Contracts also need to be flexible. The typical contract lasts from five to seven years, with some extending as far as ten years or further. It is very difficult for managers to foresee and contract for every possible contingency that may arise. Also, business needs change or the market may evolve in unexpected directions. For these reasons, the contract must be flexible enough to meet the challenges of a changing environment.

Key elements of the contract include:

- Scope of services – what specifically is to be outsourced; Terms of the agreement;
- Written procedures;
- Minimum services levels, including any ancillary services to be provided; Payment schedules;
- Incentives – contracts may offer bonuses for exceptional performance and penalties for poor performance. Overall, they should be used to align the interests of the service provider with that of the financial institution;
- The right to retain other third parties – to keep the service providers sensitive to competitive pressures;
- The use of subcontractors – approval by the institution should be required;
- Auditability – the right to conduct audits of the service provider and/or accept third-party reviews of their operations;
- Retained ownership and confidentiality of data shared with service provider; Warranties, liability and disclaimers;
- Dispute resolution mechanisms – including service levels to be provided during the dispute, escalation procedures and provisions for arbitration.
- Termination clauses and potential bankruptcy;
- Change management issues;
- Human resource issues;
- Contingency and business recovery plans; and
- Force majeure, or "Act of God" events.

An element of the contract worth emphasizing are staffing and human resource issues. For significant outsourcing arrangements, the key individuals who will be responsible at the service provider for performing and/or overseeing delivery of the service may need to be identified by name. For other important functions, the experience profiles and skills testing of staff assigned to the account may be specified. Frequently, the financial institution retains veto power over key staffing decisions. Similarly, service providers are required to inform the institution and obtain necessary approvals if a sub-contractor is to be retained for some element of the service being provided.

Preparing outsourcing contracts is highly specialized work. Accordingly, institutions frequently use legal consultants in addition to in-house legal staff for such work. Given the significance and length of these contracts, errors or poor execution can have major implications by locking an institution into a contractual relationship that does not meet their needs.

D. Managing Human Resources

An important source of operational risk, especially during the early phases of the outsourcing process, is the potential behavior of affected staff, or "people risk." Once knowledge of the outsourcing becomes public, whether through formal announcement or rumors, employees frequently start to be concerned for the security of their jobs. These concerns impact staff in both the affected and unaffected business units and are, at the very least, a distraction that may result in errors and productivity losses. More seriously, they can wound employee morale and lead to loss of desirable or key employees. In extreme cases, institutions fear misconduct or retaliatory behavior.

Financial institutions report that human resource issues are the most complex challenges. These issues may eventually account for about one third of all the time spent on the outsourcing effort. Consultants are frequently used to address situations that may lead to legal and reputational risk.

10. **Involve the human resources department early in the process when staff is to be released or transferred to the service provider. Incorporate these issues into the contract and proactively communicate with the staff.**

Practices vary on releasing staff versus transferring jobs to the service provider. An important motivation for outsourcing is that it can offer skilled employees a better career path at the service provider than at the financial institution. In cases such as IT outsourcing where the scarcity of technologists is widespread, retaining skilled staff with knowledge of the financial institution is a high priority for both parties. In other situations, if the financial institution is seeking an infusion of new ideas or was unhappy with the performance of in-house staff, releasing personnel would be the preferred option. However, the service provider may choose to recruit from the released staff.

Whichever option is chosen, the specifics must be negotiated into the contract. For example, the contract can require the service provider to offer employment to all current staff at the financial institution for a period of time, often six months to one year. In such cases, their compensation and future bonus structures are usually specified in the contract. In other cases, the service provider may only commit to interview individuals and hire those that qualify.

In situations where the staff is to be transferred, human resource clauses need to be negotiated into the contract and the structure of the relationship. Typically, this affects the cost of the transaction. The terms of the transfer must be negotiated, including the transfer of pensions, benefits and other potential liabilities.

All institutions agree that aggressively communicating with affected staff is absolutely essential. There was less agreement on when to communicate the outsourcing decision. Communicating very early in the process risks building employee anxiety with its attendant negatives over a long period of time. However, communicating late risks incurring employee distrust and heightened turnover as the rumor mill works overtime, and may even threaten business continuity.

While practices vary with specific circumstances, some institutions tend to inform employees when they undertake a concrete and visible action such as soliciting RFPs. Other institutions may do it as early as soliciting RFIs. However, no institution recommended announcements during the internal identification and evaluation phase given the uncertainty of the eventual decision to proceed with outsourcing. Another important concern is what and how much to communicate.

E. *Establishing Controls and Ensuring Independent Validation*

An essential element in mitigating operational risk is the establishment and agreement of key measures to effectively control the outsourced service. Financial institution management regularly assesses the controls necessary to conduct safe and sound operations and discusses these measures with the service provider. In many situations, the service provider's approach to performing the service is equivalent to or exceeds the control environment of the institution. However, security controls over corporate information and other assets needs to be clearly defined. Once defined, the institution can establish performance measures to monitor application of the controls.

In addition to monitoring, the institution should conduct independent validation of the service provider's operation to ensure the service is being delivered in a way that is consistent with the institution's objectives. An institution's internal audit function or evaluation by a third-party reviewer can accomplish this. The right of independent validation is established in the contract.

11. Clearly define expected security controls in the outsourcing contract and develop appropriate performance measures to monitor consistent application of those controls.

Outsourcing adds to the challenge of maintaining effective information security.[11] An additional dimension is the need to not compromise the corporate approach to security, even when certain responsibilities have shifted to the service provider. For example, when an institution outsources information processing and business processes, management establishes standards for controls and measures to be

[11] See a related paper, *Sound Practice Guidance for Information Security for Networks*, Sept. 1997 (www.bog.frb.fed.us/boarddocs/SRLetters/1997/SR9732.htm).

followed by the service provider such as providing dual control procedures governing sensitive records of the institution (e.g., no one individual should be able to complete a sensitive transaction alone). Such controls and measures are stated clearly in the outsourcing contract and monitored by the service provider on a regular basis. The financial institution receives exception reports on all situations that may have occurred.

In most cases, the corporate security policy is provided to the service provider to ensure a level of security consistent with that of the institution. In the event of significant anomalies in security, the institution coordinates with the service provider to limit operational, reputational, and legal risks arising from security-related situations. Such procedures are typically set in place before the activity is transferred to the service provider.

12. Involve internal and/or external audit in the entire outsourcing process.

Depending on the specifics of the arrangement, the institution's internal and/or external auditors may be involved in all phases of the process after the decision to outsource. Audit provides the independent review necessary to ensure that the outsourcing process is being implemented in a way that is consistent with management's objectives. After implementation, audit continues to be involved with on-going independent reviews of the arrangement with the service provider. The right to conduct such audits is established in the negotiated contract.

While the right to conduct audits is established in the contract, in some cases institutions choose instead to receive a copy of the third-party audit review performed by a certified public accounting firm. In either case, the institution ensures that some type of independent review takes place in accordance with the risk assessment methodology used by the institution (e.g., high risk activities are audited at least annually, medium risk activities every two years, and low risk activities every three years).

F. Establishing a Viable Contingency Plan

13. Ensure that contingency plans are formulated and viable in the event of nonperformance by the service provider.

Outsourcing creates a dependency on the third-party service provider, which raises several issues that must be addressed. Concerns stem from the potential consequence of a business disruption or other problem at the service provider. In anticipation of such a situation, the financial institution needs to verify that the service provider has a prudent business recovery plan in place. The adequacy of this plan needs to be reviewed by audit as a part of the vendor selection due diligence process and on an on-going basis.

More importantly, the financial institution needs to have contingency plans in the event of deteriorating performance by the service provider or other such event. Given the costs of alternative options, most financial institutions work with the third party to resolve difficulties. In the face of unsatisfactory responsiveness, an institution's options include changing service providers, returning the activity to the institution, or sometimes even exiting the business. All institutions emphasize that these are very costly options, which are often taken only as a last measure. Nevertheless, this eventuality and associated costs are increasingly being pre-specified in the contract as a part of the negotiation process. In older contracts, such clauses are added at renewal.

G. Conclusion

Financial institutions view outsourcing as a valuable strategic tool that enables them to focus on core competencies by shifting direct operational responsibilities to the service provider and gaining industry expertise. Interviews with market participants indicate a keen appreciation of the benefits and risks associated with outsourcing. The industry has devoted significant resources to mitigating outsourcing risk by developing business practices to effectively manage and monitor outsourced activities. Market participants agree that other critical elements include selecting a capable, qualified and appropriate service provider; structuring an arrangement that meets the needs of both parties; addressing unique human resource issues effectively; and establishing controls, independent validation and viable contingency plans.

From a supervisory perspective, the outsourcing trend is a significant development. Whether outsourcing results in an increase or decrease in the overall risk profile of an institution will depend on the significance of the outsourced activity, the effectiveness of controls over outsourcing risk, and the strength of the service provider. If not properly managed, outsourcing can increase an institution's overall operational, legal and reputational risk, and ultimately lead to unintended credit exposures and business expenses, or other types of losses.

Appendix A

Regulatory Requirements Regarding Outsourcing

Financial institutions are increasingly selecting outsourcing as a business solution to improving their banking products and services. Certain laws, policy and guidance exist that contain requirements and, safe and sound practices with regard to outsourcing any banking activities. These are described below in an abbreviated fashion along with the supervisory concerns and information to obtain the complete documents. *Institutions should also check with their appropriate state banking agencies for particular outsourcing requirements in their state. In addition, specific regulations may have been issued by other federal regulatory agencies.*

Bank Services Company Act (Public Law 87-856, October 23, 1962 as amended – Title 12, U.S. Code, Sec. 1861 et seq.)

The Act describes the conditions in which a bank service company can be established as well as permissible activities. Also, it describes the necessary approvals that are required and in Section 7 discusses regulation and examination of bank service companies. Section 7 (c) (2) states "...whenever a bank that is regularly examined by an appropriate Federal banking agency, or any subsidiary or affiliate of such a bank that is subject to examination by that agency, causes to be performed for itself, by contract or otherwise, any services authorized under this chapter, whether on or off its premises – (1) such performance shall be subject to regulation and examination by such agency to the same extent as if such services were being performed by the bank itself on its own premises..." This section provides Federal banking agencies the authority to examine third-party service providers, in the United States, that provide significant banking services to financial institutions.

Supervisory concern focuses on the ability of a banking institution to maintain effective control over an outsourced activity as though that activity continued to be conducted by the institution internally. The specific areas of outsourcing risks are detailed in this paper.

Interagency Statement on EDP Service Contracts for Financial Institutions (Web site – www.bog.frb.fed.us Supervision and Regulation Letter SR 90-5)

The January 24, 1990 interagency statement alerts financial institutions to potential risks in contracting for EDP services and/or failing to properly account for certain contract provisions.

Supervisory concern focuses on financial institutions that enter into EDP servicing contracts that contain provisions which may adversely affect the institution. Contract provisions may include areas such as substantial cancellation penalties and improper inducements (e.g., the service provider purchasing assets, such as computer equipment, at book value, which exceeds current market value). Although the statement focuses on contracting for EDP services, these same issues may exist in contracts for other vital banking services. The risk-focused examination approach will establish that the scope of internal/external audit coverage includes a thorough review of contract provisions and that a comprehensive legal review of the contract was conducted.

Outsourced Service Arrangements (Federal Reserve Bank of New York Supervisory Letter dated March 29, 1995 – see Appendix B)

The purpose of the supervisory letter was to remind Second District banking institutions of the reporting requirements of the Bank Services Company Act. Specifically, the requirement to notify the appropriate Federal banking agency of the existence of the service relationship within thirty days after the making of such service contract or the performance of the service, whichever occurs first. Notification includes the provision of the name and address of the service provider; nature of each service; the contractual and financial arrangement under which the service was established; and the date the arrangement began.

Supervisory concern focuses on the existence of a clearly written contract and an evaluation of the perceived risks for each outsourced service. When the service is critical to the institution, or has significant operational or other risks, supervisory concern extends to areas such as financial viability of the service provider, insurance considerations, audit coverage, contingency plans, security and controls. Examiners will review the scope of internal/external audit coverage to establish that outsourcing risks are effectively mitigated. In addition, accurate information provided to banking agencies allows timely notification to serviced institutions of a service provider that experiences problems which may affect the safety and soundness of banking institutions.

Fedwire Third-Party Access Policy (Web site – www.bog.frb.fed.us *Supervision and Regulation Letter SR 95-48 SPE)*

The purpose of the policy, dated November 9, 1995, is to inform to depository institutions of modifications to operating procedures and requirements when Fedwire funds transfer or book-entry securities transfer operations are outsourced to a third party. Outsourcing Fedwire activities requires a separate approval process by the Federal Reserve System. Recent modifications also outline additional requirements for institutions that choose to outsource Fedwire activities outside the United States.

Interagency Guidance on the Internal Audit Function and its Outsourcing (Web site – www.boe.frb.fed.us *Supervision and Regulation Letter SR 97-35)*

The purpose of the December 22, 1997 interagency guidance is to describe sound practices for management of an internal audit function that is outsourced. This policy statement contains guidance on outsourcing an internal audit function and the responsibilities of the board of directors and senior management for ensuring that a banking institution's systems of internal controls, including the internal audit function, are adequate for the nature and scope of the bank's lines of business. More specifically, this statement identifies appropriate organizational structures, internal audit management staff and quality controls, audit scope and communications.

Supervisory concern focuses on the quality and effectiveness of an institution's internal audit function. Areas of specific concern with regards to outsourcing include the ability of the financial institution to direct the efforts of the service provider in providing effective audit coverage e.g., retaining a senior audit officer to manage the vendor relationship. Also, that institutions and service providers must allow examiners to access a servicer's audit reports and related workpapers. Finally, if the service provider is a CPA firm that also certifies the bank's financial statements, they should not assume a management or employee role in either fact or appearance.

Industry Practices to Mitigate Vendor Risk: The Year 2000 Context (Web site – www.ny.frb.org/bankinfo/announce Federal Reserve Bank of New York supervisory paper dated April 1998)

The purpose of the supervisory paper is to share information on industry approaches that mitigate Year 2000 vendor risk. The approaches are distilled into nine practices organized within a generalized vendor relationship framework.

Although the practices are not intended as supervisory guidance or regulation, they do reflect sound and prudent behavior in addressing Year 2000 vendor risk for institutions not completed with their conversion efforts. For other institutions, the practices may serve as benchmarks and suggest refinements to internally established programs.

Appendix B

Industry Practices for Mitigating Outsourcing Risk

Managing and monitoring the outsourcing arrangements	1. *The board of directors and senior management must retain accountability for any outsourced activity. They determine the strategic role and objectives for the outsourcing arrangement, and provide necessary approvals.*
	2. *Create a management structure to establish, manage and monitor the outsourcing arrangement.*
	3. *Create cross-functional teams, including internal audit, information security, human resources, legal and the business units, to ensure a broad representation of viewpoints and to enhance institution-wide support.*
	4. *Retain key individuals from the outsourced function to manage and monitor the outsourcing arrangement, and to provide future strategic direction.*
	5. *Monitor the relationship actively, respond to problems and issues aggressively, employ escalation procedures promptly, and engage in conflict resolution.*
	6. *Identify objective and quantifiable performance measures that are well specified, relevant for the supported business units, mutually agreed to, and are readily comparable with established criteria.*
	7. *Periodically review, renegotiate and renew the contract. Reset target service levels annually.*
Selecting a qualified vendor	8. *Perform due diligence on the service provider to ensure technical capabilities, managerial skills, financial viability, familiarity with the financial services industry, and a demonstrated capacity to keep pace with innovation in the marketplace.*
Structuring the outsourcing arrangement	9. *Negotiate a written contract that is operationally flexible and that clearly articulates the expectations and responsibilities of both sides.*
Managing human resources	10. *Involve the human resources department early in the process when staff is to be released or transferred to the service provider. Incorporate these issues into the contract and proactively communicate with the staff*
Establishing controls and ensuring independent validation	11. *Clearly define expected security controls in the outsourcing contract and develop appropriate performance measures to monitor consistent application of those controls.*
	12. *Involve internal and/or external audit in the entire outsourcing process.*
Establishing a viable contingency plan	13. *Ensure that contingency plans are formulated and viable in the event of non-performance by the service provider.*

Stichwortverzeichnis

Kolibri 360 GmbH
Ferdinand-Jühlke-Straße 7
99095 Erfurt, Deutschland
produktsicherheit@kolibri360.de